ことばは味を超える

瀬戸 賢一 編著

ことばは味を超える

——美味しい表現の探究——

海鳴社

前菜——食前のことば

巷には料理人や文人による味エッセーがあふれている。

包丁をペンにもちかえて、トントンと味の魅力を書きつける。素材を吟味し、調理の秘伝をあかし、盛りつけに創意を凝らして、お酒との相性まで教えてくれる。料理人にして食通、食通にして料理人なる人はいるもので、かの魯山人の『魯山人味道』はその一例だろう。

かたや、ペンと箸の往復に忙しい文人は、ワシにも書かせろといわんばかりのにぎわいである。人の銭で旨いものを喰っていられれば、だれでもご機嫌になれそうだ。しかし、ここにも年季というものがあって、丸谷才一の『食通知ったかぶり』や池波正太郎の『むかしの味』などのクラスになると、さすがになかなかの味わいを見せてくれる。

しかし、料理人にも文人にも、正直いって満足できない。なにかが足りない。

そのあたりのすき間をねらって、試験管を片手に実験室から手をあげる先生がおられる。旨味の成分がわかった！　グルタミン酸ナトリウムがどうのこうの、舌に分布する味蕾がかくかくしかじか、と口のなかが酸っぱくなりそうなことを、たっぷりの図と表で説明される。残念ながら、だいたいが消化不良をおこしてしまう。いかんせん、素人にはよくわからないというよりも、はっきり言って、どちらでもいいという気分になってしまう。申し訳ないですが、美味しくありません。

かくして、料理人にも文人にも科学者にも、やはりもの足りなさを感じる。

包丁で味を刻するにも、ペンで味を叙するにも、試験管に味を語らせるにも、欠けているのは、ズバリ味を語ることばへのこだわりである。

本当？　魯山人は、料理人にて食通、おまけに筆をとらせてもなかなかの腕前ではなかったか。たしかに、そのとおり。しかし、『魯山人味道』を読めばわかるように、ほとんど旨いものを旨いといってるだけである。美味しいことばの探究がない。料理そのものが旨ければ、あえてことばで表すことなど要らないかのように。

では、丸谷才一は？　こちらは、「主たる関心はあくまで言葉によってどれだけものの味を追へるかといふことにあつた」と、明言している。旨いを旨いというだけでは芸がない、そこでどこまで旨さをことばで追えるか、これが目的だ。宣戦布告にひとしく、手強い。厄介でもある。

しかし、中身を読むと意外にも淡泊なのである。たしかに、気合いは漲っているが、味のことばは思いのほか端麗薄味である。趣味の問題かもしれないが、たぶんに高級料亭の味に偏っているせいでもある。荒々しい味や、下々の食に対する喜びがない。それにお酒の飲み過ぎである。

本書は、美味しいことばを徹底解明する。それは、《いかにして「うまい」と言わないか》の追求でもある。もちろん、まずさも忘れない。屋台のラーメンの味からちょっと贅沢な味まで、料亭の奥座敷に踏みこまずとも、味のことばは味そのものを超える勢いで四方八方から押し寄せる。車内の吊り広告しかり、グルメ雑誌しかり。ならばことばの豊饒の海に飛び込んで、繊細微妙な味を見分け、味分け、嗅ぎ分けよう。集めて、さばいて、盛りつけよう。題して『ことばは味を超える——美味しい表現の探求』。

一の皿から九の皿まで、フルコースの体裁だが、ひと皿の量はけっして多くない。小皿料理と思って順に味わってもらっても、つまみ食いでもかまわない。箸休めもご用意しましたので、どうぞゆっくり召しあがれ。

熱々をほおばると
こくのある
深い味わいが口いっぱい
に広がる

パリッと香ばしく
力強い美味の
逸品

もくじ

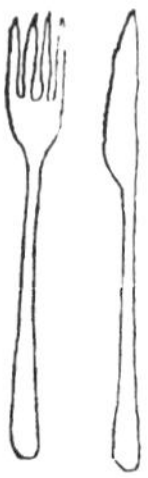

コリコリした
歯ざわりで
あっさりとした
仕上がり

とろけるように
なめらか

口当たりが
よくさっぱり
している

やわらかく
ほの甘い
おだやかな
味わい

きめ細かで
淡雪のよう
ほのかな 軽やかに
酸味と甘み 箸がすすむ

やわらかで
からみつくような
おいしさ

口の中に
あふれる
ほのかな甘み

中まで味が
しみこんでいて
もちもちした食感

ソースがとろりと
からまり
しっとりとした やわらかな
口当たり

一の皿　味のことばとことばの味

一　味ことばとは何か

味を表すことばには、どれだけの種類があるだろう。ふつうの人の感覚ではそれほど多くない。指折り数えれば、なかなか二桁に達しないのではないか。

いわゆる五味があり、甘味・塩味・酸味・苦味・旨味が基本味として知られる。これに辛味と渋味を加えてもいい。いや、辛味は塩味の下において、渋味は苦味の下におくという選択もある。表現としては、それぞれに対応して、甘い・からい・酸っぱい・苦い・旨いが基本で、さらに渋いが加わる。これに、一般的な美味しい・まずいを足しても、まだ十指にとどかない。

旨味は、日本発の味らしく、いまや国際的に認知されているときく。しかし、表現としては不安定で、コンブや鰹のだしの旨味をいうときと、一般的な美味しさをいうときとがある。これを「旨味」と「旨い」で区別したところで、味の基本表現はたかがしれてる。

これではとても間に合わない。世にあふれる味はまことに千差万別。明らかにことば不足が生じてしまう。わずか十種前後の味ことばでは、たとえ甘辛いのような幸運な組み合わせを含めても、まだ足りない。もしこれ以上の味分けができないとしたら、人はこれほどまでに食に関心を示さなかったろう。

ところが、実際、味にうるさい人ならまわりにいくらでもいる。グルメという特殊なグループもいる。食はひとつの文化であり、文化の発達したところには食の洗練がある。それだけ味の違いがわかるということだ。そして、味の違いは、舌先に定着し、ことばに定着する。定着して、記憶となり、文化となる。

そこで注意すると、深い味やまろやかな味などの表現に気づく。これらはどう分類すればいいのか。そもそも味を表すことばと考えていいのか。深い味の深いとはどのような味なのか。甘いのか辛いのか。まろやかな味は、まろやかでない味とどう違うのか。

まず、味の表現を分類するきっかけをつかもう。出発点として大切なことは、味の表現とそうでないものを区別することである。味の表現は、突きつめればつぎの二つの条件を満たす。この条件をクリアしたものを「味ことば」と呼ぶ。

(一) 味そのものを分類する特性がある

(二) 一般性がある

味ことばは、まず、味そのものを分類する特性を備えていなくてはならない。たとえば、「本物の味」は味ことばではない。「本物の」は、味そのものを分類する特性をもたない。味は、どれであれすべて本物なのだから。本物の味が実際にどんな味かを表現するのが味ことばである。もっとも、「本物の」を味ことばであるかのように用いることはできる。たとえば、ひと口含んでうむと肯き、本物の味だ、これはほんまもん、といえば、味を認め満足の意を示すことになろう。しかし、どんな味かはやはりわからない。「本場の味」も、同じく味ことばでない。味が特定できないからである。（一）の条件を満足していない。

「はじめての味」も、味ことばではない。味そのものを分類する力がない。（二）の条件に照らしても、人の味覚体験によってまちまちだろう。（三）は、まあ、補助的な条件という程度のもので、それほど重視する必要はない。ただ、味ことばは、あまりに個人的だと人に伝わらない。そこで、味そのものを特定する特性が備わり、かつ、ある程度の一般性があるものと定める。「六角形の味がする」のような表現は、はずして考えよう。

といっても、はじめからあまり四角四面に構えてはおもしろくない。できることなら、少し風呂敷を広げぎみで味ことばをたくさん集める方がいい。「尖った味」は味ことばである。味そのものを分類する力があって、一般性もある。尖った味は、尖った香りや、香りが尖っている、などともいって、味ことばとしてよく用いられる。ようするに、味や香りがまだまろやかに熟成していない状態をいう。よく伝わる表現だろう。

もともと味ことばと味ことばでないものを、スパッと分けるのは無理だろう。どちらに入るかが微妙な表現がかならずある。これは、味覚という感覚のせいでもある。アナログ的に変化するものは、デジタル的にすっきりとは分けにくい。にもかかわらず、一方で甘いや辛いなどの明らかな味ことばが存在し、他方に本物の味や本場の味のような味ことばでないものがある。これは、それぞれの類に、とりわけ味ことばに核となるものがあることを意味する。

類はカテゴリーともいう。類は、ふつう中心に典型的なものが鎮座し、周辺にいくに従ってあやふやになるという性質をもつ。たとえば、鳥のカテゴリーは、中心にスズメやツバメがいて、周辺には鶏やペンギンがいるという具合である。羽があって空を飛ぶのが鳥の典型であり、海に潜るペンギンは魚類と接する。

鳥は自然界に存在する類であるが、類は人工的にも作られる。たとえば、家具を考えよう。家具店にありそうなものは、電気店になさそうだが、完全に予想がつくわけではない。ベッドはあるだろう、と思ってあるデパートの家具売り場に行ったら、ないと言われた。理由を聞くと、場所をとるからとのこと。しかし、ソファがない家具店はないはずだ。あれば、テレビのない電気店もあることになって、日常生活がたいへん混乱する。(しかし、近所に鶏肉を売っている魚屋がある。もっとも、新鮮な鳥の胸肉は、サッとフライにすると白身魚のような味がしないでもない。)

英語圏でのあるアンケート調査によれば、家具らしい家具の上位を占めたのは、椅子、ソファ、テーブル、化粧台、ベッドなどである。下位にきたのは、電話、扇風機、灰皿、花瓶、時計などである。それはそうだろう。日本でおこなっても大差はないはずだ。ポイントは、「らしさ」に段階があるという点で、ベッドは一三位。ちなみに、枕は六〇項目中の四六位なので、ベッドや枕はまとめて寝具という別な類にも入るようである。

このように人工的な類は、必要に応じてどうにでもなるところがある。頭のなかで組み合わせ、また新たに組みかえをするからだ。ひとつであっちの類にもこっちの類にも入ることもある。味の類がなかなか一筋縄でいかない理由のひとつは、それがなかば自然の類であって、なかば人工の類でもあるからではないか。

というのも、甘さや辛さは、人によってそう違いはない。生まれつきもつ能力の一部と考えていい。赤ん坊に苦いものを食べさすと、本能的に吐きだす。苦いものは毒だという防衛本能が働くらしい。ところが、のちに、経験によって、苦いものも旨い味に入ることがある。たとえば、新鮮な秋刀魚のはらわた（できれば秋のではなく夏の秋刀魚）はほんのり甘くほろ苦く、なかなかの味だと思う。味は経験によって形づくられる面も大きい。

とすれば、味は自然の類でもあり、人工の類でもある。両方がミックスされて深みが増す。そこには中心があり、周縁がある。味の典型があり、ボーダーライン上の味がある。ことばとの対応を考えれば、甘いや辛いは、いかにも味ことばの中心だろう。尖った味ならややはずれるか。本場の味はもはや圏外である。では、「つつましく微笑する」ワインの味は、どのあたりに位置づければいいだろうか。

味が連続なら味ことばも連続である。ただし、この連続は色のスペクトルのような一様なグラデーションではない。あちこちに凹凸がある。部分的な不連続をも呑み込んだ連続である。表現の層も幾重にも重なる。あるひとつの味ことばをとっても、そこにもまた典型的なものを中心とした独自の意味が広がると見るべきだろう。

たとえば、「甘い」には、味そのものにもことばの意味にも、中心と周縁がある。味覚としての甘さにヴァリエーションがあるのは言うまでもない。それに応じて味ことばとしての甘さにも段階がある。薄甘い甘さから濃い甘さまで。甘ったるい甘さもある。さらには、味以外の領域にまで手を伸ばす。「甘い判断」などという。しかし、このような表現を含めて、その意味の広がりをひとつのネットワークとしてとらえようとすれば、かならず中心に位置する味覚的な甘さの意味にたちかえらなくてはならない。

味ことばは豊かである。味そのものより豊かである。ひとつには、味ことばが味を作るといってもいいくらい、あの手この手の創作がある。舌がどうも黙っていない。もちろん、巧みな味ことばに裏切られ、美味しいのはことばだけだったと悔やむこともある。また、味ことばは味を超えて広がる。右の「甘い判断」はその一例である。これらを合わせて、味ことばは豊かなのである。

二　味ことばはどこからくるのか

味ことばは豊かである。なのに本来の味ことばは一握りしかない。本来の味ことばとは、甘いや辛いなどの五味を中心としたものである。とすると、どこかで補いをつけないといけない。甘いと辛いを組み合わせて甘辛いとする程度では間に合わない。これはすでに見たとおり。では、どこからことばを調達するのか。これがつぎの問題である。

そこで、「深い味」を考えよう。これは、たしかに味ことばである。味を特定するには至らなくとも、味を類別する特性は備えている。だが、深いは、本来の味覚のことばではない。では何だろう。深さに関する表現はすべて、視覚に属する。視覚領域に属する表現に何があるかは後ほど詳しく調べるので、いまは次元に関する表現のみを簡単に見よう。

次元とは、縦・横・高さ。水平と垂直といってもいい。深い味は、垂直軸の表現である。水平面で味が展開すると、味に幅がでて、奥行きを感じさせるだろう。また、味の広がりともいう。これらは、視覚領域のなかでもすべて次元に関係する表現だ。次元の表現が味ことばに転用されたと考えていい。貸すと借りるで説明すれば、視覚が味覚に表現を貸した、味覚は視覚から表現を借りたことになる。

しかし、味覚と視覚は、もともと異なった領域である。異なった領域の間で表現を貸し借りする現象は、けっして珍しくない。味の特殊事情によるのではなく、もっと一般的である。メタファー（隠喩）と呼ばれる現象である。メタファーとは比喩、それも比喩のなかの比喩である。何かあるものにたとえて表現する。深い味は、味覚を視覚に見立てる。味そのものには、深浅の別はもとよりない。深い味といっても、物差しでその深さは測れない。比喩だからである。

しかし、メタファーとか比喩といえば、もっと気のきいたシャレたものを指すのではないか。たとえば、「人間は考える葦である」（パスカル）、「人生とは、病人の一人一人が寝台を変えたいという欲望に取り憑かれている、一個の病院である」（ボードレール）などというように。あるいはもっと華麗で着飾ったものでないのか。

もちろん、それもメタファーである。しかし、もっとひかえめな比喩もある。飾りでない比喩。日常のことばに溶けこんで、その一部となり、それなしではふだんの気持ちをうまく言い表せないような比喩。そういうものがある。いわば、日々生きて体験する比喩である。深い味はそのような比喩のひとつだろう。味の表現にこだわらなければ、「温かいことば」の「温かい」も日常的な比喩であり、なくてはならないことばの素材である。

これで、味ことばの供給源のひとつがわかった。それは、メタファーである。そこで、メタファーとは何かをもう少し探ろう。

ものの名前に目を向けよう。それも、やはり味との関連で食べ物の名に。まず、ケーキ。なぜケーキなのかは、とくに理由はない。たぶん美味しそうな名前と出会えそうだから、という漠然とした予感があるくらいだ。最初に目につくのが、モンブラン。ちょっとかためのマロンクリームがうずたかく盛られた定番ケーキのひとつである。アルプスの最高峰モンブランをイメージして作ったのが名前の由来ときく。これは、メタファーである。形が似ている。メタファーは、どこか似ているところがかならずある。

意外にも、シュークリームもメタファーである。これは、和製フランス語と和製英語のミックスで、正しいフランス語は、シュー・ア・ラ・クレーム。意味は、クリーム入りのシュー。このシューが、じつはキャベツなのです。焼き上がったシュークリームは、そういえばキャベツの形に似ている！　ひよこサブレには驚かないが、シュークリームははじめて知ったとき、ちょっとした衝撃が走った。

ケーキではないが、忘れぬうちに、デザートということで、杏仁《あんにん》豆腐もメタファーだろう。杏仁はさておき、豆腐は紛れもなくメタファーである。……と、言い切ってから少し不安になったので、泥縄式に調べてみると、やはり材料に豆腐は使ってない。もともと豆腐の味はまったくしないし、ココナッツとミルクが主成分のはず。立派なメタファーである。

ちょっと横道にそれたが、ショコラというケーキがある。ショコラは、フランス語でずばりチョコレート。このチョコレートケーキの名前はどう考えればいいのか。これもメタファーなのか。少し違う。ショコラは、ショコラを主たる材料に使っているからショコラなのだ。ショコラは、チョコレートに似ているからショコラと名づけられたのではない。これも広い意味での比喩だが、部分（素材）で全体を表すという特徴から、メトニミー（換喩）と呼んで区別する。茶髪（部分）でその人（全体）を指すようなものである。

スイートポテトも、ショコラと同じく、素材で全体を表す。スイートポテトは、文字どおりにはサツマイモである。文字どおりと言ったが、さらにさかのぼれば、日本語のサツマイモは薩摩（鹿児島）の芋であり、産地名を名前の一部に使っている（英語の場合は、甘いジャガイモ）。完全に産地名だけで独立すれば、たとえば、ボルドーでボルドー産のワイン、大島で大島紬を表す。ナイキでナイキのシューズを表すのは、この応用である。これもメトニミーである。

メトニミーは、一般的にいうと、世界の中での隣接関係にもとづいて、指示（つまり、何を指すか）が横すべりする現象である。隣接関係には、入れ物で中身、部分で全体、産地で産物など、いくつかのパタンがある。いずれも、接触関係によって指示がずれる。「ナベが煮える」

もメトニミーの一例。ショコラでは、チョコレートという意味のショコラ（部分）がチョコレートケーキという意味のショコラ（全体）に指示を横すべりさせる。

ザッハトルテは、チョコレートケーキの王様の風格がある。事実、一七〇年ほどの歴史がある。その昔、一八三二年、メッテルニヒ公邸のシェフを務めたフランツ・ザッハがウィーン会議後のレセプションに用意したデザートにちなむ。好評だった。その後、息子のエドアルト・ザッハがウィーンの名門ホテル・ザッハを興し、評判をえたこのケーキは同ホテルの看板となる。ザッハトルテは、作り手の名を冠するケーキだったのだ（トルテはケーキの意味）。

これも、広い意味での隣接関係を表すメトニミーである。仕組みは、「モーツァルトを聴く」というときのモーツァルトが、作曲家でその作品を表すのと同じである。あるいは、「漱石を読む」を考えてもいい。メトニミーは、メタファーのように似ていない。ザッハトルテは、ザッハさんに似ているのではなく、ザッハさんが自ら手をかけて創った（ここに隣接関係が生じる）ケーキである。

人がケーキにかぎらず、食べ物の名前に入り込む場面を考えれば、ザッハのようにそれを創りだした人がまず思い浮かぶ。サンドイッチ伯爵の例は有名である。賭事に夢中になって、食事で中断されるのを嫌って、二枚のトーストの間に肉をはさんだパンを作らせた。これがサンドイッチの由来とされる。いかにもイギリス式のお手軽な発想である。しかし、自ら考案しなくとも、ひたすら食べ手として活躍してケーキの名にその名前を残した人もいる。

サバランという名のケーキをご存じだろうか。イーストを使ってふくらませた生地をオーブンで焼き、赤ラム酒のシロップに浸したケーキである。これに生クリームをのせてアプリコットジャムで蓋をする。濃厚で、ダイエットの敵。これは、かの美食家ブリヤ・サバランにちなむ。『美味礼讃』の著者である。サバランの名を冠した料理名はほかにもあり、当時そのいくつかをサバランは口にしたろうが、惜しいことにケーキのサバランは、彼の死後に創られたものである。これもメトニミーである。

もうひとつ、ケーキの名称にかぎらないが、メタファーでもないメトニミーでもないという名づけのパタンがある。しかし、ここはやはりケーキにこだわって、定番中の定番のショートケーキに登場願おう。ショートケーキの名の由来は、諸説あるようだが、もっとも有力なのは、ショート（short）にはいまも「さくさくした」という意味があり、この意味を生かしたクッキーのサンドがアメリカにあり、これがショートケーキと呼ばれていたという。はさんだものはクリームとイチゴだったらしい。のちにスポンジケーキに生クリームとイチゴをのせたいまのショートケーキになった。

ことばの意味はここからがおもしろい。ショートケーキは、名前の由来からすれば、イチゴとクリームのケーキでなければならない。にもかかわらず、いまではかなりの人が（私もそのひとり）、ショートケーキはもっと一般的な名前であって、たとえば、ショコラのようなチョコのショートケーキという言い方に違和感を感じない。デコレーションケーキに対するひとり分のケーキという意味で使用している。つまり、意味が一般化してしまった。イチゴと生クリームのショートケーキ（種）でもって、ひとり分のケーキ一般（類）を表すに至った。

種で類を表す、または類で種を表す表現法をシネクドキ（提喩）という。ショートケーキの場合は、種で類を表すシネクドキのパタンだが、類で種を表すわかりやすい例は、たとえば、焼き鳥。鳥（類）は鶏（種）を表す。鳥なら何でもいいというわけにはいかない。ハンバーガーの一種に照り焼きバーガーがあるが、名前の上では「照り焼き」は照り焼きにしたものしか意味しない。なのに、これもチキンと相場が決まってる。類で種を表すシネクドキだ。食べ物に限定しないなら、類で種を表す好例に、花見の花がある。花という類で桜という種を表す。

では、類で種を表すケーキ類はあるのか。その一例としてプリンをあげたい。プリンには種類がある。マンゴープリンやココナッツプリンなどが思い浮かぶ。プリンは、いわばそれらを統括する類名である。しかし、単独で、とくに断りがなければ、プリンはもっとも代表的なカスタードプリンを指す。これは、ことばの経済にもよくかなう。いちいちカスタードプリンといわずとも、プリンといえばカスタードに決まり。卵といえば、うずらの卵ではなく鶏卵を指すのと同じだ。

三　味ことばがいっぱい

これで役者が出そろった。味ことばの不足は解消されそうである。主役はメタファー（隠喩）、脇役はメトニミー（換喩）、ちょい役はシネクドキ（提喩）というところ。これにシミリー（直喩）などのエキストラが加われば、味ことばのおもな顔ぶれは決まったことになる。（シミリーとは、「のような」などの類似を示すマーカーを伴う比喩である。）

それぞれの役どころを整理しておこう。

味のメタファーは、味以外の領域のあるものに着目して、そこから表現を引きだす。根拠は類似性である。しかし、この似ているという特性（あるいはそれを感じとる私たちの心のはたらき）は、なかなかの曲者であり、しっぽをつかませない。明白な類似性があると思えるときもあるが、そう思えないこともある。

たとえば、味ことばではないが、杏仁豆腐とふつうの豆腐の間には明らかな類似性がある。杏仁豆腐は見た目が豆腐である。似ていて当然というよりも、豆腐に似せて作ったのではないか。ケーキのモンブランも、先にアルプスのモンブランがイメージされていたのかもしれない。このような場合は、類似性が感じられる。もっとも、モンブランは、杏仁豆腐ほどは似ていない。

また、シミリー（直喩）を使って、「杏仁豆腐のような味」と言うときも、類似性がたしかに感じられる。感じられたからそう表現したのだろう。杏仁豆腐ではないあるものを食べた。味にそれを思わせるものがあった。どことなく似た味がする。だから「のような」と言ったのだ。

では、「深い味」はどうか。先に「深い」は視覚（とくに次元）のことばだと述べた。垂直次元と味との間に、なにか明白な類似性はあるだろうか。これは、「深まりゆく秋」などとも共通な問題である。ここは、メタファー論を追求する場ではないので、次の点を述べるにとどめたい。

味は、実体がありそうで、なさそうで、たとえ実感できても、たちまちに消えゆく、あえかなる存在である。存在といっても、形は示さず、つねにあるものに寄りそってのみある。だからいっそう、とらえたい、手にしたい。私たちはそうつよく望む。メタファーは、そのあえかなる存在に形を与える。「深い味」の「深い」は、その役割の一端を受けもつ。メタファーは、とらえられないものをとらえ、語りえないものを語りうるものに変えようとする。これがメタファーの重要なはたらきである。

メトニミー（換喩）は、脇をかためる。派手な振る舞いはしないが、堅実な役どころをこなす。世界の中でのものとものの隣接関係にもとづいて、指示が横すべりする現象だと述べた。「ヤカンが沸いてるよ」では、ヤカンでもって湯を指す。ヤカンと湯は、入れ物と中身という関係で世界の中で隣接している。この関係にもとづいて、「ヤカンが沸く」では、指示がヤカンから湯に横すべりする。これがメトニミーである。

ケーキの名前では、ザッハトルテやサバランがあがった。なんらかの形でそれぞれのケーキに関与した人の名前を採用したメトニミーである。味ことばでは、たとえば、「一流シェフの味」はメトニミーと考えていいだろう。ザッハさんがザッハトルテに深くかかわったように、一流シェフが調理した（ような）味を意味する。この点、やはり、「コンソメの味」と「一流シェフの味」は、表現として区別しなければならない。

右に「一流シェフが調理した（ような）味」と、「ような」を加えたのは、つねにもどき商品があるからである。カニがまったく入っていないカニかまぼこがあるのと同じである。味ことばを扱うときには、そこまで責任はもてない。欺瞞と狡知はどこにでもある。ここでは、「一流シェフの味」は、「一流シェフが調理した味」と理解して分析を進めよう。

もう一例、メトニミーの味ことばをあげると、「本場の味」に対して、たとえば、「香港の味」がある。もちろん、「北陸の味」でもいい。「本場の味」は、味ことばとしては失格だと述べた。味の類を示すことができないからである。これに対して、大いばりではないが、「香港の味」は、私たち日本人からすればなんとなくわかる気がする。これも、明らかに文字どおりの表現ではない。香港という場に存在する代表的な食べ物の味が「香港の味」である。

ここにも、メトニミーの特徴である隣接関係が認められる。香港という場所とその地の食べ物とが接しあって、食べ物から場所へ指示が横すべりすることで、「香港の味」ができた。逆に、「香港の味」を解釈するときは、香港という場所を手がかりにして、その地の特徴的な料理に行きつく。「コンソメの味」では、あれこれ行き迷うことはない。（くどいようだが、「コンソメの味」が実際には、たんなるコンソメ風のもどき味でも仕方がない。）

シネクドキ（提喩）は、日常のことばのなかで、目立たないので見すごされやすいが、きわめて重要なはたらきをする。しかし、味ことばにかぎっては、あまり出番がない。シネクドキは、花見の花のように類で種を表したり、逆に、アスピリンで鎮痛剤一般を表すように種で類を表す。類にあたる花や鎮痛剤は、いわばぼんやりした表現であり、種にあたる桜やアスピリンは特定のものを指すはっきりした表現である。いずれも、種と類との間に、「の一種」という関係が成りたつ。桜は花の一種、アスピリンは鎮痛剤の一種というように。

このシネクドキが味ことばでは出番が少ない。おおよその見当はつくだろう。味ことばでは、ことば不足を補おうとして、本来の味覚表現とは異なった領域に表現を求める。そのとき、すでに舌先に感じる独特の味があるのにことばがない。できるだけはっきりとしたことばを選ばないと、すでにある味の表現と紛れてしまう。そのような状況で、花見の花のようなぼんやりしたことばは必要ない。また、アスピリンのように、それ自身ははっきりとしたことばであっても、それでもって鎮痛剤一般というような、やはりぼんやりした意味を求める必要もない。

シネクドキは、けっして重要性が低いわけではない。ただ、メタファーやメトニミーと比べると地味である。ことばの下支えをしているというべきだと思う。ひとつだけ例をあげよう。味がある、味のある、味ない、などという場合である。このとき、「味」は味一般（類）を表すことばでもって、「いい味」という味（種）を表す。これは、「名のある人」という言い方の「名」と同じく、類で種を表すシネクドキである。

このように見てくれば、味ことばは、あの十指に満たないと思ったときの寂しさとはうって変わって、とたんににぎわいを見せる。まだ述べていない味ことばのざわめきも聞こえてくる。では、つぎに、それらを一堂に集めてとびきり生きのいい姿をお見せしよう。

二の皿　味ことばを調理する

一　味ことばの仕組み

味あり、ことば求む。

本来の味ことばはわずかなのに、食環境はますます多彩を極める。和洋中なんでもありで、おいしそうなら、とりあえず手を伸ばす。スナックもお酒も新発売をくりかえす。かたや、伝統の味も守る。新しい味にであったら、それを人に伝えて、ともに味わいたい。

そのため、味の表現は、つねにことば不足の危機にある。味があって、ことばがない。とすれば、ことばの供給源を本来の味ことば以外のところに求めなくてはならない。そこで、手近で感覚的にもわかりやすい方法は、味覚以外の五感の感覚から表現を借りることである。つまり、視覚・聴覚・嗅覚・触覚の表現を用いて味覚を言い表す。たとえば、「きらびやかな味」というだろう。「きらびやか」という視覚表現を借りて味ことばとする。

五感を総動員してもまだ足りない。そこで、たとえば、「高級な味」や「恐ろしい味」のように、一般的な評価表現を用いて味を表す。これらは、高級な服地や恐ろしい話などというように、味専用の表現ではない。さらには、「おふくろの味」や「手作りの味」のような表現も開拓する。これらは、味をとりまく状況に表現を求める。そこから間接的に味ことばに組みこむ。

これらすべてを網羅して、味の表現を分類したのが「味ことば分類表」である。まず、表1をご覧願おう。

この表は、豊富な一次データの分析を通じて帰納的にまとめたものである。味ことばの現状を、できるだけ正確に反映させようとした。味の表現を考えるときの〈発想の素〉として活用できるだろう。また、特定の食品や嗜好品について、その味ことばの偏りを調べるときにも役だつ。

データは、先に示した二つの基準に従う。

(一) 味そのものを分類する特性がある

(二) 一般性がある

これに従って、あまりに奇抜なものは除いた。その結果、意外と平凡だと思う人がいるかもしれない。逆に、こんなに豊かだったのかと驚く人もいるだろう。先にも述べたように、基準は心づもり程度のもので、あまり厳しく考えていない。個人的な調節をしながら眺めてほしい。

まず、全体を概観しよう。味ことばは、食味表現と状況表現に二分される。食味表現は、食そのものに関する表現であり、状況表現は、食をとりまく状況についての表現である。状況表

表１　味ことば分類表

- 味表現
  - 食味表現
    - 評価表現
      - 一般評価（1）：よい，悪い，高級な；貧しい，怖ろしい
      - 味覚評価（2）：うまい，おいしい，まずい，おいしくない
    - 五感表現
      - 素材表現
        - 素材（3）：松茸の香り，持ち味
        - 素材特性（4）：新鮮な，クセのある
      - 味覚表現
        - 甘味（5）：甘い
        - 酸味（6）：酸っぱい
        - 塩味（7）：からい，塩辛い
          - （辛味）（8）：辛い
        - 苦味（9）：苦い
          - （渋味）（10）：渋い，えぐい
        - 旨味（11）：旨みがきいた
      - 共感覚表現
        - 聴覚
          - 静騒（12）：静かな，うるさい
          - 擬音（13）：パリパリとした
        - 視覚
          - 光
            - 色（14）：青臭い
            - 明るさ
              - 明暗（15）：明るい，濃い
              - 透明度（16）：すっきり
          - 形
            - 形態（17）：まるい，まろやか
            - 大小（18）：大味，小味
            - 次元
              - 垂直（19）：厚みのある
              - 水平（20）：幅のある
              - 奥行き（21）：奥深い
        - 嗅覚
          - におい（22）：匂い，におう
          - 芳香（23）：香しい，芳ばしい
          - 悪臭（24）：くさい
        - 触覚
          - テクスチャー
            - 硬軟（25）：硬い，脆い
            - 乾湿（26）：湿った
            - 粘性（27）：ねばねば
            - 触性（28）：ざらついた
          - 圧覚（29）：重い，ずしっとくる，軽い
          - 痛覚（30）：突き刺すような，ピリピリ
          - 温覚（31）：あったかい
          - 冷覚（32）：冷やっこい
  - 状況表現
    - 場所（33）：中国の，下町の，京都の，北陸ならではの
    - 時（34）：昔の，古い，戦後の，85年ものの，伝統の
    - 作り手（35）：おふくろの，一流シェフの，プロの，素人の
    - 食べ手（36）：庶民的な，お子さまの，女の子向きの
    - 製造プロセス（37）：じっくり発酵させた，手作りの，丹誠込めた

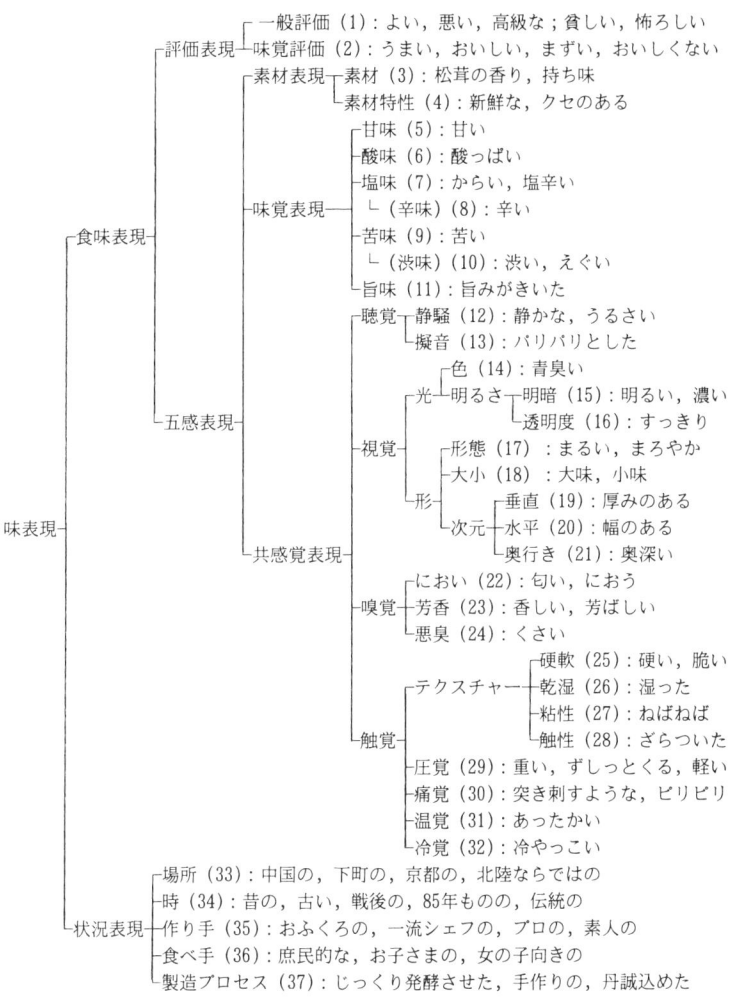

現も、たとえば、「下町の味」のような例から分かるように、味を分類する特性を備えていて、かつ、ある程度の一般性がある。食味表現は、評価表現と五感表現に二分される。このうち、五感表現が味ことばの本体部分である。どのような味がするかを具体的に示す表現がここに集結する。

五感表現では、味覚表現が味ことばの中核である。しかし、その種類は乏しく、現代のように多様な味に取り囲まれて、かつ、味の違いをなんとか言い表したいという欲求が強いときには、明らかにことば不足が生じる。これを補うもっとも有力な手段が共感覚表現である。共感覚表現とは、「深い味」のように、五感の間でことばをやりとりする表現である。つまり、味覚以外の感覚である視覚・聴覚・嗅覚・触覚の表現を用いて（借用して）、味覚表現に当てる方法である。

共感覚表現は、味ことばの一大供給源である。表現の仕組みとしてとてもおもしろい。共感覚そのものについての研究は古くからあるが、おもな関心は味にあるというよりも、音と色との共感覚現象などがよく調べられた。たとえば、ある音を聴いて水色を連想したりする。ポケベルが鳴ると赤い色が見えるという人がいる。これについては、味ことばにかぎって次章で詳しく見よう。

では、(1)から(37)の個々の味ことばについて、簡単な解説を加えよう。

まず、(1)一般評価表現は広範囲におよぶ。分類表ではあえてこれ以上分割することはしなかったが、ここに分類される味ことばは、今後データの分析を進めることによってより精密に整理する必要がある。次節で提示する味ことばの資料では、問題の一端を示すために、仮に(1a)と(1b)に分けている。一般評価表現のうち、人の特質に関する表現、たとえば、「やさしい味」「でしゃばらない味」「幸せな味」などは(1b)に分類されている。

しかし、ここにも探ればおもしろい問題がいくつもでてくる。この三例に限っても、前二者は、味を人に見立てて、味が「やさしい」「でしゃばらない」と表現している。これは、見立てという点でメタファーであり、さらに、人に見立てるという点で擬人法である。擬人法はメタファーの一種であり、当然のことだが、人間のことばではあらゆるレベルで大活躍する。六の皿「味ことばの隠し味」で詳しく扱う。これに対して、「幸せな」は意味関係がこれらとは異なる。味そのものが（擬人的に）幸せだというのではないはずだ。

「幸せな味」は、パラフレーズすれば、「人を幸せにする味」である。つまり、その味を口にした人が幸せを感じる味である。「幸せな」は、結果的な状態を先取りした表現だといえる。この点では、「ほっとする味」と同じ意味の仕組みが想定できる。いずれにせよ、(1)を下位類に分類する作業は、今後の課題としたい。

(2)味覚評価は、評価を示す表現のなかからとくに味覚に限定して使われる、あるいは味覚を主とする表現が集められている。数は限られる。中心は「うまい」「まずい」「美味しい」「美味しくない」。「うまい」には、「まずい」が対応するが、「美味しい」に対応する反対語はない。「美味しくない」は単なる否定表現である。語源とも絡めて探ってみたい。「味わいのある」が「美味しい」に近い意味に傾く点も興味を引く。なぜなら、「味わいのある」は、文字どおりには中立的な表現だからである。これは、類で種を表すシネクドキだと先に述べた。「違いがわかる」という一般的な表現で、より限定された意味を伝える場合とも通じる。

(3)素材は、素材の数だけ表現がある。松茸を食べて松茸の味がするのは当然だ。表現としておもしろいのは、この素材表現がシミリー（直喩）化して、「〜のような」「〜に似た」「〜を連想させる（ような）」「〜風（の）」「〜を思わせる」などの形式枠とともに用いられるときである。また、「フルーティーな」「クリーミーな」「ミルキーな」などのカタカナ素材表現も少なくない。ティー、ミー、キーは、「〜風の」を意味し、素材そのものを指すのではない。もどきであることをこっそり認めている。

(4)素材特性は、(3)素材が素材そのものに限定されるのに対して、素材の特性や状態を伝える表現である。「新鮮な味」「自然な味」「クセのある味」などがよく用いられる。味ことばとして、鮮度は大切な要素なので、新鮮さを売り物にする表現は、素材の種類に応じてたくさんある。ジュースなら絞りたて、パンなら焼きたて、フライなら揚げたて、ご飯なら炊きたて、コーヒー豆なら挽きたて、などというように。この「〜たて」の「たて」は、おそらく立つと関係があるのだろう。横たわって目立たなかったものが、立ち上がってくるという感じである。メタファーである。

(5)〜(11)までは、味覚表現である。すでに述べたように、このうち(5)甘味、(6)酸味、(7)塩味、(9)苦味、(11)旨味が基本五味である。これに(8)辛味と(10)渋味を加える。それぞれの項目のヴァリエーションは比較的限られている。(5)甘味であれば、要するに「甘い」としか言いようがない。せいぜい「甘ったるい」。あとは程度を表す語をつけて「ちょっと甘い」。ただし、「甘い」「からい」「苦い」などは基本単語であるために、これら自体が多義語として多様な使われ方をする。たとえば、「甘い」は、「甘い採点」「甘い判断」「甘いマスク」「甘える」などと意味がどんどん広がる。「甘い」という味ことばとしての意味が中心なのは間違いなく、これらの多義的な広がりはひとつの意味ネットワークを形成する。このような視点から個々の味覚表現を調べることは、味ことばがいかに日常言語に入り込んでいるかを知る上で重要な作業となろう。七の皿「甘くてスウィート」と八の皿「苦くてビター」で、甘いと苦いについて、対応する英語の表現と比較する。もうひとつ注意する点は、「甘辛い」「甘酸っぱい」などの複合表現が存在することである。

これで一般評価、味覚評価、素材、それに味覚のそれぞれの表現をひととおり見おえた。すでにこれだけでも十分という気がしないでもない。が、そんななまやさしいものではない。ここまでは、味ことばの前菜のようなものである。これからがメインである。

すでに述べたように、共感覚表現は、味ことばにとってきわめて重要である。にもかかわらず、これまであまり実態が知られていないということもあるので、次節で改めて取りあげる。ここでは、あらましを見よう。

(12)静騒は、聴覚表現のひとつである。「静かな味」は実例がいくつか見つかる。この他、「響き」「余韻」「ハーモニー」「調和」などが音にもとづく味ことばとして挙げられる。

(13)擬音はオノマトペの一種である。オノマトペ (**onomatopoeia**) とは、「パリパリ」とか「しとしと」のような表現であり、一般に擬音語と擬態語に分けて扱う。「パリパリ」は擬音語であり、「しとしと」は擬態語である。日本語はオノマトペに富む。味の表現に限らず、大いに活躍する。オノマトペと味の関係を体系的に研究することは、まだまだ未開拓の分野なので、基礎研究はやっておかなければならない。味ことばに限定すれば、オノマトペはとくに聴覚と触覚とに深いつながりをもつようである。九の皿「味ことばの擬音語・擬態語」で検討しよう。

次に視覚に移ろう。視覚は、味に関する共感覚表現のなかで最大の貸し手である。それだけ視覚は、表現が豊かである。視覚は、考えてみれば当然だろう。目からはいる情報は、他の感覚を圧倒する。これは、味ことばを離れてもいえることである。一般的にいっても、視覚のことば、あるいは空間のことばは、ことばの根幹的部分を形作っていると断定できる。

では、視覚は何をとらえるのか。突きつめれば光と形である（瀬戸賢一『空間のレトリック』）。光は色と明るさに分かれる。厳密には、色相・彩度・明度というような区分けも必要だが、ここでは味ことばのと関わりから、(14)色、(15)明暗、(16)透明度を認定するにとどめる。

(14)色では、色そのものを表す「青臭い」などの表現は、むしろまれである。「赤い味」は、味ことばとしての条件を満たすかどうかぎりぎりだろう。ほかに「色とりどりの」や「色彩豊かな」などが味ことばとして用いられる。「青臭い」と「赤い」については、五の皿でふりかえる。

(15)明暗には、「明るい味」や「暗い味」のように単独で文脈なしに対面すると、ちょっと意味が特定しにくい表現もあるが、適切な文脈が与えられると十分に明確な意味を発揮する。ある表現が適切か適切でないかは、その表現が意味をもって用いられるコンテクストを創り出せるかどうかにかかっている。「明るい味」という表現を単独で取りだして、つまり、コンテクストなしで、適不適を判断することはできない。解釈可能な文脈を考えられるかどうかが、判断の根拠となるべきだ。

たとえば、「明るい味」は、一例として、ワインのような飲み物について、「明るい太陽をふんだんに浴びて育ったブドウから作られた味」という意味で用いることができる。また、結果的な意味として、「明るい気分にさせてくれる味」という意味でも使えるだろう。

(16)透明度には、「澄んだ味」「透明感のある味」など、味ことばの定番が含まれている。逆は、「濁った味」など。

形は、(17)形態、(18)大小、次元に分かれ、さらに次元は、(19)垂直、(20)水平、(21)奥行きに細分される。このあたりは味ことばの密度が高いところなので、それに応じて項目立てもやや細かくせざるを得ない。

(17)形態は、形の輪郭に関する表現を集める。「丸い味」の「丸い」は輪郭そのものを表し、「はっきりした味」の「はっきり」は味の輪郭がぼやけていないことを表す。「ぼやけた味」もこの仲間である。(18)大小は、「大味」「ボリューム感のある味」などに見られる。(19)垂直は、味ことばに限らず、比喩表現としてもっとも重要であり、〈ことばの素〉として欠かせない。「深い味」の一例のみからでも、その意義の深さが推測できよう。(20)水平は、「味の幅」「味の広がり」という表現にその意義が集約される。(21)奥行きは、「奥深い味」が代表例。

つぎに嗅覚に移ろう。(22)におい、(23)芳香、(24)悪臭の三類を立てる。匂いの評価に関して中立、プラス、マイナスという分け方である。嗅覚は、味覚と隣接しているというより、むしろ味覚と直結している。味は、鼻と口との共同作業といわれる。そのため、味覚と嗅覚の間で本当の意味での共感覚表現が成りたつかどうかは、しばしば判断に迷う。

たとえば、(23)芳香の表現「芳ばしい味」には、事実として、「芳ばしい匂い」が貢献しているはずである。しかし、味ことばとしては、「芳ばしい」はあくまで本来は嗅覚表現であり、味覚表現ではない。とすれば、芳ばしい味は、やはり嗅覚から借りた表現であり、共感覚に支えられた味ことばだと考えられる。

つぎは五感の最後の触覚である。触覚は、まず、味ことばの中ではテクスチャー関係の表現が重要である。テクスチャーとは、食材の物性的特性をいう。これは、先に述べた(3)素材とも部分的に重なる。食材そのものとそれを感じる味とが、互いに接する場所である。これには、(25)硬軟、(26)乾湿、(27)粘性、(28)触性の四種が重要である。先に触れたオノマトペのうち、とりわけ擬態語が活躍する。「こりこり」は硬軟、「パリパリ」は乾湿、「ねばねば」は粘性、「ざらざら」は触性についての表現である。もちろん、擬音語・擬態語以外にもここに分類される表現は少なくない。

触覚には、さらに、(29)圧覚、(30)痛覚、(31)温覚、(32)冷覚が備わり、それぞれに対応する表現がある。(29)圧覚でもっとも重要な味ことばは、「重い味」「軽い味」の重いと軽いだろう。(30)痛覚は、辛味と関係する。辛さは基本五味に入らず、味そのものよりも痛覚に関係する刺激だという説もある。「ピリピリ」は痛覚の表現である。なお、「尖った味」の「尖った」は、(17)形態の表現でもあり、(30)痛覚の表現でもある。分類の性質上、交差分類が生じるのはやむを得ない。無理に分けてしまっては、むしろ実態をゆがめてしまう。(31)温覚と(32)冷覚も味ことばに貢献する。

最後に、状況表現をまとめよう。(33)場所、(34)時、(35)作り手、(36)食べ手、(37)製造プロセスの五種の下位類を設ける。これで主要な表現は、いちおうカバーできるだろう。

(33)場所の「下町の味」も(34)時の「昔の味」も、ゆるやかながら味を分類する特性と一般性を備えている。ここでは、ボーダーライン上の味ことばが行き来する。先に触れた「本場の味」と比べてほしい。雑誌などでおなじみの「京都ならではの味」などの表現は、話し手と聞き手の関係によって、意味をなしたりなさなかったりするだろう。しかし、長年の伝統により、その土地その土地が育んだ味がある。多くの人にとって「ふるさとの味」があるように。

(35)作り手の「一流シェフの味」も(36)食べ手の「お子さまの味」も、やはり味ことばとして通用する。だから、味ことばとして宣伝にも多用される。(37)製造プロセスの「凝った味」「手作りの味」なども、味ことばとして有力である。製造プロセスには、「かまど炊き」のような調理器具などを用いた味ことばもある。

以上、味ことば分類表の各項目を順に例とともに概観した。この表と解説は、次に示す味ことば資料と一体である。

二　味ことば資料

味ことば資料は、味ことば分類表を裏づける資料としてまとめた。それぞれ、白丸で文脈例を数例挙げ、黒丸で味ことばを列挙する。文例は、実際のデータにもとづくが、スペースの関係で少し手を入れたものもある。論旨に影響はないだろう。データソースは、勝見洋一『怖ろしい味』などの一般書籍や雑誌、広告、『美味しんぼ』などのコミック、およびインターネットサイトなどである。おもしろければ、喫茶店のメニューの説明も写した。煩雑を避けていちいち出典は示さない。

すでに触れたように、「尖った」のような表現は複数の項目にまたがっているが、その数はそれほど多くない。また、所属をどこにするかがはっきりしないものもある。たとえば、「薄い味」の「薄い」は、(15)明暗に属するのか、(19)垂直に属するのか。用いられ方によって、どちらもある気がする。もちろん、たいていの味ことばは、所属がほぼ決まる。

それぞれの項目に属する味ことばは、単独で用いられもするが、文脈例から明らかなように、しばしば複数の項目の表現が組み合わされて用いられる。たとえば、「サクリと脂のいい香りがした」では、「サクリと」が(13)擬音、「脂の」が(3)素材、「いい香り」が(23)芳香に属する表現であり、全体はその組み合わせである。今後どの項目とどの項目が親和性が高いか、また、そのとき複数の項目がどのような順序で並ぶ傾向があるかなど、味ことばのシンタクス（統語論）が興味深いテーマとして浮かぶ。これには、正確な統計処理も必要だろう。

もうひとつ大切な問題は、味ことば分類表が三七項目に整理されたため、結果的に表現が小項目において分類されていることと関係する。ここからは中項目的な表現ないしは内容的に複合的な表現が見通しにくい。たとえば、味ことばとしてよく用いられる「コクのある」は、味ことば分類表では(27)粘性に仮分類されているが、この表現は粘性のみに関わる表現ではない。「コク」は、表現としては単独であっても、意味的には複合的であり、そこには粘性以外にも(19)垂直の「深み」や(15)明暗の「濃さ」や(37)製造プロセスの「熟成された」なども関係するだろう。コクとは何かということが、表現の立場からも興味深いテーマとなる。

これらの問題は、いずれも今後の研究を待たなければならない。では、味ことば資料を示したい。味ことば分類表の番号順に従って、分類項目、簡単な説明、○で文脈例数例（関連部分に傍線）、●で味ことばを提示する。

(1)一般評価(a)（味ことばに限定されない表現）

○ぜいたくな西洋料理の一つとして
○なんという洗練された味だろう
○口にふくむと陶然としてしまうすばらしい味わい
○後の方が匂いが軽くてスッキリしている。味もずっといいわ！
○うむ、香りも味も抜群だ。ああ、このはらわたの味の豊かなことといったら
○まずスープが駄目だ、ろくにダシを取ってない
●すばらしい、よい、優秀な、上品な、品のよい、最高の、豊かな、抜群の、絶妙の、高級な、洗練された、立派な、エレガント、理想の、好ましい、優れた、思わずうなってしまう、くせになる、贅沢な、絶妙の、なんともいえない、比類なき、いい感じの、気

持ちの良い、なかなかいける、GOOD、調和した、スリリングな、バランスのよい（とれた）、バランスの悪い、飽きのこない、オーソドックスな、程よい、きつすぎる、嫌な、嫌味な、気持ち悪い、抵抗のある、あっけない、風流な、ごまかしのきく、定番の、普通の、標準的な、まあまあ、何の変哲もない、おだやかな、NG、〜に匹敵する、やぼったい

(1)一般評価(b)（人の性格などを表す）

○スパイスはとても貧弱ですね

○豆の味が生きている豆腐です

○まずくても面白ければ、それは旨いんだ

○香辛料をおさえてやさしい味に仕上げております

○甘辛ダレの焼肉とニラ・オニオンの元気がでる味

●やさしい、でしゃばらない、控えめな、親しみやすい、ずっとつきあえる、個性豊かな、繊細な、デリケートな、生きた、生き生きした、おもしろい、おかしな、ぱっと元気が出る、幸せな、ほっとする、充実感のある、楽しみな、気取りのない、気負いのない、愛される、綺麗な、無骨な、貧相な、貧しい、貧弱な、弱い、怖ろしい、さびしい、つまらない、がっかりする、きつい、強い、力強い、強烈な、強すぎる、神秘的な、平凡な、〜との相性の悪い、ちょっと変わった、死んでる

(2)味覚評価（味そのものを評価する表現）
○不思議なくらい美味しいし食べやすい
○味わいのあるふっくらとした旨味を感じる吟醸酒
○手作り風チキンカツなどはジューシィでなかなかの美味
○最後に生クリームを少しだけ加えると、とってもデリシャスな味に変身する
○茄子の漬け物は、子どもの頃からまずいと思い込んでいた
●美味しい、うまい、いける、おいしい、おいしさ、美味、旨味、デリシャスな、味わいのある、味がある、まずい、おいしくない、うまくない

(3)素材（素材そのものの表現）
○チーズのようにまったりした旨み
○これは、日本でいえば大徳寺納豆ね。この風味が、豚肉の味をぐんと高めている
○申し分のない塩加減と豆の甘味に、バターの風味が決め手となって何とも堪えられん味だ
○鮎の味を第一に考えると、テンプラ好きにはこたえられぬ美味でしょう
○さっき食べたカレーやカレーパンの風味は、香りの一つ一つの存在が混然としていて別れずに、全体として一つの色調に溶け込んでいた

●米のもつ旨味、米の風味、札幌味噌の、ごまだれ風味、やや辛味噌風、大豆の香り、豆腐の香り、葛あんの味、醤油味、塩からい、だしのきいた、フルーティな、ミルキーな、クリーミーな、スパイシーな、紅玉のような、果実を思わせるような、果肉を連想させる、摘み立ての白バラに似た、香木を思わせる、ワインのような、～そのものの

(4) 素材特性 (素材の特性を表す)

○始めはおや、と思うくせのある味
○冷凍食品を戻して使った味も紛れ込んでいた
○柔らかくジューシーな味は、ステーキがいちばん
○真の美味とは、こうした素朴で自然のままのものの中にこそあるのさ
○香ばしくて濃厚なのにサラリと感じさせるのは、もう一つのだしの持ち味なのだろう
●フレッシュな、新鮮な、鮮度抜群の、鮮度の落ちた、肉感のある、熟成された、クセのある、クセのない、素朴な、固有の、独特の、天然の、自然の、自然のままの、ジューシーな、粒だった、かすかすした、とれとれの、取りたての、しぼりたての、焼きたての、挽きたての、朝取りの、吟味された、厳選された、選び抜かれた、生の、冷凍の、冷凍食品の、養殖の、～の持ち味

(5) 甘味 (五味のひとつ)

○ひんやりコクのある甘さ
○おう、これは思ったとおりの味！　骨もサクサク味はほろりと甘く、はらわたの苦味が豊かだ！
○香りも味も野辺に咲く薄甘い草花に似ているように思えた
○煮すぎると牛乳の味が変化して、甘ったるい味になります
●甘い、甘口、甘み、甘さ、甘味、甘気、甘ったるい、甘みのある、薄甘い、甘辛、甘辛い、甘酸っぱい

(6) 酸味（五味のひとつ）
○新鮮な酸味は甘く感じた
○軽い酸味がとても新鮮です
○子どもが大好きな駄菓子の中にも、すっぱい味がいろいろあります
●酸っぱい、酸い、酸度、酸味、甘酸っぱい

(7) 塩味（五味のひとつ）
○傾向として、下町は塩味がきつく
○塩気の強い青カビタイプやクセの強いウォッシュタイプのチーズが少量あれば
○甘酸っぱくて、でもどこかしょっぱいような、どんなフルーツとも違う独特の味

●からい、塩辛い、しょっぱい、塩味、塩気、薄塩、甘塩、辛塩、中塩

(8) 辛味（塩味の下位類か）

○豆板醤が効いたピリ辛味

○いろいろな風味が複雑に豊かに調和してるから、辛さだけが突出しているようには感じないのね

○チャック・マサラはガラム・マサラの辛味に黄色い唐辛子の丸みのある辛さが足される

●辛い、辛さ、辛口、辛目、激辛、超辛口、辛味、甘辛、ピリピリする、ヒリヒリする、ちょっと辛め、スパイスのように辛く、火を噴くような、スパイシーな

(9) 苦味（五味のひとつ）

○ホップの苦味がきいた味がたまらない

○さっくりと骨まで歯が通って、身はホロホロと甘く上品な苦さのはらわたのあの香ばしさ

○渋味というか苦味というか、複雑な味と、ちょっといがらっぽいような香り

○口に含んだ瞬間、上品な甘みが口の中に広がり、飲み込むとほろ苦い味が余韻として残ります

●苦い、苦味、ほろ苦い、苦みのない、にがみばしった

(10)渋味（苦味の下位類か）

○香りからして渋い。味も当然渋い

○ダージリン紅茶特有の渋味！　ダージリン通にはたまらない！

○肥料のやり過ぎが重なると、味に変なクセがつく。えぐかったりしぶかったり

●渋い、渋み、渋味、えぐい、え辛い

(11)旨み（五味のひとつ）

○だしの旨みと本醸造しょうゆのおいしさが調和したまろやかな味

○彼も大変な食通になりましたからね、やはり旨い料理を食べて

○へえ、これは旨いよ。歯ごたえが実に軽いな、これは後を引くぜ

●うまい、旨み、旨味

(12)静騒（聴覚の表現）

○なんとも静かな味わいで

○天然ならではの色、うま味、香りと純正醤油との味のハーモニー

○スパイスの一つ一つの香りが、それぞれの形を鮮烈に保ちながら、互いに調和し、響きあっているのよ

●静かな、ざわついた、うるさい、騒がしい、余韻を残す、味のハーモニー、響き渡る、心に響く、魂に響く、にぎやかな

(13) 擬音（擬音による表現）

○こりこりした歯ごたえがくせになる美味しさです
○春巻きは、歯にあたるとサクリとして脂のいい香りがした
○その焼けたビーフンだが、軽く焦げ目がついて表面がぱりっとした感じだ
●パリパリとした、パリッとした、コリコリした、コリっとした、ゴリっとした、バリバリとした、じゃりっとした、じゃりつく、サクサクした、サクッとした、サックリとした、ぽりぽりと、ぼりぼりと、プチプチとはじける

(14) 色（色彩の表現）

○トマトならトマトらしい青臭い味がして、大根なら大根らしい苦みがありというのがいい
○カラフルな味の万華鏡。香り高いフルーツケーキです
○同じトンコツでも使う部位、煮出す時間次第でそのスープの味は七色に変わるのだ
●青臭い、七色の、多彩な、色とりどりの、カラフルな、極彩色の、色香

(15) 明暗（明暗濃淡の表現）

○野趣と洗練をかねそなえた華やかな味わい
○素材が最も輝く味を出す旬はほんの短期間だ
○ラングドックのワインは、新鮮で明るい味がします
○どのお料理もくっきりと鮮やかなお味で、毛一筋ほどのごまかしのないのに感心しました
○西洋種のはまぐりは一粒食べただけで深海の様相まで味わわされてしまうような、猛々しいほどの味の濃さだ
○風俗が艶やかであれば味覚も艶やかであり、鮮やかだったのだ
●明るい、暗い、輝く、鮮やかな、キラキラとした、きらびやかな、艶やかな、華やかな、濃い、濃醇、濃厚な、濃い目の、濃い口の、薄い、淡い、淡麗、薄口の、ほんのり、ほんのりとした、うっすら、ほのかな

(16) 透明度（透明度の表現）

○味は濃厚なのに、濁りがなくて
○透き通った心地の良い歯ざわりの衣がほどよく
○見た目は澄んでないけど味に透明感のあるスープはバツグン
○農薬も除草剤も使わずに育てたから、味がすっきりしたクセがないんだよ

○いつまでたってもシナモンの香りが抜けずにどんよりとした味になっていた
●澄んだ、透き通った、透明な、透明感のある、透明度の高い、スッキリした、雑味のない、濁りのない、曇りのない、曇った、不透明な、濁った、くすんだ、どんよりとした、混ざりっけのある

(17) 形態（全体的な形の表現）

○ぼんやりとした醤油味
○紅茶がふくらみのある味に変わりました
○かん水の嫌な匂いがしない。麺自体の香りと味が明確だ
○たとえ素材が本物でも調味料が本物でなければ全ての味が崩れてしまいます
○香りの一つ一つが、その姿をくっきりと別々に現しながら調和している！
○チャック・マサラはガラム・マサラの辛味に黄色い唐辛子の丸みのある辛さが足される
●はっきりした、くっきりとした、鮮明な、クリア、まとまった、明確な、明確な輪郭の、ぼんやりした、バラバラに感じる、バラバラな、ばらけた、崩れた、まるい、まるくなる、まるみがある、まるみのある、まるみを持たせた、まろやか、尖った、尖った感じの、鋭い、シャープな、太い、骨太な印象のある、肉付きよく骨太、細い、ふっくらした、ふくらみのある、しっかりとした、腰のある、腰がしっかりしている、まっすぐな、ストレートな、キレのよい、切れ味

(18) 大小（全体的な大きさの表現）

○生原酒らしく口に含むと味がふくらむ

○ヒレ肉の代わりにランプ肉を使うとジューシーでボリューム感のある味に仕上がります

○いわしの小味のきいた美味しさが、普通のさつま揚げとは違う風味を作り上げます

○その味はまさにビールを超えた地ビール。ごっつい味であった

●大味、小味、ボリューム感のある、ごっつい、ふくらむ、しぼむ、しぼんだ、縮む、縮こまった、小粒な

(19) 垂直（上下・厚みの表現）

○紅茶本来の味にぐっと深みが出てきます

○全体に味と香りが幅と厚みを増すんです

○香りと味が何層にも重なっているみたいに感じるわ

○どのようにしてこの重層的な味と香りを出したか

○塩分がじわじわと浸透するような、体の末端から目覚めてくる感じがした

○料理がどんどん軽くなっていく。旨さがどんどん薄くなっていく

●深い、深み、深みがある、深みのある、深みのない、味わい深い、浅い、表面的な、薄い、うわべだけの、うすっぺらな、のっぺりとした、厚みのある、重層的な、幾重にも

重なった、沈んだ、浸透するような、上立ち香、酸度が高い、純度の高い、酸味は低め、味が落ちる、下味

(20)
水平（横への広がりの表現）
○全体に味と香りが幅と厚みを増すんです
○和食は比較的味の振幅が小さい気がする
○深くて幅のある味が引き出され看板の名に恥じない二年熟成酒
○まず、口にふくむと、カレーのソースの味と香りが一杯に広がる
●幅のある、幅、広がり、広がる、太い、太くなる、伸びのある、味の振幅

(21)
奥行き（奥の表現）
○丁寧に仕込んだあっさりで奥深い味
○舌の先で味わえばそれでお終いで、奥深さがない
○深く煎っても味が崩れず、より奥行きのある味と香りが出てくる
●奥深い、奥行きがある、奥深さを感じさせる、奥ゆかしい、引っ込んだような

(22)
におい（中立的なにおいの表現）
○焼いて焦げ味も出さんと

○旨そうな香りがプンプンしてやがる
○スープの後味なのか良く分かんないんだけど、何かを燻した味が残る
○パンもパン粉の味がぷんぷんするようなのとか、大麦パンとかがよく合う
●香り、におい、匂う、〜のにおい、〜の香り、つんとくる、つんつんする、ぷんぷんする、いぶした、燻味、こげ味

(23) 芳香（いいにおいの表現）
○大吟醸ならではの香り高く、芳醇な味わいのお酒です
○身はホロホロと甘く上品な苦さのはらわたのあの香ばしさ！
○なんだか分からないが舌の味蕾をくすぐる香ばしい下味が染み通っている
●香り、香る、香ばしい、香ばしさ、芳しい、芳醇な、含み香、上立ち香、芳香、老香、香りを帯びる、香気たつ、香り漂う、メンソール感

(24) 悪臭（臭いにおいの表現）
○かん水の使い過ぎでまあ重曹くさいこと
○ネギくさいし、玉ネギの甘味がでちゃってさ
○薄焼きタマゴは鶏卵自体が薬づけだから生ぐさい
○浅煎りだとつんつん鼻につく味になる。酸味に優れブレンド向き

●臭い、くさみのある、生臭い、血なまぐさい、〜くさい、鼻につく、鼻が曲がる

(25) 硬軟（テクスチャー表現のひとつ）

○香りは熱帯の果樹を連想させる芳醇なふくよかさでフルーティーです
○香ばしいけどしつこい匂いがないの！　さくさくした歯ごたえがたまらないわ！
○身はホロホロと甘く上品な苦さのはらわたのあの香ばしさ！
○シャクシャクした歯ざわりで、また中の五目の具が見事に調和して
○麺の腰って、もっとふうわりとしていて、ムッチリシャッキリと歯ごたえがあるものじゃなかったかしら。これは、プツンプツン固いのだ
○さっき食べたカレーやカレーパンの風味は、よく言えばマイルド…でも、悪く言えば腰がない
●堅い、硬い、固い、柔らかい、軟らかい、ふにゃふにゃの、ソフトな、ふんわりとした、ふくよかな、ふっくらとした、歯応え、歯応えのある、しっかりした歯応えの、噛みごたえのある、さくさくとした、ホロホロと、シャクシャクした、シャッキリとした、シャキッとした、ザックリ、腰のある、腰のない

(26) 乾湿（テクスチャー表現のひとつ）

○香りがきつくて味がベシャベシャだ

○ご飯がビショビショにならないように汁にはとろみがついていて
○刺激の少ないさわやかな渋みとさっぱりした味がおいしい
●乾いた、ドライ、乾ききった、爽やかな、爽快な、さっぱりした、パリッとした、パリパリ、しっとりした、湿った、湿り気、湿りきった、湿気た、しけった、豊潤な、びしょびしょの、べしゃべしゃの

(27)粘性（テクスチャー表現のひとつ）
○あの匂いはなんや…ねばねばして気持ち悪い！
○そこらのラーメン屋のラーメンは油ギトギトで香辛料がたっぷり
○野菜や肉を煮た中に入れると、トロリとしたカレーが出来上がる
○ぬるりとしながら冷たい舌触りで、舌よりも少し固い蛤の肉が口の中に滑り落ちた
○冷やし中華ってあっさりした汁で麺も冷えているから、ごまかしがきかないのね
○香ばしくて濃厚なのにサラリと感じさせるのは、もう一つのだしの持ち味なのだろう
●しつこい、こってり、粘りのある、脂っこい、ひつこい、べたつく、ねばねば、ねばっこい、べとべとした、ねちゃねちゃした、にちゃっとした、とろっとした、とろりとした、ぬるっとした、ぬめぬめ、とろみ、とろける、モチっとした、モチモチ感、むっちりした、まったりとした、もったりした、舌にまとわりつくような、ギトギトした、コクのある、濃厚な、さらっとした、あっさりとした、あっさり味、サラサラ、ひつこく

ない

(28)触性（テクスチャー表現のひとつ）

○ヴォリュームがあって柔らかい。絹のような、最良、きめが細かく繊細

○これは色が濃くきめの粗いものであるが、上手くすると上等なワインとなる

○一度このなめらかな味を知るともう南米産のコーヒーでは物足りなくなってしまう

○春巻きは、中の具は竹の子の千切りと真紅の海老で、なんだか分からないが舌の味蕾をくすぐる香ばしい下味が染み通っている

●滑らかな、スムーズな、絹のような、きめの細かい、すべすべした、つるっとした、つるつる、さらさら、さらっとした、ぬめっとした、ぬるっとした、ぬるぬる、ざらざら、粗い、きめの粗い、ざらついた、ごつごつした、引っかかる、くすぐる

(29)圧覚（軽重の表現）

○彼の作るバゲットは軽くてさっくりとした女性的な風味だった

○美味しい！　すごく味が軽い、香ばしいけどしつこい匂いがないの！

○果実が調和のとれた羽毛のようなフィニッシュをもたらす

○ずいぶんズシリとコクがあるわね

○醤油も味噌も、それなりに押しの強い味だったから、あっさり味は押されてしまったか

な
○わずかだが、油の切れが悪く、歯ざわりも重く感じる
○トロの脂と醤油が重なった味は舌が重くなり、西洋の食事をしている気分になった
●軽い、軽やかな、軽快な、ふわっとした、羽毛のような、重たさのない、重い、重厚な、ずっしり、どっしりとした、圧倒される、押しの強い、押される、圧迫感のある、もたれる、食べごたえのある、腹にこたえる

(30)痛覚（痛みを伴う刺激表現）
○ネギやニラなどのように、舌を刺す味や、鼻をつく匂い
○銀ラベルはピリピリと濃い味で余韻がウォッシュチーズみたいだった
○甘くなったその舌でしんじょを食べると、今度は松茸の秋深い香りに突き刺された
○都市ガスやプロパンガスは、火力だけが強くて火が硬く刺々しい味になりがちらしい
○味は濃厚で水色は黒っぽく、風味は大変穏やかですが、若く寝かせ方が足りないものはとがった味になります
●尖った、刺す、突く、突き刺すような、ちくちくする、刺激的な、〜を刺激する、刺激の来ない、ピリッとくる、ひりひりする、ピリピリ、ピリ辛

(31)温覚（暖かみの表現）

○ほのぼのとした味は、しばらくするとまた食べたいなーと癖になる感じです
○どれも懐かしいあったかい味がして、心も体もホッとする
○生ぬるいビールなんて、美味しいはずがない
●暖かい、あったかい、あつあつの、暖まる、ほかほかの、ほのぼのとした、さめた、生ぬるい

(32) 冷覚（冷たさの表現）
○御中元に最適な涼味溢れるゼリー、水羊羹
○井戸水で冷やしたあのスイカの冷たい味はまだどこか頭の隅に残っている
○暑い時期にはキリッと冴えた味が好まれるということで、淡麗な本醸造酒
●冷えた、冷たい、冷やっこい、涼しげな、冴える、冴えわたる、涼味溢れる

(33) 場所（場所と結びついた表現）
○北京はおろか上海などの大都市でも、下町の味は絶えていたことになる
○どなたにも行列のできる味がつくれるよう、直営店で一から指導します
○街の味、というのがある。その土地や界隈を物語るような味だ
●田舎の、都会の、下町の、ふるさとの、梅田名店の、博多らしい、中国が感じられる、瀬戸内ならではの、北国を連想させる、和風テイストの、学食の、コンビニの、雰囲気

のある、行列のできる、地獄の

(34) 時（時代の表現）

○古い味を失っていくのは日本も同じよ
○親子で楽しめるビールです。父にとっては懐かしい味で、私にとっては新しい味
○一般の卵に比べ黄身の比率が高く、濃厚で、こくのある昔の味を生んでいます
●昔の、昔ながらの、古い、古めかしい、昭和の、戦後の、85年ものの、伝統の、懐かしい、レトロな、新しい、現代的な、現代感覚の、時代が求める、新時代の、新世紀の、未来の、これからの

(35) 作り手（状況表現のひとつ）

○下手に素人が作るより、しっかりしたプロの味がして美味しいのよ
○ご家庭でも一流シェフの味が楽しめます
○麺の神髄と手作りのこだわり味を、自信を持ってご提供致します
●おふくろの、おばあちゃんの、一流シェフの、プロの、素人の、頑固な、頑固さが伝わってくる、こだわりの、一徹な、丹誠込めた、腕によりをかけた、心意気が伝わる、意気込みが感じられない

(36)食べ手（状況表現のひとつ）

○これぞ堂々たる庶民の味！

○大衆的で、非常に人気のある食べ物で

○お薦めはラムです。大人っぽい味で他の生チョコと比べて、一味違う風味を出していま
す

●女性好みの、女性のための、女性向きの、女の子向きの、大人の、大人っぽい、しゃれた大人の、お子様向き、お子ちゃまの、若者の、大衆的な、庶民の、一般向きの、家庭用の、一般家庭の、年寄り向きの

(37)製造プロセス（状況表現のひとつ）

○研究を重ねた末の凝った味

○この味はレストランでしかできない手の込んだ味です

○ピラフが冷凍の味そのままだったのがかなり残念だった

●凝った、凝りに凝った、手の込んだ、練れた、熟成させた、寝かせた、じっくり発酵させた、～年間熟成させせた、野趣を持たせた、～につけこんだ味、いぶした、手作りの、できたての、作りたての、搾りたての、冷凍の、冷凍食品の、秘伝の、無添加の、有機農法の

箸休め（一）　味とはじつに味なやつ

人は生きるために食べ、食べるために生きている。「生きる」には食べなくてはならず、「食べる」楽しみを奪われたら「生きる」楽しみも色あせる。「食べる」ことを黙々と支えているのは、「食欲」という本能だが、だれもがこの食欲という本能を、あわよくば「うまい」ものを食べることで満たしたいと願っている。

この生きるのに必要な「食べる」という行為の動機づけは、人にうまいと思わせる味である。まずい味では、食欲もわかない。「うまい」か「まずい」かの「味」の判定をもっぱら担っているのが、「舌」の味覚である。人はうまく感じられなければ、食べないものなのだろうか。

風邪などで臥すと、あれだけあった食欲がものの見事にうせてしまう。なにも食べないでいたら、治る風邪も治らない。そういうとき、無理してでも「食べないと」と思う。「うまい」とは思えなくても、粥を一さじ、もう一さじと口に運ぶ。粥の味がわかり、うまいと思い始めれば、風邪はいつの間にか退散している。そんな経験を小さいころにはよくしたものだ。いつになくやさしくしてくれる親に対して、「病気も悪くない」などと言って睨まれたこともある。

食欲を支える「味」を感じとっている仕組みは、かなり微妙で複雑なものなのだろう。想像をたくましくして言えば、科学を寄せつけないほど複雑なものかもしれない。実際、最近になってやっとおぼろげながらわかり始めた仕組みもあるらしい。人は、自らがもつ感性を余すところなく総動員して、自己を維持し生かすために必要な、最大の方策となる「うまい味へのあくなき探求」と向かい合っている。

だからこそ、「味の表現」がどんなに豊かに広がっていったとしても、驚くにはあたらない。見ただけでおなかを鳴らす料理があり、「うめぼし」と聞いただけで唾液が出てくることがあり、うなぎ屋の前を通るだけで白いご飯がほしくなるという感覚は、この感性総動員のゆえのことであろう。そう考えると、人がいとおしくさえ思えてくる。なにしろ人の根源なのだから、大いに奨励されてよい。「はしたない」と一蹴されたり戒められたりするものではなく、妄想たくましくて大いに結構なのだ。

感性を総動員して感じた味を人に伝えようとするときには、どうするのだろうか。「一緒に食べよう」と、同じ味を共有するのが一番手っ取り早い方法である。味を共有する幸せを感じたいために、家族や恋人たちは同じ食卓を囲むのではないか。

それがかなわないとき、人は味をことばで伝

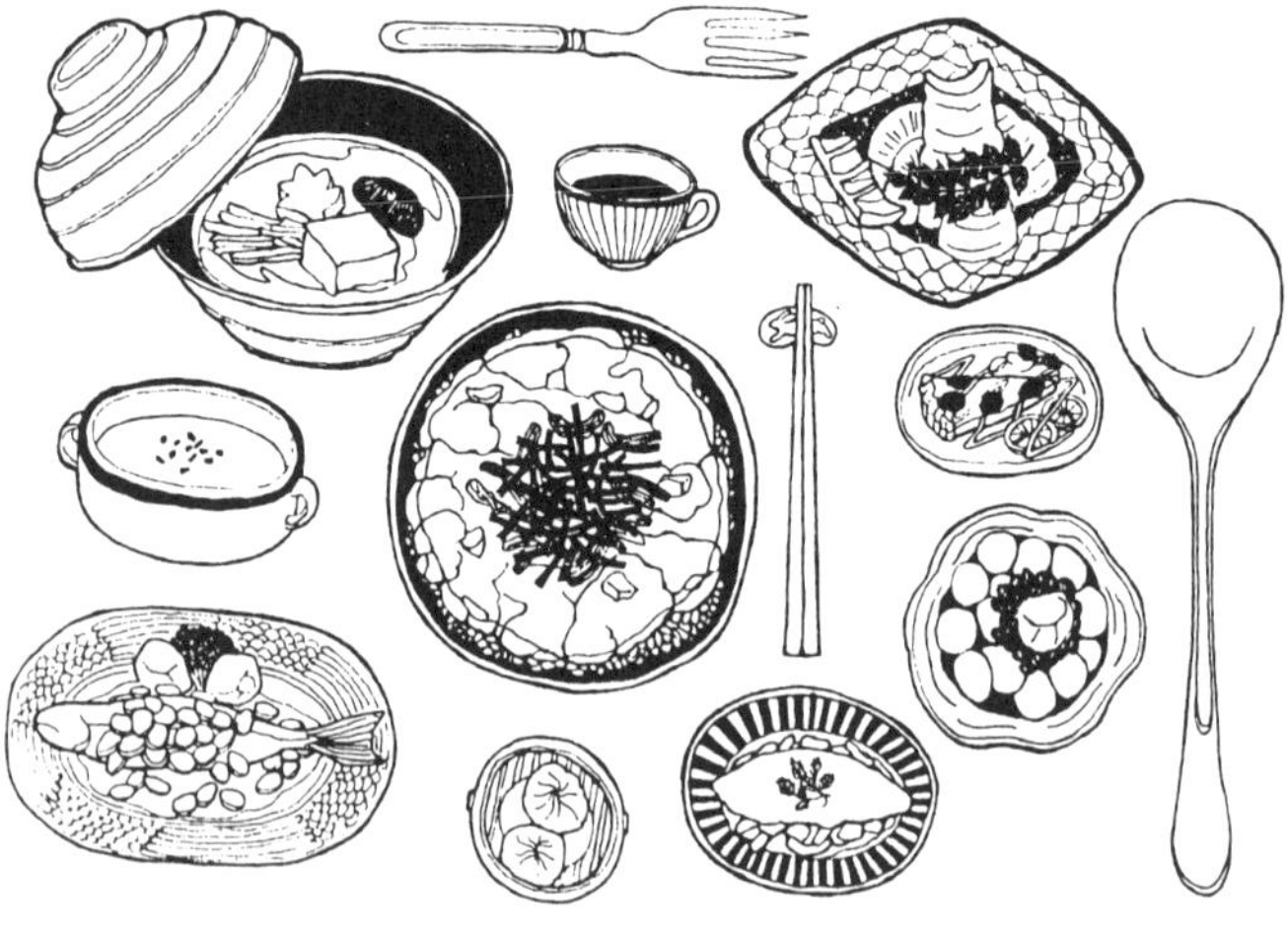

えようとする。おいしかったのか、まずかったのか。どんな味だったのか、どんな雰囲気の店だったのか、ことばを尽くす。尽くすたびに、伝えきれないもどかしさも感じるが、それでも、ことばが味を超える一瞬を夢見て、表現にさまざまな工夫を凝らし、ことばを積み上げてゆく。

味覚伝達のとっておきの方法には、レシピもある。レシピは、味を「手順」と「時間」に分解して伝える。このレシピにより、材料がわかり、料理の手順と時間がわかれば、味の再現は限りなく伝えたい味に近づいてゆく。が、この方法に、ことばで伝えるときのような、ほんわりとした広がりを感じることはできない。レシピは、正確すぎて夢がないのだ。

人は、味にどんな思いを寄せているのだろう。味についていくつかの思いをめぐらしてみたいと思っている。この「箸休め」が、味についての論を読み進むとき、次の「皿」に箸を伸ばすための気分転換になればと願っている。■

三の皿　五感で味わう

一　共感覚表現とは何か

共感覚表現は、すでに見たように五感の間でのことばのやりとりを意味する。表現は、結果として私たちの耳目に接するものだが、そのような表現を支える生理的な仕組みがおそらくあるのだろう。表現そのものを離れると、共感覚は共通感覚ともいって、五感の間に交通が成りたつことを示す現象だといえる。たとえば、つぎの一節を見よう。

> すみれ色が夕暮れ空に染み透っていた。ぽっと口の中が甘くなった。子供の頃に学校帰りの駄菓子屋で買い食いした飴玉の安っぽい色に似ていたからだ。（勝見洋一『怖ろしい味』）

「すみれ色の夕暮れ空」を見て「口の中が甘くなった」という。その理由は、子どものころにほおばった「飴玉の安っぽい色」に似ていたからだ。ここでは視覚が味覚を刺激したのである。視覚と味覚が、どこかで共通の糸で結ばれている。だから、一方の刺激が他方に伝わる。

ここには味の共感覚表現は見られないが、そのもととなる共感覚現象が美しく描かれている。

「すみれ色」は視覚、「染み」は触覚・視覚、「透って」は視覚、「ぽっと」は聴覚、「甘く」は味覚。これらが共同してひとつの情景が描かれる。駄菓子屋で買い食いした飴玉の味がもし、「すみれ色の夕暮れ空の味」と表現されれば、それは立派な共感覚表現となるだろう。このような表現の背景には、いくつかの感覚が同時に働く体験がある。

けっしてまれな現象ではない。むしろ日常的に経験することである。一片のマドレーヌの味から様々な記憶が紡ぎ出されるように、香りで味を感じたり、味に明るさを見てしまうこともある。音で色を連想することも、色に暖かさを感じることもある。五感は個々に独立しているのではなく、互いに底で通じ合っているのだろう。共感覚は、五感が通底することによって成立する現象である。

こう考えれば、共感覚表現とは、共通感覚がことばに現れた現象と理解できる。ふたつの異なる感覚にもとづく表現が出会い、全体としてひとつの表現が成りたつ。一方が原感覚であり、他方が共感覚である。右の引用の一部を「甘い色」と表現すれば、共感覚表現ができる。

「甘い色」は色の表現なので、視覚が原感覚であり、味覚が共感覚である。共感覚は表現を貸す側であり、原感覚は表現を借りる側である。表現の貸し借りは、共感覚から原感覚へ向かう。「すみれ色の夕暮れ空の味」では、方向が逆転する。今度は味覚が原感覚であり、視覚が共感覚である。味覚が視覚から表現を借りている。いずれの場合も、表現の移動は、共感覚から原感覚へ向かう。共感覚と原感覚を混同しないように願いたい。原感覚の方が、現に感じる感覚である。

ここは大切なところなので、念を入れて確かめよう。「甘い色」と「すみれ色の味」で比較すると次のようになる。

「甘い色」の場合――「甘い」（共感覚・貸し手）→「色」（原感覚・借り手）

「すみれ色の味」の場合――「すみれ色」（共感覚・貸し手）→「味」（原感覚・借り手）

これらの例からも推測できるように、ごくふつうの文字どおりの表現だと思われるものにも、しばしば共感覚表現が入り込む。たとえば、「大きな音」は共感覚表現である。原感覚は聴覚であり、共感覚は、「大きな」なので視覚である。「大きな音」は、原感覚の聴覚が共感覚の視覚から「大きい」という表現を借りることで成立する。

「温かい色」や「暖色」では、原感覚と共感覚の関係はどうだろうか。これは、色の表現なのか、それとも暖かさの表現なのか。もちろん、色の表現である。だから、色、つまり視覚が原感覚であり、暖かさが共感覚である。「暖かい色」にも「暖色」にも、物理的な暖かさはない。あれば、壁紙を暖色に変えることで部屋の暖房ができる。そう思うのは気分だけ。しかし、この気分は、人間にとって意味ある気分である。温かい人がいたり、暖かなことばが交わされたりする。そのとき、心のどこかで暖かさを感じるのではないか。

では、共感覚表現は、全部で幾種類あるだろうか。共感覚表現を共感覚から原感覚への表現の貸与ととらえ、感覚の種類を五感に限定する。そのうえで、五感の間で総当たりし、なおかつ裏表を考慮する。裏表とは、「甘い色」の味覚から視覚への貸与パタンと「すみれ色の味」の視覚から味覚への貸与パタンを別ものと考える、ということである。すると、論理的には二〇通りの組み合わせができる。

事実、二〇通りすべてにわたって共感覚表現が成りたちそうである。ただし、すべてが同じ程度に成りたつわけではない。容易に例が思い浮かぶものもあれば、そうでないものもある。なぜそうなのか。その理由が知りたい。これに関して、以前からひとつの理論的問題があった。共感覚表現が成立する際の方向についてである。

二　共感覚表現と一方向性の仮説

共感覚表現の組み合わせは、二〇種類ある。そのなかには、具体例が豊富なものとほとんど見つからないものがある。ぼちぼちというのもある。その理由を考えるには、まず、言語事実がどうなのかを知らなければならない。これまで、データの観察から、おおよそ次のような「一方向性の仮説」が支持されてきた。

〔触覚→味覚→嗅覚〕→〔視覚→聴覚〕（一方向性の仮説）

これは、共感覚から原感覚への表現の流れを示すものである。触覚から味覚、味覚から嗅覚、触覚から嗅覚へは共感覚が成立することを表す（触覚から嗅覚への矢印はないが、味覚を通過して嗅覚にも至ると理解されたい）。同時に、その逆の流れは、無理またはきわめて例外的であることを示す。たとえば、「ぬめっとした味」は〔触覚→味覚〕の表現の流れなので、一方向性の仮説に沿った表現である。しかし、〔味覚→触覚〕の「甘い手触り」や「辛い感触」は、たしかにふつうの表現ではない。

一方向性の仮説は、さらに、触覚・味覚・嗅覚のおのおのの感覚が視覚・聴覚に表現を貸せるが、その逆は成立しないことを表す。ここでも、たとえば、〔触覚→視覚〕の「暖かい色」はふつうの表現だが、〔視覚→触覚〕の「明るい手触り」は受け入れがたい。

この仮説は、ウィリアムズが一九七六年に書いた「共感覚形容詞」という論文がきっかけとなった。その後、いくつかの修正案などが提案されたが、その詳細はここでは触れない。右の一方向性の仮説は、とくに誰の説というわけではなく、細部を省いたおおよその道筋である。わかりやすいという利点があるので、これをもとに考えよう。

二点注意すべきことがある。

ひとつは、この一方向性の仮説が特定の言語を超えて普遍的な傾向を示すという点である。たとえば、英語の **warm color** と「暖色」とは、逐語的に対応する。はじめてこのような対応に気づいたときは、偶然の一致だろう、しかし、似たような表現の仕方をするものだ、と思う。**big sound** と「大きな音」との対応も一対一である。では、「深い味」は、**deep taste** というのだろうか。一般の辞書には、この例は載っていないが、ふつうの表現のようである。どうも偶然の一致ではないものを感じないだろうか。

もうひとつは、共感覚表現の方向が、おおむね原始的な感覚から高級感覚へ向かうという点である。ある基準によれば、触覚がもっとも原始的な感覚であるらしい。視覚や聴覚は高級な感覚ということになる。まあ、常識的な見方でもある。共感覚表現は、種としての人類の発達過程を暗に示しているのではないかとも考えられた。

しかし、その前に、一方向性の仮説そのものを疑うに十分な根拠がある。このことが、今回明らかとなった。また、普遍性については、まず、データにもとづいた精密な検証が必要である。さらに、原始感覚と高級感覚との区別については、いまは、たとえば、触覚は原始感覚というよりも、根源的な感覚というべきだと述べるにとどめたい。このことの一端は、「触れる」や「さわる」などの触覚表現のもつ意味を深く考えればわかるだろう。

では、一方向性の仮説に反論しよう。

この仮説には、まず、事実として、反例が見つかる。たとえば、「丸い味」または「まろやかな味」は、〔視覚→味覚〕の共感覚表現なので、一方向性の仮説に反する。このような例をどう処理するかが問題となる。

ひとつの逃げ道は、「丸い味」「まろやかな味」を例外と見なす。これで、一方向性の仮説を救う。それ以前に、より厳しく、「丸い味」は、日本語の表現として認められない、という立場もあるかもしれない。加えて、「まろやかな」は、すでに視覚表現ではないとの考えも成りたつかもしれない。

しかし、いまはインターネットの時代である。検証ならすぐにできる。「丸い味」の実例は、たちどころに二〇〇例ほど見つかる。

○燗にするとさらに角がとれて丸い味に変化します
○八丁味噌で味つけた煮汁は、甘くこっくりとした味わいで、くどさがない丸い味
○煮汁は、醤油とざらめによる味付けだが、決して醤油味や甘味が勝つ事なく、牛肉のうまみがうっすらと溶け込んだ丸い味わい

規範的な立場に立って、これらをすべて誤用だと決めつけることはできないだろう。また、「まろやかな味」は、やはりその意味を考えると、「丸い」または「円い」との意味的なつながりを手がかりとせざるをえない。ということで、これらを一方向性の仮説の反例と考えないのはむずかしい。例外扱いするのが精一杯だろう。「丸い味」については、五の皿でより詳しく見る。

しかし、言語データをよく検討すれば、一方向性の仮説の反例が、たちまち雪崩のように押し寄せる。いまは〔視覚↓味覚〕にかぎれば、たとえば、「深い味」を例外とするわけにはいかないだろう。「深い」は明白に視覚表現である。「味の広がり」も「透明感のある味」も同じパタンを示す。とりわけ、視覚は多様な表現に富むので、つぎつぎと現れる〔視覚↓味覚〕の共感覚表現を例外扱いするわけにはいかない。一方向性の仮説を維持することは、きわめてむず

かしくなった。

では、進むべき道は何か。それは、一方向性の仮説を捨てて、言語事実を救うことである。そして、言語事実にもとづいて、共感覚表現の仕組みを一から考え直すことである。

その第一歩は、既成概念にとらわれることなく、データを綿密に検討し、それをよく整理することである。そのためにも、各感覚の表現にはどのようなものがあるかを、よく調べることが大切である。たとえば、視覚表現はどこまで広がっているのか。そもそも、何をもって視覚表現というのか。触覚表現についても、どのような種類があるのか。このようなところから考え直さなければならない。

四　共感覚表現の実際と味ことば

では、論理的に可能な共感覚表現の組み合わせ全二〇種に実例を添えたものを、表2、表3にして示そう。例が多い項目と少ない項目がある。例がまったく見つからない項目もひとつある。これは、共感覚表現の成立のしやすさをほぼ正確に反映する。

五感の表現を概観して気づくことは、とくに視覚が多くの表現を抱えているという事実である。視覚は、すでに述べたように、光と形にかかわる。とりわけ形に関する表現、つまり、空間表現のウエイトが大きい。形は、全体の輪郭や次元についての表現が中心である。光に関する色彩表現では、赤・青・黄などの名称は数に限りがあり、たとえば、口紅の微妙な色をすべて表すだけの本来の色彩ことばはない。このように内部的には不均衡があるが、全体として見

修飾方向	一方向性の仮説に従う例
触覚→味覚	重い味，ずっしりとした味，どっしりとした味，ずしんとくる味，軽い味，軽い口あたり，軽い飲み口，押しの強い味，舌を刺す味，突き刺すような味，刺激的な味，尖った味，味が尖っている，味が突き抜ける，あたたかい味，あつあつの味，冷たい味，冷やっこい味，パリッとした味，乾いた味，ドライな味，湿っぽい味，しけた味，しっとりした味わい，粘りのある食感，粘っこい味，ねっとりした味，ねばねばした味，柔らかい食感，ソフトな味，固い味，サラリとした味，なめらかな味，きめの細かい味，舌をなでる爽やかな味，舌にまとわりつくような味，モチッとした味，フワッとした味，ざらついた味，粗い味，さっぱりした味，清清しい味，涼味
触覚→嗅覚	湿っぽい匂い，乾いた匂い，鼻を突く匂い，ツンとした匂い，鼻を刺すにおい，鼻につくようなにおい，ざらついた匂い，軽い匂い，（洗濯物の）柔らかい匂い，豊潤な香り，爽やかな吟醸香，ふくよかな香り，暖かい香り，しっとりとした匂い，尖った香り，さわやかな匂い，味蕾をくすぐる香ばしさ
触覚→視覚	暖色，暖かい色，暖かい眼差し，暖かい光景，ほのぼのとした光景，暑っ苦しい色，寒色，冷たい色，冷たい光，冷たい眼差し，柔らかい陽射し，硬い表情，軽い色，軽いタッチの絵画，重い色づかい，どっしりとした光，重厚な画面，画面のざらつき，なめらかな色調，濡れたような黒，ぬめりとした色
触覚→聴覚	硬い音，軟らかい音，軟弱な音，暖かい音，暖かい曲，冷たい音，刺々しい音，尖った音，ざらついた音，滑らかな音，軽い音，軽やかな口笛，軽快な音楽，重い音，重低音，圧迫感のある音，ずしりとくる音，さわやかな声，乾いた声，湿った音，湿っぽい曲，つるつるした柔らかな声，粘っこい音，ねちねちした言い方，刺激的なサウンド
味覚→嗅覚	甘い香り，甘い匂い，おいしい匂い，甘酸っぱい芳香，酸っぱい臭い，デリシャスな香り，渋い香り，苦い臭い，辛そうな香り
味覚→視覚	甘い光景，甘い風景，甘い色，苦い光景，甘い唇，口が酸っぱくなる光景，えぐい色，渋い色，しょっぱい顔，味のある絵，苦みばしったいい顔，渋い柄，渋い色調
味覚→聴覚	甘い声，甘いメロディー，甘い響き，甘いささやき，渋い音，渋い声，しょっぱい声
嗅覚→視覚	香しい色づかい，生臭い光景，田舎臭い光景
嗅覚→聴覚	香しい響き，バタ臭い響き，香り立つ演奏，馥郁たるショパンの演奏
視覚→聴覚	大声，大きな音，小さな音，明るい声，明るい音楽，暗い声，暗い音楽，高い音，低い音，きらきら輝く音，輝く響き，きらびやかな音，丸い声，丸みのある音，深い響き，奥行きのある音，音の広がり，薄っぺらな音，分厚い音，野太い音，春の霞のような高音，透明な低音，透明なこだま，濁った響き，艶やかな音，艶っぽい声，きれいな音，音色，声色，音のまとまり，はっきりした音，音の輪郭，鋭い音，鈍い音，シャープな響き，黄色い声

表2　一方向性の仮説に従う例

修飾方向	一方向性の仮説に従わない例
聴覚→視覚	うるさい絵，うるさい色，騒々しい色，やかましい柄，ざわついた絵柄，静かな色，静かな光沢，物静かな襖絵
聴覚→嗅覚	静かな香り，静かな吟醸香，にぎやかな香り，香りのハーモニー
聴覚→味覚	うるさい味，静かな味，静かな味のシンフォニー，（心に）響く味，にぎやかな味，ざわついた味，味の余韻，余韻が残る味，味音痴，味覚音痴，味のハーモニー，キーンとする味，ガツンとくる味，味のささやき，味を聞く，聞き酒
聴覚→触覚	静かな痛み，静かな暖かさ，（頭が）ガンガン痛い
視覚→嗅覚	明るい香り，濃い香り，濃厚な香り，薄い香り，澄んだ香り，深みのある香り，奥深い香り，（バニラなどの）幅のある香り，厚みのある香り，まるみのある香り，香りに丸みがある，華やかな吟醸香，青臭い緑の香り，清らかな香り，はっきりした香り，伸びやかな香り，香りがたなびく，香りが漂う，香りの輪郭
視覚→味覚	丸い味，まろやかな味わい，味がまるくなる，まるみのある味，大味，小味，ボリューム感のある味，ごっつい味，薄味，薄甘い，淡い甘味，濃い味，濃厚な味わい，味は濃密，淡い味，淡泊な味，青臭い味，青味がかった味，色とりどりの味を楽しむ，艶のある味，澄んだ味，透明な味，透明感のある旨味，濁りのない味，すっきりした味わい，濁った味，どんよりした味，明るい味，暗い味，キラキラした味，鮮やかな味，平板な味，薄っぺらな味，表面的な味，のっぺりとした味，厚みのある味，重層的な味，味の層，味の重なり，隠し味，味の幅，味の広がり，深い味，深みのある味，沈んだ味，浅い味，味の奥行き，奥深い味，細やかな味わい，華やかな味わい，ふくらみのある味，雑味のない味，目で美味しいネタ，淡麗辛口，シャープな酸味，ゆったりとした味，骨太な印象のある味，芯の通った味，腰のある味，ふくよかな旨味，ふっくらとした味わい，ふくらみのある味わい，縮こまった味，美味，綺麗な味，生き生きした味，味見，味を見る，はっきりした味，鮮明な味，クリアな味，味の輪郭，キレのいい味，切れ味，まとまった味，まっすぐな味，ストレートな味，ぼやけた味，ぼんやりとした味，バラバラな味，味が立っている
視覚→触覚	深い痛み，薄っぺらな手触り，鈍い痛み，鋭い痛み，濃いねばり，薄いとろみ，暗い重さ，じんわりと広がる暖かさ，すっきりした冷たさ，冷気が漂う，まろやかな口当たり
嗅覚→味覚	香ばしい味，臭い味，香味，芳しい味，香ばしく旨い，香ばしい甘味，芳醇な味，臭みのある味，つんとくる味，こげ味，生臭い味
嗅覚→触覚	
味覚→触覚	甘い抱擁，甘噛み，甘い口づけ，（真珠の）甘い質感，手触りを味わう，質感を味わう，（ペンの）書き味

表3　一方向性の仮説に従わない例

れば、視覚は表現が豊かである。

触覚表現がそれに続く。皮膚の感覚は、先に原始的というより根源的だと述べた。触覚は、手にしたときの感覚であり、皮膚で感じる感覚である。味ことば分類表が示すように、よく分化している。ひとつひとつの基本表現、たとえば、温かいや重いなどの感覚も、おそらく人間に共通な、根源的な感覚であり表現だろう。これが共感覚表現の主要な供給源のひとつとなる理由だと考えられる。

他方、味覚・嗅覚・聴覚は、固有な表現が乏しい。このうち、嗅覚は、特定のものと結びついた表現、たとえば、「コーヒーの匂い」などを除くと、嗅覚固有の表現はごく限られている。聞香（香を聞く）のような場合は別であるが、微妙な香りの差を伝え合わなければならない状況は、日常的には起こりにくい。また、聴覚は、ことばをキャッチして脳に信号を送ることが第一義的な機能であり、ここにも固有の表現は少ない。

ただ、音楽愛好家の存在が無視できず、音質についてのことばが相当必要となる。ここに共感覚表現が生じるきっかけがある。たとえば、音楽評論家は、数多くの音の表現をもつだろう。一般に、ある分野の専門家は、その分野の語彙を豊富にもつ。もしそれが、五感に関係する表現ならば、そこには多くの共感覚表現が含まれるはずだ。

これをある民族なり、あるいは人間全体で見ると、ある特定の分野にいちじるしい語彙の偏りが見られることがある。それは、私たちが長年生きてきたことの証であり、その集積が文化である。共感覚表現の偏りからも、人間の文化の一端がよく見える。

そして、味覚こそ、多くの人にとって――専門家であるなしにかかわらず――もっともことばが必要な領域である。なぜなら、食はすべての人に欠かすことのできないものであり、食はたんなる生命維持の手段たる役目をはるかに超えるから。かつ、本来の味覚表現は、基本五味プラスアルファにほぼかぎられるので、その当然の結果として、表現の大量借り入れが必要となる。共感覚表現は、味ことばにもっともよく現れ、味ことばは、共感覚表現の交差点だといっていい。

事実、味ことばには、触覚・嗅覚・視覚・聴覚のすべてから表現が流れ込む。とりわけ、豊かな表現を自前で抱える視覚および触覚からの流入が激しい。たとえば、あるたばこの味を、スムーズでクリアと表現するとき、スムーズは触覚表現であり、クリアは視覚表現である。いわば上下から味覚を挟み込む形である。豊富な表現素材を擁する視覚と触覚のことばでもって、自前の表現が乏しい味覚を補うのである。ひとつの典型的な味ことばの例だろう。

こう見れば、味ことばに共感覚表現が多用される理由は明らかだろう。ただ、注意すべきは、味覚本来の表現が乏しいとはいえ、「甘い」「からい」などは、きわめて重要な基本語であるために、それら自身が多義語として広範囲に用いられる点である。「甘い」については、「甘い声」や「甘いマスク」のような共感覚表現を超えて、「甘い判断」「甘い採点」などの抽象的領域にまで手を伸ばし、豊かな意味ネットワークを形成する。「苦い」も、その意味ネットワークの広がりを考えると、存在意義はけっして小さくない。「甘い」は七の皿、「苦い」は八の皿で述べよう。

さて、これですべての問題が片づいた……と言いたいところだが、なかなかそうはいかない。それでも、方向は見えた。見通しもよくなった。そこでつぎのステップを考えよう。ひとつは、味ことばに限定して、共感覚表現をより詳しく調べること。これは、続くふたつの章のテーマである。この章では共感覚表現をまだ概観しただけである。味ことばの共感覚表現には、メタファーのみならずメトニミーが複雑に絡んでくる。その実体を実証的に分析しなければならない。

つぎに、視覚表現について、さらに考えることがある。共感覚については、視覚はもっとも重要な感覚だと述べた。事実、供給側の最大手である。しかし、これまでのところ、表からも明らかなように、視覚表現の対象として選ばれたのは、おもに状態を表す形容詞であった。たとえば、「深い味」の「深い」はその一例である。状態形容詞は、一般に、静態的な性質を表す。しかし、視覚表現のもう半分は、動態を表す。つまり、動きを表す。この部分はどうなっているのか。動態的な空間表現にまでデータを広げれば、視覚から味覚に流入する表現の量は、膨大なものになる。

たとえば、「ゆらぐ味」「味が走る」という表現がある。「ゆらぐ」や「走る」は、動態を表す視覚表現である。もちろん、これらは味ことばなのか、という問題がある。味そのものを類別するだけの特性を備えているのか。一般性があるのか。さきの条件に照らして考えなければならない。たしかにそういう面もあるが、データをあらかじめ限らずに、つねにオープンにしておくことは大切である。たとえば、吟醸酒について、「ほろほろと口のなかで溶けていくような」

という形容の仕方は、味ことばとしての資質をもっているように思える。

もうひとつは、味の対象になるものによって、味ことばが変化するという問題である。これは、あまりにも当たり前に思えるかもしれない。ケーキの味と佃煮の味は、違って当然だ。だが、表現の立場からしておもしろいのは、その道に通じている人しか味分けられないような種類のものを、なんとかことばで言い表そうとするとき、そのときにこそ、共感覚表現を中心としたことばが大量に現れる点である。

たとえば、ワインの微妙な味の違いをことばで表す。ソムリエの試験ではそれが試されるという。しかも、フランス語で。ワインならずとも、ビールでも冷酒でもタバコでも、要するに、よほどの通でないかぎり、そんなに違いがわからないような味に対して、ことばで違いを言い表そうとするとき、そこには、味を超えることばが幅をきかすことになるだろう。それも、もちろん、文字どおりのことばなんてないところで。

これはなにも、嗜好品にかぎらない。ラーメンの味ひとつでもなめたもんじゃない。紅茶も負けていない。独自の展開をする。つぎの一例は、何の味を表現しているかわかるだろうか。

〇香りは熱帯の果樹を連想させる芳醇なふくよかさでフルーティーです。味はフルボディのワインのようで、甘味と上品な渋みのバランスがよく、舌触りはこまやかで、喉ごしに余韻があります。水色は深い琥珀色で、透明感が抜群ですこれは、近ごろ台頭いちじるしい中国茶のある品種の説明である。ここから、ワインならワイン、紅茶なら紅茶、ラーメンならラーメンと決めて、そこでどのような味ことばが使われるかを詳しく調査することで、共感覚表現のみならず、味ことば一般についての新たな洞察がえられそうである。

このあたりにまでくると、さらに新たな研究領域も見えてくる。味ことばをより広くとらえると、単独の味ことばだけではなく、それらがどのように組み合わされて、味を総合的に表現するのかというテーマが見え隠れする。また、逆に、ひとつの表現が、じつは複数の感覚にまたがる場合のあることもわかってくる。

ということで、ここでひと区切りとして、つぎに、味ことばの共感覚表現について、もう少し奥深い味を探ろう。

箸休め（二）　味の奥行き

味に奥行きを感じることがある。深みのある味もある。まろやかな丸い味もあれば、刺すようなとがった味もある。包み込んでくれる味もあれば、舌の上で転がるような味もある。味に空間が立ち現れることはまれでない。この空間を思わせる味の深さや奥行きは、どこから生まれてくるのだろう。味が立体であるなら、積み上げることができそうである。しかし、味はどうも物理学的足し算では済まないように思われる。味は、溶けあい変化を起こしている。化学でないか。料理のなかには、できたての味は、わさわさとしているのに、時間をおくと落ち着いてくるものがある。カレーは、作った当日よりも翌日のほうがなぜか美味しくなっているし、そばの汁も作りたてよりは冷蔵庫で一日寝かした方がずっと美味しくなっている。

料理のレシピには、一合のだしに、酒大匙一、醤油大匙三、砂糖大匙一のように、足し算しかでてこない。味が足し算だけであるとすれば、一晩寝かそうが寝かすまいが味に変わりはないはずである。しかし、味は確実に変わる。味は、寝かすことでゆっくりと素材にしみ込んでゆく。味がしみ込むのは、煮ているときではなく冷めてゆくときだというが、一晩置いたカレーはまさにそれを体現している。味噌、酒、ワインは寝かされる代表であるが、みな寝かされることによって、見違えるほど美味しくなる。味には、物理的足し算では説明できない何かがある。

味を構成するさまざまなものは、まずは足し算さ

れるとしても、その後互いに溶けあって別のものになってゆく。味は、「化学的変化」を起こし生まれでるのだ。化学的変化を誘発するのが、熱であり時間である。

そんなふうにしてできあがったスープは、実にうまい。本当にうまいスープは、のどで味わうものだと思っている。のどに味蕾はないのかもしれないが、少なくとも、最近では、おもに舌の表面に多数分布するといわれていた味を感じる味蕾は、舌にある数よりもずっと少ないものの、上顎など口の中のいたるところにも存在しており、味覚を感じ食物の味を識別するのに重要な手助けをしているといわれる。「のどで味わう」という感性は、あながち捨てたものではない。

味の「奥行き」は未知の世界へ広がっているという感じなのだろう。足し算であれば、目の前にあって確認可能なのだが、化学的に未知なものに変化を遂げるとすれば、そこから、味の「奥行き」や「深さ」が生まれるのではないか。ずっと奥へと味が続いているそんな感じが、豊かで静かな味を醸成してゆく。

馥郁《ふくいく》とした味は、一朝一夕にはでき上がらない。一朝一夕で作り上げた味は、一朝一夕にさめてしまう。コトコトと静かにでき上がってゆく味を得るには、ただ材料や調味料を合わせるだけでは望めない。物理的足し算や掛け算ではなく、溶けあって別のものに変化してゆく化学の力が不可欠なのだ。作り上げる味に費やされる時間は、それを損なう時間も長くする。味は中まで美味しくなる。エネルギーのはたらき方とはそういうものだ。

奥行きや深みをもつ味は、奥の奥からからジワーッと味がしみ出してくるようなエネルギーを静かに蓄えているに相違ない。街のファーストフードを捨てて、スローフードの家に帰ろう。種類に味の豊かさを求めるのではなく、味の奥行きを、味の深さを大いに楽しみたい。■

四の皿　もっと五感で味わう

一　金色の音？

日本のジャズの草分け的存在で、二〇〇一年一〇月に音楽生活五〇周年を記念してCDをリリースした渡辺貞夫は、あるインタビューで次のように答えている。

客席とメンバー全員がひとつの世界を共有していると強く実感した時、身が軽くなり、自由の域に達することができて、思いがけないフレーズが「エーッ」ていう感じで出てきて、これがうれしいわけ。サックスから出る音が金色に輝き、光に包まれる瞬間ですね。

（朝日新聞二〇〇一年九月二八日）

この記事を読んで、「音が金色に輝き」って理解できない、と思う人はほとんどいないだろう。多くの人の頭の中には、金色のサックスがスポットライトにまばゆく輝き、美しい旋律をかなでる光景が自然に浮かぶのではないか。しかし、「金色」「輝き」「光」は、視覚的表現である。

つまり、音を表現するのに「静か」でもなく「うるさい」でもない、別の感覚の表現が登場している。

味や音やにおいなどの感覚は、目に見えないので、その感覚固有の表現はあまり多くない。音でいえば「静かだ」「うるさい」といってしまえばあとは手詰まり。これに対して視覚は、ものの大きさや形、色、運動などの表現として幅広く、別の感覚に表現を貸し出している。「明るい音」「暗い音」「大きな音」「透明感のある音」など、ふだん私たちが目にする音の表現も、よく見れば視覚的である。

別な「金色の響き」を探してみよう。鈴木雅明指揮バッハ・コレギウム・ジャパン（BCJ）の、J・S・バッハ、教会カンタータ集第一二巻のCD評である。明らかにBCJのファンが書いたもので、とにかくベタほめである。「金色の響き」は、ここでは先ほどのサックスの金色ではなく、オーケストラの楽器が調和して重層的に、壮麗に鳴り響くことを指す。

○BCJのひとつの特徴はその金色の響きだと思います。鈍く、陰影に富んだ光を放つ、ぶあつい黄金色の響きです。そんなゴージャスな響きが生まれる背景には、さまざまな特徴的な音の存在を感じます。くすんだ弦楽器。こもった低音。木製の木管の、木質の響き。肉厚の金管。ゆっくりとしたテンポ。豊かな残響。合唱、ゲルト・テュルクやペーター・コーイといったおなじみの歌手たちの、なめらかなビロードのような声。こういったたくさんの響きの層が積み重なってボリュームのある金色の音となるようです

「金色の響き」「金色の音」はもとより、「陰影に富んだ」「光を放つ」「ぶあつい」「くすんだ」「肉厚の」「響きの層」「積み重なる」など、音の話をしていて視覚表現がこれだけあふれているのに違和感はほとんどない。さらに「なめらかなビロードのような声」のような触覚表現まで使われている。

もちろん、音楽の表現に味覚が使われることもある。「甘い」「渋い」はその代表格だ。

○バッハの時代のオリジナル楽器、バロック・ヴァイオリンの第一人者クイケンは、この大曲を渋い響きで味あわせてくれる

「渋い」は、オリジナル楽器の音に対する典型的なコメントである。古楽器による演奏もかなり定着した。また、次の「エラール社のピアノ」はフォルテピアノといって、モーツアルトが生きた時代のピアノである。現代のピアノのような派手さはないが、モーツアルトの音楽によくあうコロコロとした愛らしい音がする。そんな心地よさが「甘い」といわれている。ほかにも「小さい」「丸い」など視覚的な表現も顔を出している。

○エラール社のピアノの、現代のピアノに通じる甘い響き。中でもひときわ興味を引いたのはモーツァルトの時代の小さな、愛らしいピアノでした。その形、大きさそのままに、

小さな音量、丸い音、響きの少ないこと。現代のピアノをそばで聴けば耳にうるさく感じるものですが、このピアノは耳に優しく響きます

視覚など聴覚以外の表現にたよらずに音楽を語ることは、不可能に近い。五感の表現には、感覚間の表現のやりとりはつきものなのである。「甘い響き」をもう一度考えてみよう。伝えたいのは「響き」の部分である。これは聴覚。それを形容する「甘い」は味覚だ。このように、ある感覚を表すのに別の感覚の表現を用いることを共感覚表現と呼ぶ。「甘い」が共感覚、「響き」が原感覚である。

　では、共感覚表現を可能にしているのはいったい何なのか。

二　共感覚表現の方向

五感の間でことばの貸し借りができる要因として、中村雄二郎は「共通感覚」(sensus communis)という五感を統合する部位があると示唆する。中村は、アリストテレスの「眠りと目覚めについて」を引用しながら、もともとは五感にわたって共通で、それらを統合するもうひとつの感覚、つまり「共通感覚」があり、これがいまにいう「常識」(common sense)につながると述べる。

　共通感覚をとり仕切る身体的な部位があるかどうかは別にして、五感の間に交通が成りたつことは確かである。「甘さ」には、蜜の「甘さ」、チェロの音色の「甘さ」、恋人とすごす時間の

「甘さ」、セキュリティの「甘さ」、見通しの「甘さ」などに共通したある感じがある。これらの異なった経験は、なんらかの仕方で結びついている。それぞれの具体的な経験について、「甘い」ということばを用いることができるのは、五感を統率する仕組みがあるからである。

神経科学の分野では、共感覚は病気の一種として扱われる。リチャード・E・ストーイックの『共感覚者の驚くべき日常』では、本人の意思には関係なく、ある感覚が別の感覚を呼び覚ましてしまう共感覚者の症例が紹介されている。マイケル・ワトソンという患者は、味に形を感じる症状をもつ。医者が実験で苦い液体を口に垂らすと、マイケルはこんなふうに語り出す。

「葉っぱのついた巻ひげのようなものが、穴から出ている」「そう、丸い部分が最初に出てくる。スポンジのような質感の」「ひもがでてきた。細い糸だ。だんだん太くなってロープのようになった。手をすべらせると、短いつるに油っぽい葉っぱがついているような感じだ」「全体としては、ツタがたれさがった、でこぼこの吊りかごという感じだな」

このような症例は、五感からの情報がいわば混信した極端なものと考えられ、古くから知られていた。

ことばの問題にもどろう。なんらかの方法によって、私たちの五感が結びついていることはわかった。では、ことばの世界で、五感の組み合わせを考えるとき、すべての感覚を自由に組み合わせることはできるだろうか。

共感覚と原感覚の組み合せは、これまでウィリアムズらの研究に従って一定の方向があるとされてきた（一方向性の仮説）。三の皿で見たように、たとえば、「甘い響き」では、左図の矢印の根が共感覚（甘い）であり、矢印の先が原感覚（響き）である。この図では、矢印は、触覚から視覚・聴覚の方へ一方向に流れる。「柔らかい色合い」は認められるが、「大きな手触り」はふつうではない。

〔触覚→味覚→嗅覚〕→〔視覚→聴覚〕（一方向性の仮説）

人間の知的な活動に関わるのは、視覚・聴覚だといわれる。視覚・聴覚は、絵画を見たり音楽を楽しむ分節的で発達した感覚だ。これに対して、触覚や味覚は動物的であり、原始的だとされる。触覚は、とくに危険なものを感知したり、ほかの人間に触れることで生殖と結びつく。味覚や嗅覚は、食べ物を口に入れて安全かどうかを判断するので、これらは動物と共通した重要な感覚である。

人は、見たことや聞いたことをことばで表すとき、いわば動物的感覚から多くのことばを借りる。つまり、人間にとって、一般に知的とされる視覚や聴覚のことばを語るにも、動物的な感覚に引き下ろして語るほうがわかりやすい、ということだ。一方向性の仮説は、このことを示唆している。

しかし、すぐに見るように、味覚ひとつにかぎっても、事態はそんなに単純ではない。音楽の表現もそうだが、味覚でも一方向性の仮説に逆行する表現がおおいに活躍する。とりわけ、視覚のはたらきが大きい。だが、それを見る前にまず、味覚そのものの特性を考えておこう。

三　味覚の特性

触覚と聴覚が物理的刺激によって起こるのに対して、味覚と嗅覚は物質が舌や鼻腔の感覚細胞で起こす化学反応による。

味は、「甘い」「酸っぱい」「苦い」「塩辛い」の四つが基本味とされる。これは、有名なヘニングの四面体にまとめられる。人間の味覚は、この四つの感覚を頂点とする四面体の辺上、または面上に表すことができるとされる。英語でも **sweet**（甘い）、**sour**（酸っぱい）、**bitter**（苦い）、**salty**（塩辛い）が四基本味である。これに第五の基本味として、日本発の「うま味」が採りあげられることが多い。ただ、うま味は、それ以上分割できない味の基本要素なのだが、ヘニングの図ではうまく説明できない。

うま味は、かつお節や昆布などに含まれるグルタミン酸やイノシン酸などの物質によって引き起こされる。池田菊苗の発見から約一世紀、しかし、共感覚表現として使われるには至ってない。

「うま味」は、たとえば、「民主主義のうま味」「うま味のある話」「うま味のある仕事」のように、味覚以外の文脈で用いられることはある。これらは、一般的なおいしさの意味がメタファー展開したものである。「うま味」がメタファーとしてよく使われるのは、次例のように、官僚や荘園領主などによる権力志向的なネガティブな含みをもつときである。
○官僚は、新しい制度や法律ができれば、必ずうま味のあるところを握る
○荘官（荘園の事務官）はうま味のある職務、その立場を利用して、膨大な富を築く者も現れた

では、この四つの基本味に入らない「辛さ」や「渋さ」は、味覚ではないのだろうか。生理学的には、ぴりっとした「辛さ」は触覚、「渋さ」は舌粘膜の収斂によって起こる感覚である。先に味覚は感覚細胞で起こる化学反応だと述べたが、「辛さ」や「渋さ」は、味覚の感覚細胞（味蕾）以外の感覚器をも刺激するので、厳密な意味での味覚ではないといわれる。しかし、ことばを考える上では、食品の味覚を表すものとして、このふたつの感覚をはずすわけにはいかない。

「辛さ」について考えよう。たとえば、唐辛子の「辛さ」は、「熱さ」「痛さ」と同じ感覚受容のプロセスをもつ複合的な感覚である。英語の hot は「熱い」と「辛い」の両方を表す多義語だが、ふたつの意義の結びつきには生理学的にも根拠があるのである。辛さが熱さとつながるのは、経験的にも理解できる。唐辛子を靴下の中に入れれば温熱効果がある。これはよく知られている。また、メキシコ料理やインド料理の緑色の唐辛子を経験した人はいないだろうか。度を超した辛さは、熱さを通りこして痛みになる。

○一口噛んだその瞬間、すさまじい激痛が舌を襲った。最初は一体何が起こったのかも分からなかった、いきなり舌の上に熱湯を浴びせられたらあんな痛みと苦しみを味わうのではないかしら〔…〕辛い時は普通水を呑む。ところがその時は水を呑むと、辛さが消えるどころか、ヤケドの皮膚の上に更に湯をかけられたように痛かった

（雁屋哲『美味しんぼの食卓』）

中国古来の味覚の基本は五味。これは基本四味に「辛」が加わったものだ。中国文学者の中野美代子は、こう述べている――人間にとって必要性の高い塩と糖分は、味としての独立性が強く、比喩的な転義が少ないのに対して、嗜好性のつよい「辛」「酸」「苦」は精神の状態を表現するのに用いられる（「五感のダイナミズム」）。手元の辞書で辛苦、辛辣、辛労、辛酸、苦境、苦辛、苦痛、苦悩、苦難などを見つけるのは簡単である。「人間は幸福より不幸のほうが二倍も多い」と言われるが、表現にもそれが当てはまるということか。

たしかに「甘」と「塩」は、生体を保つために必要な栄養である。これに対して、「酸」と「苦」は、身体に有害な毒などを感知し、体内に取り込まないようにする感覚である。ひとは、「甘」と「塩」には比較的反応が鈍く、「辛」「酸」「苦」には微量でも鋭く反応する。

しかし、共感覚表現としては、「甘」がもっともよく展開する。「甘い色合いと優しい香りに誰もがうっとりする花束です」（視覚）、「オーボエのうっとりするような甘い音色」（聴覚）、

「シナモンに似た甘い香り」（嗅覚）、「表面だけが風で乾いた砂の上は、不思議な甘い感触」（触覚）など、ほかのすべての感覚で「甘い」が使える。「辛い」や「酸っぱい」で同じような表現はできない。これは、「甘」が糖質を含んだカロリー源であり、人間の重要な快感として、ほかの感覚の快感とも結びつきやすいからだと思う。

味覚の要素としては、基本四味に「辛」「渋」を加えたものが、舌の上で感じる味覚である。これらに、嗅覚や触覚（冷温覚、圧覚など）、視覚（光沢・色など）、聴覚（咀嚼音など）の感覚、それに心理状態（内部環境）や食の状況（外部環境）が加わって、食べ物のおいしさを表す。私たちが感じる味覚は、物質が舌の上で溶ける化学反応だけではなく、こうしたほかの感覚が混じり合った、極めて複合的な感覚である。

味覚の複合的な性質は、味をことばで表現するときによく現れる。とくに、味覚をほかの感覚のことばで表す共感覚表現は、まさにこの複合的な性質にもとづく。では、味覚を表す共感覚表現を、嗅覚・触覚を使った表現から始めて、順に見ていくことにしよう。

四　鼻につん、舌でとろり

嗅覚と触覚は、視覚や聴覚よりも、器官の隣接という点で味覚との結びつきがつよい。塚本邦夫の『味覚歳時記』は、桑や蓮、菱や拘杞《くこ》など木の実の味とそれにまつわるほろ苦い回想録である。木の実という素材の性質にもよるが、実を口に含んだときの鋭い嗅覚の表現が多く見られる。

○揺ったくらいでは落ちず、棒で叩き、棒は届きかねるので、二メートルばかり攀《よ》じ、苦心して採った果粒数十個。私はその鋭い脂（にや）の香に、思わず舌を縮めた。〔…〕甘みはやや後れて口中にひろがった（楊梅《やまもも》）

○二つに割った果肉を口中に含む。仄かな、まことに微妙な、淡青・薄緑の香が味蕾をくすぐる。あの香は、そう、茅花《つばな》を抜いて口に含んだ匂いに似ている。収穫を控えた稲穂の、一粒をとって含み噛み砕いた時、ほとばしる乳状液の香も思わせる（蓮）

楊梅の例に見るように、ものを口にする前、またものを口に含む瞬間にまずにおいが先に立ち、その後味覚がゆっくり広がる。それはシソ御飯の「ぷーんと鼻を突く季節の香り」（辻嘉一『辻留・料理心得帖』）であったり、よく熟したトマトにかじりついたときの甘い芳香だったりする。「青臭い」「生臭い」など「〜臭い」も嗅覚を使った味の表現である。イシガレイの味について「泥臭い」「石油臭い」が使われる例を見よう。

○カレイはにおいが移りやすいので、川の泥や港の泥の中で生きているのは、泥くさかったり石油くさかったりして失格だ　（杉浦明平「春の魚」）

ほかにも「乳くさい」「薬臭い」「消毒臭い」「硫黄臭い」「アンモニア臭い」「金属・鉄くさい」

「かび臭い」などがある。「～臭い」の「～」には食品以外の物質が入ることが多い。「青臭い」野菜やトマトの味が通好みの味として、ときおり好意的に表現される以外は、食べ物のおいしさを損なう要素であるのがふつうだ。旨味成分にあふれた醤油の味でさえ、「醤油臭い」になると、いかがわしい響きを帯びる。

○あの立ち食いうどん店は、だしの材料をケチった分、醤油臭い味でごまかしている

「～臭い味」はさらに広がる。「ドブ臭い」「日なた臭い」「田舎くさい」「貧乏くさい」「人工臭い」「嘘くさい」味のように、場所や状況を表す語などもはいるが、不愉快でうさん臭い感じはそのまま残る。

では、心地よい匂いはどうだろうか。「馥郁《ふくいく》とした」は、もとは香りのことばだが、味にも用いられる。次例は、それぞれ日本酒と紅茶の味を表す。

○雪国の酒ならではの穏やかな香と馥郁たる味も兼ね備え
○たっぷりのミルクと混じり合って馥郁とした味と香り

「馥郁とした」は、お茶、紅茶、スープ、それに酒やコーヒー、ウイスキーなど、味とともに香りを楽しむ嗜好品に多く使われる。味覚と嗅覚が器官として一体になっているので、ごく

自然に意味が移り、紅茶の例のように「味」と「香り」を同時に修飾することもある。

つぎに、触覚の表現を見よう。味覚との直接的なつながりからすれば、触覚を担う器官の中心は、舌、歯、喉などである。表現としては「舌触り」「歯ざわり」「歯ごたえ」「のどごし」が思い浮かぶ。食品を口に入れたときに感じる触覚は、「テクスチャー」と呼ばれ、これには食品の手触りもはいる。

石毛直道によれば、インド人は手で食べ物を食べるが、口に入れる前に手で（比喩ではなく）味わっているらしい（『味覚のことば』談義」）。日本人も、にぎり寿司やおにぎりは、ふつう箸を使わず手で食べる。そのほうが美味しい。次のような描写もある。


羊羹も、私は楊枝などでつつましくたべるよりも、ほんとはあの厚みを手にとってたべたい。煉りのほども、手にとってじかに口にするときが一番よくわかる気がする。〔…〕それだから、やっぱり手にとりあげたいのである。饅頭も最中もまたカステラも、手で二つ割ってからたべたいのである。その割目から菓子の香と光が飛び立つ思いがする

（中村汀女「秋袷《あきあわせ》」）


上品ではないかもしれないが、羊羹や饅頭は、手で食べる方が美味しいに決まっている。手で食べるからこそ、「香と光が飛び立つ」のである。

『美味しんぼ』の作者雁屋哲は、牛の骨髄カレーのレシピのなかで、骨髄の味を触覚表現を

使ってこんなふうに描写している。

○牛の骨髄の色は薄いクリーム色で、舌の上に乗せるとふるふると震える。上の歯ぐきの裏側と舌の間で押しつぶそうとすると、ためらいがちにはかない抵抗をして、やわやわととろけるようにつぶれて、まろやかで奥行きのある味が舌の上に広がるのだ

（雁屋哲『美味しんぼの食卓』）

「薄いクリーム色」という視覚の表現から始まり、まるで骨髄が口の中で生命をもっているような「ふるふると震える」「押しつぶそう」「やわやわ」「とろける」などの触覚表現、それに後で述べる「まろやか」「奥行き」「広がる」のような空間表現になってパラグラフが閉じる。骨髄に抵抗のない人にとっては、食欲をそそる一文だ。

このように、触覚は、おいしさの表現にとって重要な役割をする。硬軟やなめらかさなど、めぼしい表現を順に見ていこう。

「ふんわりとした」は、ふくらみ（視覚）とやわらかさ（触覚）がひとつになったことばである。『うな棒』は、炒めご飯に鰻の蒲焼きを乗せ、薄焼き卵でまいた料理で、蒲焼きの香ばしさと卵のふんわりとした甘さがマッチした逸品です」の「ふんわりとした」は、卵そのもののやわらかさが味の表現にとけこんでいる。「やわらかな甘み」は、「白桃のやわらかな甘み」や「揚げタマネギのやわらかな甘み」、それにコーヒーや酒などについても使われる。

他方、「やわらかな辛さ」や「やわらかい酸味・苦み」は、対立する意味を無理につないだのではない。酸味のなかでも人がおいしいと感じる部分を、やわらかさで表す。「本物のわさびだけがもっている鼻にツンときながらもやわらかな辛さ」は、決していやな辛さではない。「独特な甘い香りとやわらかい酸味に深いコク」「コクのあるやわらかな苦みと上品な風味」のように、苦みや酸味は、コーヒーなどの味を決める重要なファクターだ。

食べ物のやわらかさは、食品にとって基本的にはいい評価である。しかし、何でもやわらかければいいというものではない。「身のゆるい」うなぎは食べる気がしないし、次の「ビッタレ・カマス」も、名前は面白いが、身がグニャグニャしていてはいかにもまずそう。

○私は、四国に疎開している時にピッタレ・カマスというのを食べた。新鮮で形のいいカマスなのだが、焼いても、火の通りが悪く、身がグニャグニャして、味も悪い

（獅子文六『私の食べ歩き』）

では、硬さはどうだろうか。硬さは歯で感じる。「歯ごたえ」は、パスタのような麺類、野菜や果肉、肉類などの味覚には不可欠だ。たとえば、れんこん。歯ごたえで食べる野菜だ。調理法によって「サクサク」「ホクホク」と歯ごたえが変化する。

○軽く火を通したときのサクサクした歯ごたえと、じっくりと煮込んだときのホクホクし

た歯ごたえの両方が楽しめます

歯ごたえを表すことばに、「しっかりした」「しこしことした」「プリプリした」「ぱりっとした」「さくっとした」「しゃきしゃきした」「コリコリッとした」などがある。その多くが擬声語・擬態語を使っていることからわかるように、触覚だけでなく聴覚的な面ももっている。「歯ごたえがある」のは、かみ切れないステーキの硬さではなく、おいしく感じる硬さを意味する。

つぎに、なめらかさを見よう。舌触りは文字どおり食べ物の触感であり、舌触りのなめらかなものに不味いものはまずない。すべりのよい感触は、食べ物が口の中ではかなくとけることにつながる。アイスクリームやチョコレートやプリンにとって舌触りは命である。ツルツルとした舌触りとコシのある食感はうどんの命、ぬるぬるした食感はタコやジュンサイの命。

○『ペアー』は、こくのあるなめらかな舌触りのヨーグルトに、洋なし果肉と果汁をふんだんに混ぜ込んだフローズンヨーグルトです

○じゅんさいはスイレン科の多年草の若芽で、ぬるぬるとしていて、味そのものより、舌触りや食感に特徴がある

なめらかな味わいを表現するのに、「ビロードのような」「サテンのような」「絹のような」という布地のシミリー（直喩）が多用されるのは、ワインである。味のなめらかさに加え、豪華

さ上品さが表現から伝わる。

なめらかさは、のど越しのよさも表す。のど越しは、「爽快な」「さわやかな」「すっきりした」という一般的な評価とともに、麺類やゼリーなどに「なめらかな」「スムーズな」「つるつるした」「つるっとした」が用いられる。また「さらっとした」「さらさらした」（粘性）、「熱く焼けるような」「ひんやりした」（温度）という表現も頻度が高い。

では、「ざらざらした」味はどうか。飼い猫の顔を思い浮かべて、猫肉のスープを飲んでみよう。

○味はスープの中に抜けてしまっているせいか、とりたててどうこういうほどの特別の物ではない。筋張った豚肉のコマ切れのような質感で舌ざわりも粗い
（雁屋哲『美味しんぼの食卓』）

猫のスープほど極端でなくとも、味のざらざら感はおいしさとは結びつかない。とくに「粗さ」で表現された味は、その料理の作られた手順や方法がきめ細かで完成されたものでないことも示す。順に、プーアール茶、玉子とじカツ丼、ウイスキーの例を見よう。

○スプーンや箸などでかき混ぜてしまうと、茶葉がちぎれて渋味やざらざらした味になってしまうので注意

○学生食堂の玉子とじカツ丼は、急いで作るからであろうか、どこも粗い味が多いようである

○その頃のウイスキーは、熟成されず粗い味のままで飲まれていたに違いないでしょう

次は、粘性である。「ねっとり」「ねばねば」のほかに、「とろり」「とろっとした」も粘性を表す。ねっとりした味は、味に関するかぎり、しばしば喜ばれる性質である。次のビールと穴子のネットリ感は、味の広がりが重くスローで、一種の存在感さえ漂わせている。

○ミュンヘン・ビールのねっとりした味がゆっくりと体中に染み渡っていき

○穴子の脂つこくてねつとりした味と、飯の清楚淡泊とが一度に入りまじつて、複雑な味覚の一世界がたちまち口中に出現する

（丸谷才一『食通知つたかぶり』）

ねっとりした食感は、「濃厚さ」とともに用いられることが多い。

○ゴマ豆腐だけは、非常によかった。どこでも出す料理だが、普通のよりも遥かに弾力に富み、そして、ネットリと、濃美の味だった

（獅子文六『私の食べ歩き』）

肝や白子、ヒラメの縁側、ドリアンなど、ネットリしたもので味の濃いものは多い。味の濃

さが粘りけのある食感と結びつく。なお、ワインなどの味の評価で「ねっとり」が使われるのは、味の濃さが粘度を連想させるからである。逆に、さらっとした味は、味の薄さにつながる。

「こってり」も、味の濃厚さを強調した表現である。「こてこて」は大阪の味。お笑いなどのメタファーでもあるが、味としては賛否両論ある。「しつこい」「脂っこい」になると、同じ味の濃さでも印象が悪くなる。「舌にからみつく、妙にしつこい味」のように、口中での味の残り方が不快なのであろう。また、水の味はよく注意しないと差がわかりにくいが、「硬水」「軟水」（これは硬軟のメタファー）について、ミネラルが多すぎる水をたとえると、「硬くて鈍く、しつこい味」がすると言われる。「べたべたした」は、評価がつねに悪い。

乾湿も触覚の要素のひとつであり、食べ物のおいしさと深い関係にある。「外はカリカリ中はジューシー。香辛料がきいてボリュームたっぷり」といわれれば、美味しそうな唐揚げが頭に浮かぶ。「カスカス」「パサパサ」では、食べる気がしない。

〇ローマでは殊にビフテキというと、日本の焼肉のようにうすく切って網で焼いたもので、しゃれた料理ではあるが、カスカスしていて、じゅうと肉汁のしたたるうるおいがない
（森田たま「日本のビフテキ」）

「水気の多い」「水気を多く含んだ」果物などは美味しいのがふつうだが、「水っぽい」は味が薄くなって困る。東京の奈良漬けの「水気をたっぷり」含んだ様子に、書き手はワラジ（草

鞋）まで登場させて、イライラを伝えている。

○奈良漬といえば、東京で売っているのなどみな茶褐色になりはてて、水気をたっぷり含み、べっこうの櫛のようといえば体裁はいいが、その味はどぶろくの壺にあやまって落ちた古草鞋の水がじくじく出るような感触のものばかりである　（吉屋信子「おこうこ」）

最後に、温度の表現を見ておこう。熱々のラーメンが食欲をかきたて、生ぬるいビールが元気を奪うように、温度は味の一部である。最近の研究では、舌の温度変化で味を感じることが報告されている。舌の上に温かい刺激をあたえると微妙な「甘み」を感じるのである（山本隆『美味の構造』）。

辻嘉一が『辻留・料理心得帖』で「冷えた料理は美味の三分の二を捨て去ったことになる」というくらい、温度は重要である。たべものには適温があるといわれるが、食通にとっては、ときには多少のやけども何のその。熱い温度は、味だけではなく、香りにもかかわる。

○鮎を食べるのに上手に骨抜きをして食べる人がいるが、私は頭からバリバリ食べてしまう。骨抜きをして骨と身をはがしていると、焼きたての熱々の味と香気が飛んでしまってもったいない。目の前で焼いてもらった鮎を頭からかぶりつくと、その熱さで上あごをやけどしてしまうことがある。それくらい熱いままで食べないと鮎のおいしさを十分

に味わうことができないと私は信じている

（雁屋哲『美味しんぼの食卓』）

温度は、舌の上だけで感じるものではない。「コップに冷や酒をつぐ。酒を一口飲んでは汁かけ飯を一口。胃の腑がじーんと温かくなって来る」（『美味しんぼの食卓』）のように、五臓六腑に染みわたる温度感もおいしさの表現である。

刺身や野菜などの生のものを食べるときは、むしろ、冷え加減の方が舌触りやのど越しにとって重要だ。とくに丸谷才一の馬刺の描写は秀逸である。

○この何やら艶な趣のある赤黒い肉片を生姜醤油にちよいとひたしてから口にすると、まづひいやりした感触が快いし、柔くておだやかでほのかに甘い味はひが舌を包み、二三度、口を動かすともうそれだけで、さながら川の流れに舞ひ落ちた牡丹雪のやうに溶けてゆく

（丸谷才一『食通知ったかぶり』）

「艶な」「赤黒い」と視覚の描写で始まり、「ひいやりした」食感、「柔く」「おだやか」で「甘い」味わいが「舌を包」む。舌を包むのだから触覚。そして、牡丹雪の触覚のシミリーで終わる。視覚で始まり触覚に終わるというのは、味の描写のひとつの典型である。

これまで見たように、触覚表現は多岐にわたる。それは、皮膚感覚（触覚）がもっとも共感を呼びやすいからであり、味覚や嗅覚について――それが快であれ不快であれ――語るとき、

触覚のことばが理解されやすいからだと思う。肌身で感じられることばだということが関係するのだろう。

触覚については、たとえば、「ふんわり」が視覚と触覚の複合感覚であったように、多くの語彙が複合的に絡みあう。五感は、それぞれが完全に独立したものではない。人間の感覚を「五」感といったり、基本「四」味といったりするのは文化的な数字あわせの面もあるし、便宜的な面もあるだろう。

五　ひびく味、まろやかな味

味は、視覚や聴覚の表現でも表す。二節の「一方向性の仮説」の逆をいくパタンである。たしかに、「うるさい味」「白い味」「大きな味」などは、あまり使われそうにないかもしれない。しかし、実際のテクスト（談話）を調べれば、視覚や聴覚を使った味の表現も、どんどんでてくることがわかる。

まず、聴覚を使った表現を見よう。聴覚の表現は大きく三つに分かれる。

（一）オノマトペ
（二）静騒
（三）音響

（一）については、触覚を使った表現の説明で一部ふれた。詳しくは九の皿に譲り、ここでは軽く触れるにとどめよう。「コリコリ」「ポリポリ」「バリバリ」「サクッ」「プチプチ」などに代表されるオノマトペは、食べ物の好ましい硬さをいう触覚の表現であり、同時に音の表現でもある。たとえば、海の香りが残る新鮮なイカそうめんを豪快にすすり込む音は、食欲をそそる。「ニッチャラ、クッチャラ」といつまでも噛んでいてはまずい。

〇それをドンブリにとり、ワサビをたっぷりぶちこみ、醤油をかけ、あとは箸でかきまわし、頃合いをみはからって、ズッ、ズズッ、ズーッ！　と呑みこんでしまう。ニッチャラ、クッチャラといつまでも噛まずに呑みこんでしまうこと。味は喉の奥と食道で味わう
（雁屋哲『美味しんぼの食卓』）

また、口の感覚ではないが、料理をするときの音も、広い意味での味覚表現にはいる。熱い鉄板の上でものが焼ける音、「ハンバーグのソースが熱い鉄板でジュウジュウと音を立てているところをいただく」などがそうである。

（二）に移ろう。手の込んだ複雑な味も、ひとつの料理の中でうまく溶けあっていないことがある。過剰でしつこい不快さ、いろんな素材の味が混じりあっただけの統一感のなさ、これを「うるさい」や「やかましい」などのことばで表すのが（二）のタイプである。

○店によっては味噌が主張し過ぎて、「ちょっとうるさい」味になってしまうという事も多い。しかし、ここは味噌が主張し過ぎず、それでいて無口でもない
○味のほうは、全体として、少ししか入れなかったカレーの風味がけっこう出た。カジキは淡白な味だったのだろうと思われるが、「アジ」はトマトやカレーのやかましい味に負けず、しっかり主張していた

特定の味がバランスを欠いて強すぎのが、「うるさい」である。味噌の味が強すぎるラーメンは、スープの味のバランスを台無しにする。ラーメンの例では、まるで味そのものが声を出して自らの存在を主張するように、「主張する」「無口」なども使われている。かじきと豆のトマトカレー煮の例でも、「やかましい」のはトマトとカレー。どちらも「淡泊」ではなく、はっきりした個性の強い味をもち、しっかり「主張して」いる。背景には、六の皿で見るように、「味は人」の概念メタファーがある（概念メタファーとは、個々のメタファーを背後で統率するメタファーを意味する）。

いろいろな食材の味が、楽しく好ましくバランスよく寄り集まれば、「にぎやかな」になる。味噌の「噌」は、にぎやかという意味をもつ和製の漢字（国字）である。味噌は万能調味料であり、発酵醸成による複雑な味が「にぎやか」になったといわれる。また、「小魚、えび、あなご、貝など豊富な具が、ごはんの中に混ぜ込んであります。にぎやかな味の競演をお楽しみください」のような例では、食材の多さが釜飯の楽しさを盛りあげる。

これに対して、「静かな」は、元気な現代の味というよりは、どちらかというと昔懐かしい想い出の味である。味の傾向もチョコレートのような濃厚でしつこい味ではなく、落雁《らくがん》のように穏やかで淡白な味である。

○小さな落雁を、家事や仕事の合間にお口にぽんっ。チョコレートやケーキでは味わえない静かな味が、清流のせせらぎの如く、いっときの安らぎと癒しをもたらしてくれるでしょう

レストランのガイドブックなどに「本物を求めるがゆえの静かな味と空間」「山の奥深くでけぶる炭焼き小屋のようにもの静かな味わい」とあるが、味の静かさは、とりもなおさず、それを味わう場所の静かさでもある。

つぎに、(三)の音響の表現を見よう。「心に響く味」は、音を使った味ことばである。温かい作り手の真心が伝わってきたり、繊細な味わいに感動したり、料理を食べることで人は何かを感じ影響をうける。それを音響のメタファーで表現する。次の引用では、「心に響き」のあとに「血となり肉となるような」と、おいしさが全身に染みわたる表現が続く。

○淡口醤油のお加減は件《くだん》の如しで、鍋のまま一夜を越させると一段と風味がかもしだされ〔…〕濃厚味を喜ぶ和洋折衷の料理には求め得られない、しみじみと心に響き、血とな

り肉となるようなおいしさを感じさせてくれます　（辻嘉一『辻留・料理心得帖』）

響くのは「心」だけではない。「日本海の味、カニ・アマエビ・ブリなど五感に響く味」「夕食は大脳に響く味」「空きっ腹に響く味」「脳髄に響く味」などの実例がある。影響の強さを響きの強さで表す手段が開ける。「がつんと響く味と香りで、心のひだに入りこむような料理を作りたい」では、「がつん」という擬声語の強さが影響の強さを示す。

さらに「奏でる」「味のハーモニー」「シンフォニー」などは、まさに味が調和しバランスがとれていることを表す。ここでは、「味は音楽」の概念メタファーがより前面に出る。たとえば、「柔らかな苦味と天然の甘味のある見事な味のシンフォニー」。シンフォニーは、多くの味が重なりあって統一感を作ることを意味する。「交響楽」であっても「協奏曲」であっても大差はない。「見事な」のほかに、「華やか」「絶妙な」「多彩な」「調和した」などの形容詞と相性がよいのは、「シンフォニー」がいい意味をもつ証拠である。

次の水餃子の例では、たった数行のなかに「奥深いハーモニー」「奏で」「ハーモニーを奏でる」「三つの味が響き合う」「味の交響楽」と、音の表現が幾重にも響きあっている。

○皮の中でこれらの食材が奥深いハーモニーを奏で、それをやさしい皮が包み込み、そのまた外で鶏のスープと様々な野菜たちが、すべてをひとつにする新しいハーモニーを奏でる。スープ水餃子とは、奥深い三つの味が響き合う、味の交響楽と言える逸品なので

す

ハーモニーやシンフォニーが、総合的な味のバランスをいう交響楽だとすれば、「三重奏のリズム」や「二声のインベンション」などは、さながら室内楽の趣である。

○カスつきやすいナマリ節から、やわらかな豆腐へ箸が移り、またナマリへと交互に食べたくなる破調的な調和の美味は、先人の体験が生んだ食味の知恵でありましょう。さらにフキとかワラビなど、別趣の歯ざわりを添えれば、三重奏のリズムが一層高鳴りましょう
（辻嘉一『辻留・料理心得帖』）

○このあんこう鍋は少しも生臭くも泥臭くもなく、七つ道具の味も深く、「満寿泉」の吟醸酒とあたかもバッハの二声のインベンションの上声部と下声部のようにもつれ合いからまり合い対立し合い、舌の上で天上の音楽をかなでてくれたのである
（雁屋哲『美味しんぼの食卓』）

では、なぜ、「味は音楽」という概念メタファーが選ばれたのだろうか。たんなる偶然なのだろうか。そうとは考えにくい。というのも、「味は音楽」の背景には、「味は芸術」という、より一般的な概念メタファーが隠れているからである。音楽は芸術の一種であり、味も、少なくとも洗練された味は、芸術の高みに達すると考えられる。ここに、味と音楽が結びつく絆が生

じる。

以上見たように、味には聴覚による様々な表現がある。聴覚の表現には、オノマトペ、静騒、音響があると述べた。オノマトペに見られる咀嚼音は、触覚と聴覚の複合感覚であるが、音そのものを直接表す。味の静騒や音響は、それより抽象度が高く、味覚以外の領域でもメタファーとして使われる。

では、つぎに、視覚の表現を調べよう。

視覚は先に述べたように、大きさ、形、色、空間表現などの要素からなる。次の水の評価は、色以外の代表的な視覚的要素が揃っている。

○酒の場合も失敗すれば元の水の味を濁らせる。成功した時には元の水の味をふくらませ、元の水の味の性格を一層鮮明に引き出すということではなかろうか

ここには、三つのタイプの視覚表現が使われている。

（一）「濁らせる」（透明）
（二）「鮮明」「ふくらませる」（形）
（三）「引き出す」（空間）

（一）に分類される「透明な」「すっきりした」は、混じりけのなさとともに、完全さを表す。「元の水の味を濁らせ」れば、酒のもとになる水の完全さを損なう。左に「透明な味」の例を集めたが、水や清涼飲料、ゼリー、スープなど視覚的にも透明なものが多いことがわかるだろう。視覚的な透明さが、雑味のないピュアな味わいにつながる。

○ツルンと飲める透明な味が売りです（天然水）
○クセが無く透明な味（わき水）
○スープの透明な味を守る
○梅ゼリー、梅酒が香るつめたく透明な味
○南アルプスの天然水にみかん抽出物を加えた、ほのかでさわやかな透明飲料です。透明な味とはこういう味を言うのでしょう

透明に関連させて、明暗の表現も見ておこう。「明るい味」「暗い味」はあまり一般的ではないが、「赤やら緑やらピンクやらいろんな色のコショウが入っていて、お祭りっぽい明るい味がします」というレインボー・ペッパーのコメントは、透明さと同じく、視覚的なカラフルさが味にも影響を与えるという一例である。

　しかし、明暗を使った味の表現は、たとえば、ワインが作られた土地などの明るさが（それが実際のものであれ想像上のものであれ）ことばに表れた、という場合も多い。これは、メタ

ファーでなくメトニミーである。また、吉田健一は、美味しいものを食べたいという気持ちは、人間が光や温かさを求める気持ちと同じで、私たちは料理を食べることで、その「明るさ」を共有し楽しむのだと述べている。

〇モンローズのセカンドを飲んだ後だったので、印象としてとにかく明るい味という感じでした。イタリアの太陽のような明るさ。テノールのジュゼッペ・ディ・ステファノの歌声のような底抜けに明るい味でした

(二)の「鮮明」さは形の表現である。輪郭がはっきりしていること。「鮮明な味」は、「ぼやけた味」の反対である。「ふくらませる」も形の表現である。形はいろいろある。大小もそのひとつだ。繊細さを欠くアメリカ料理についてしばしば「大味な料理」といわれたり、また「小味」は「広島杜氏の技が小味のきいたまろやかな味わいを醸し出します」のように、微妙で繊細な隠し味を意味する。

形については「丸い」がおもしろいが、これは五の皿で詳しく見る。「まるい」「まろやか」「まろみのある」。これとは対照的な意味をもつのが、「とんがった味」「角張った味」など。ほとんどが触覚との複合表現である。

「丸い」系の表現は、次の例で「舌にとける」味わいなどといわれるように、いやな刺激がない、雑味がない、バランスがとれて完全である、やわらかいなどの快い感覚を集約する。舌

の上に刺激が少ないこと、やわらかいことなどの点で触覚とつながる。

○京の宿ではじめて呑んだおいしい酒に、「月の桂」というのがあった。舌にとけるまるい味を賞玩していたら、さしづめこれは月夜の桂川の辺にある松尾の水のひと滴かと思った

「とがった」は、「渋くとがった味」のように、舌に突き刺さるような触覚感覚をともなう。これも、視覚と触覚の複合感覚を表す。酒や調味料の評価によく見られるが、「とがった味を丸くする」のように、「丸さ」と対比させて使われることがある。次の一例目は、たったいま飲んだ緑茶とふつうのカン入り緑茶、二例目は、バターの風味とプラウンマサラとの味を比べる。「まろやか」と「とがった」との対比が鮮やかだ。

○ふつうの「緑茶」よりは味がまろやかで飲みやすい。缶の緑茶って、どうしてみんなあんなにとがった味になっちゃうんだろう

○シャンティバターチキンは、バターたっぷりでとてもまろやかだけど後からスパイスの心地よい刺激がきてとても美味しい。プラウンマサラは、口にいれると玉葱とトマトの味がふわっと広がり、後からかなりピリリとくるどちらかというととがった味

「角のある」「角張った」も、「とがった」の仲間である。「膨らみの無い角張った味」「水道水で入れたコーヒーは、酸味がキリリと強く、全体的に角張った味というか、イガイガしたような味がしましました」のように、刺激成分が強く、味にもふくらみややわらかさのない不快な味である。

（三）に進む前に、少し色と味の関係を考えよう。夏の暑い日に食べるなすの漬け物。「氷水で洗って、切り口に庖丁目を入れて引き割き、手の形がつくほど強くしぼり、鮮やかな色も一緒に賞味します」（『辻留・料理心得帖』）のように、「鮮やかな色」も食べるという発想は、目で食べるといわれる日本料理らしい表現である。

しかし、懐石料理のような目に美しい料理にかぎらず、白、赤、黄、青などの色名による味の表現がある。

まず、白から。

○白い味のごはん
○レンコンの白い味
○なにもかけない豆腐の白い味
○白玉の無垢な、それでいて細やかな枝を思わせる白い味

次は、赤。

○赤い豆腐は赤い味がした
○赤い味のリキュールや赤唐辛子の芳香
○かけられたシロップは毒々しいほどに赤く、また味も見たままの「赤い」味だった

黄色もある。

○卵の腐ったような黄色い味
○肝心のプリンは、期待を裏切らない黄色い味
○くたびれきったいくつかの野菜達は黄色い味がする
○カレーの後味がとても悪かったです。黄色い味がしました

さらに、青。

○そら豆みたいな青い味
○つけあわせの野菜も濃い青い味
○頂いた枝豆、青い味がとても美味しかったです
○香りのイメージ通りまだ少し青い味（紅茶について）

これらの表現に共通するのは、いずれも原則的に、食材の色をそのまま表現している点だ。味は複合的な感覚である。そのため、豆腐の淡泊さが「白」と結びつく。唐辛子の辛い味が「赤」と結びつく。赤は、熱さに関係の深い色だ。これらの例は、味が食品の色と結びつく場合のあることを示す。色によって味のもっとも特徴的な部分が代表されるのである。ただし、青は、メタファーとして未成熟さをも表すため、右の紅茶の「青い味」は実際の色とは異なる。

では、㈢の空間表現に進もう。味の「深さ」「広がり」「奥行き」は、それぞれ垂直方向と水平方向への空間的な広がりを表す。「その塩こんぶは、舌にのせると、何ともいえない滋味が口いっぱいにひろがって、噛めば噛むほど、味が深くなり、いいようもなく美味しい」（瀬戸内晴美「塩こんぶと漬け物」）のように使う。コーヒーと日本酒の例を見よう。

○弱めの焙煎の特徴は味が薄い事です。そのため通常に中挽きにすると味が薄くて平べったい味になります。そこで通常より若干小さめで挽くことをお勧めします。そうすることにより苦味や渋みを若干ですが出すことが出来、マイルドな味の中に深みを作ることができます。中挽きでは平面的な味が挽き方を小さくすることで味に立体感が出てくるのです

○永い眠りにより育まれた、調和した豊かな香り。口の中でコクとうまみがバランスよく自然と広がり、奥行きのある味が楽しめる、しかし後味はすっきりとした爽やかさがあ

る。甘・辛・酸・渋・苦のバランスが酒のふくらみを増します。黄金色に輝く酒の色は蔵内にて熟成のときを経て生まれた深い味わいの旨酒です

まず、コーヒーの味で「薄くて平べったい」「平面的な味」「立体感」などの空間表現によって表されるのは、味の構造である。「苦味や渋み」が共存していたり、「マイルドな味の中」「深みを作ること」で、いくつかの対立し合う味の要素がひとつになる。こうしてコーヒーの味に必要な、複雑な厚みのある味わいを作り出す。つぎに、日本酒の例では「バランスよく自然と広がり」「奥行きのある味」「酒のふくらみを増す」「深い味わい」などの空間表現が、やはりひとつの味を構築している。

広がり、奥行き、深さのような空間表現で表される味は、ふつう、しみじみとおいしく、評価も高い。それは、私たちが、美味しい食べ物の味に身も心も包み込まれたいと思うように、これらの三次元的な広がりをもった味ことばの心地よい空間に、身も心も包まれたいと願うからではないか。また、「深さ」は、「心に響く味」で述べたように、食べ物のおいしさが心の深部まで到達することをも意味するのではないか。この点で、広がり、奥行き、深さは、視覚を越えて、人間の身体感覚ともつながる側面をもつといえるかもしれない。

六　味ことばと場所の記憶

ここまで、嗅覚と触覚、聴覚と視覚を使った味ことばを見てきた。しかし、味の表現は、五

感の外でも成りたつ。たとえば、「おふくろの味」「田舎の味」「大阪の味」「四季の味」などである。

味覚の表現が複合的であることは、これまでにも述べた。ものを食べるときには、その食べ物を舌の上で感じるだけではなく、多くの場合、味を構成する要素として、色や形、歯ごたえなどを同時に感じるものだ。色で見たように、ことばは多くの要素のなかから、もっとも特徴的な部分を切り取って、それでもって味を代表させる。共感覚表現が成立する重要な根拠のひとつはそこにある、と私は考える。そして、それは、「奥行きのある味」「深い味わい」など、味を身体全体で感じるような空間表現につながってゆく。

さらに、人間の味覚はそれを超える。そして、味の背後にある場所の記憶とつながる。食エッセーで、食べ物の味の話は、しばしば「インドの味」「懐かしい味」など、それを食べた場所や時についての記述と一体となる。

たとえば、「津軽の味」がするリンゴは、どんな味なのだろうか。「津軽の味」は、「風雪の中に生き残った林檎の味」である。林檎の味の背景に、それがさらされていた風雪のあとを感じさせる。子どもの頃の記憶でもある。

○林檎はそのもぎたてのうまさに匹敵するものはない。まして粉雪の降る頃、薄すらと雪をかぶった雪ノ下という林檎など、取り残したのをがぶっと齧《かじ》ると口じゅうに沁みわたる香気と味が複雑な調和をして、これこそ果物じゅうの王様だという気がしたことであ

る

（今東光「津軽の味」）

また、関東のおでん通である寺内大吉に、関西の「関東煮」はニセモノだと大声で主張する一文がある。このなかの「土の匂い埃の味」は、関東のおでん屋台という場所と不可分で、「おばさんの手垢や塵埃がまつわりついて」いるおいしさである。もちろん、土や埃を食べるわけではない。これは、たんに食材のおいしさだけではなく、いわば周囲の状況ごと食べるということの意味を伝える。

○関東白浪のおでんさんはな、そんな上品ぶったもんじゃねえんだよ。〔…〕口じゅうが塩っ辛くなるようなものでなくちゃあいけねえんだ。土の匂い埃の味がしみついているやつこそおでんさんの味なんだ

（寺内大吉「おでん地獄」）

このタイプの記述が多いのは吉田健一である。塚本邦夫が嗅覚、丸谷才一が触覚表現に特徴があるとすれば、吉田健一は、その食べ物ができた場所の記憶をことばで掘り起こそうとする。たとえば、能登の岩海苔に日本海を感じるように。

その味を時々思ひ出す。先づそれは海の匂ひがして、かういふものは味と匂ひが分けら

れるものではない。そしてその味と匂ひが一緒になつて能登の海岸といふものを想像させないで置かなかつたのはその際に聞いた話のせゐばかりだつたのでもなささうである。〔…〕もし西洋で言ふ通り貝殻を耳に当てると海の響がするのならば能登の岩海苔を一枚食べればそこに海があり、それが荒海であつても岩には日が差してゐることを思ふのも難しくはない。〔…〕この海苔の一枚にはただ海、或は能登の海岸があるだけである。

（吉田健一『私の食物誌』）

この一節には、まず匂いがあり、海の響きの比喩があり、岩に日が差しているという視覚的な表現もある。いずれもこれまで見たような、味そのものについて語るのではないが、岩海苔が生まれた場所が表現のなかに映し込まれている。

先に挙げた「おふくろの味」「田舎の味」「懐かしい味」のような表現も、書き手の味の記憶や背景があってこそ、味ことばとしての表現が成りたつ。人の味覚は、五感以外に、場所や時の記憶のなかで具体性を帯びるものだ。それは、まさしく、私たちの身体の記憶なのである。

箸休め（三）　懐かしい味

味の記憶はどこに眠っているのだろう。記憶の仕組みさえまだよくわからないのだから、取り立てて「味の記憶」を話題としても、何も始まらないのはわかっている。それでも、味の記憶といってしまったのは、記憶のなかでもこの味の記憶がとくに不思議な気がするからである。

都会に出てふるさとの味を懐かしく思うことはいくらもある。昔であれば都会の真ん中でふるさとの味に出会うなどということは、想像もしなかっただろう。いまでは、都会の真ん中で、三陸や能登や高知の味覚に出会うことはそうむずかしいことではない。その日の朝に港であがった魚が、午後二時には東京の店に届き、下ごしらえを経て夕方には、客の前に並ぶ。ふるさとへの思い入れで客を呼び込む店もあるのだ。

ひと箸口に運んだとたん、ふるさとの海の香りを、お袋がかまどに向かっている姿を、せみを追いかけた境内を、冬のしばれる寒さを、突然思い出す人は少なくないはずだ。懐かしさがこみ上げ、胸が熱くなりほろりとする瞬間をもう一度味わいたくて、また足がその店に向くのだろう。

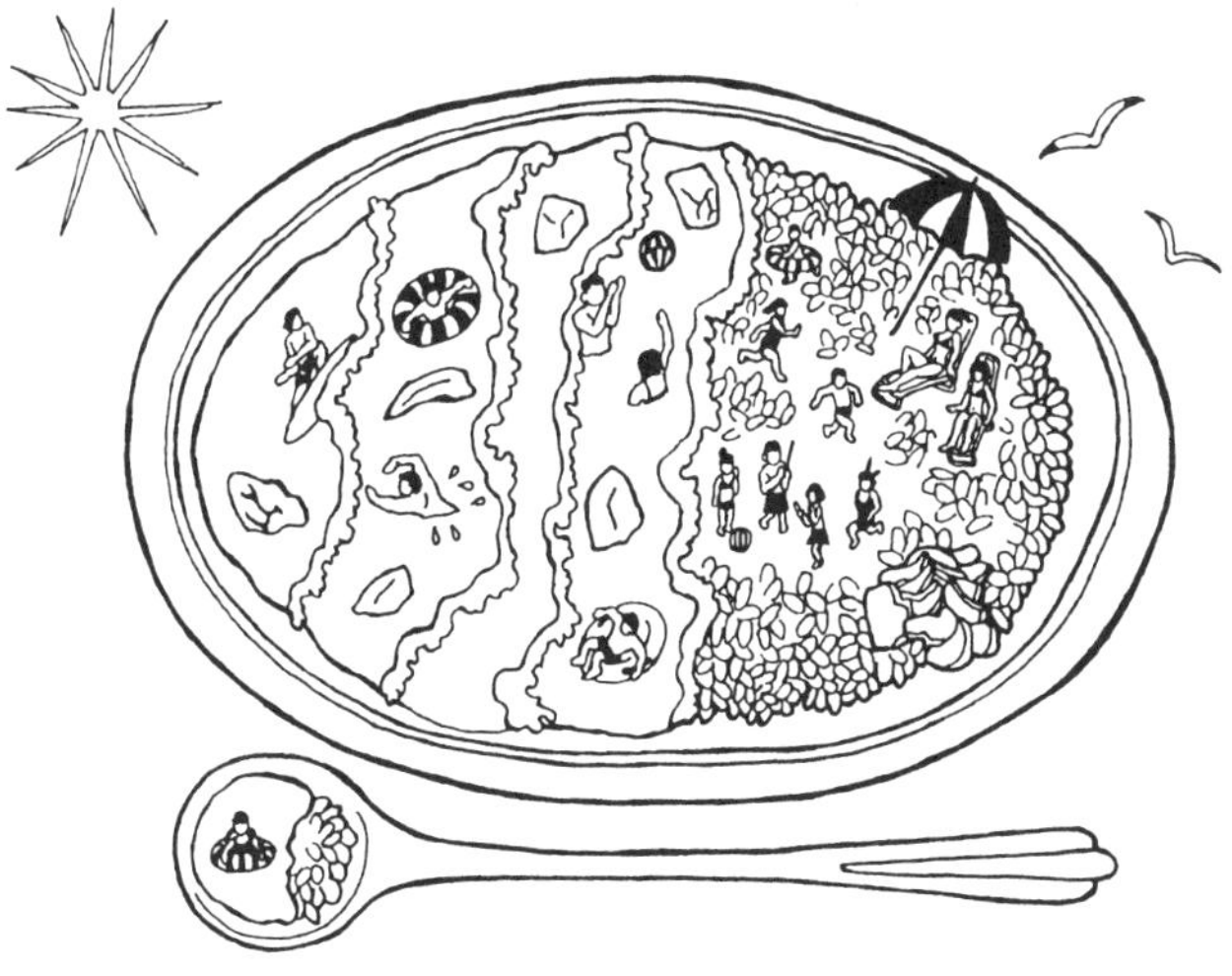

東京生まれの私は、そういうふるさとをもっている人を、今までどれだけうらやましいと思ったことか。「ウサギ追いし」は「ウサギ美味し」と思って疑わなかったほど田舎音痴の私にも、懐かしい味はある。もう一度味わうことができたらなあと思う味がある。母が作ってくれた味は、もちろんそのひとつなのだが、「あの幻の味」と思う味がある。

小学校三、四年生のころだといい気がするが、さだかではない。家族で海水浴に行き、その夕刻、宿で簡単に食事をして帰るというような日程だったように思う。食事といっても、座敷に上がって旅館の夕食を食べるというようなしゃれたものではなく、青天井の縁台を思わせる食堂のようなところで食べた食事のことである。その「カレーライス」の味が忘れられない。まわりの喧騒と陽のぎらぎらが去った夕刻のほどよい明るさ、たまたまばったり出くわした同級生のひとりの面影、そういうものが、「うまかったカレー」とともに鮮やかによみがえるのである。

もうひとつ忘れえぬ味は、「葛湯」である。中学一年の臨海学校で遠泳にはじめて参加した。無事に泳ぎ終えて帰ってくると、浜に「葛湯」が用意してあった。「葛湯」というのは、後でその名を知ったのだが、お椀の底がかすかに見えるほどの半透明の甘くとろりとした液体で、この世のものとは思えぬほどに美味であった。お代わりが許されていたら何杯でも飲んでみたいという思いにさせる葛湯は、緊張して疲れさえもまだ感じ始めていない身体にしみこんでいった。

臨海学校から帰ると、祖母に「葛湯」を作ってほしいとせがんだ。祖母はさっそく葛湯を炊いてくれた。「おいしいかい」との問いに「ああ、おいしい」と答え、その後何度も葛湯を飲んだものの、あの浜の味に再会することはとうとうできなかった。

ものの味は、どのようにして決まるのであろうか。それを口にしたときの腹のすき具合やのどの渇き加減、まわりの雰囲気や空気、そういうものがみんな合わさって、あれを食べたあのときの味を形作っているのではないか。あの味を再び味わうには、あのときと同じ状況に遭遇しなくてはならない。無理とわかっていても、あの味だけは求めてしまうのである。そうやって、人々は、ふるさとの味を求めのれんをくぐり、もう一度あの味を味わいたくて同じ店を訪れるのである。無理を承知で駆り立てるのは、味の記憶というつわものである。■

五の皿　さらに五感で味わう

一　身から出た味——共感覚表現の身体性

「甘い声」という表現がある。もちろん、声をなめることはできないから、文字どおりに甘い味がするのではない。また、たんに声に対する好感を示すというわけでもない。ちょうど甘いものを食べたときのように快く、身も心もうっとりとするような印象が、この共感覚表現に託されている。

共感覚表現には、このように身と心が同調する例が多い。「柔らかな音」「暖かな色」「なめらかな味」「渋い色合い」といった表現例には、からだが感覚器を通して得た印象が通底している。しかし、そのような身体感覚の裏づけが弱い例もないわけではない。この章では、共感覚表現に根ざす身体感覚の濃淡を味わっていただきたい。扱う例としては、「丸い味」という比較的手に入りやすい素材に加え、「四角い味」「青い味」「赤い味」といった珍味も取りそろえた。このような表現例をもとに、いくつかのことを述べたいと思う。たとえば、共感覚表現の成立には複数の要因がかかわること、そのため、共感覚表現には画一的な説明が成りたちにくいこと、そして、身体感覚にもとづく動機づけが薄れるにつれて発話状況（コンテクスト）に依存する度合いが高まり、共感覚表現の容認度が下がること、などを見たい。

まず、次節では、これまでの章と少し重複するが、共感覚表現を特徴づける原理、一方向性の仮説を改めて説明することで、この章の下ごしらえとしたい。その後、「丸い味」から順番に調理していくとしよう。インターネット上の検索例をもとに、どのような環境で「丸い味」「四角い味」といった表現が用いられるのかに着目する。「丸い味」「四角い味」というメインの素材だけでなく、その修飾語などの付け合わせにも注意を払いたい。

二　一方向性の仮説とその例外

三の皿で見たように、共感覚表現については、ウルマン（一九五一）以来信奉されてきた魅力的な仮説がある。一方向性の仮説である。たとえば、ウィリアムズ（一九七六）は、英語の形容詞の歴史的な意味変化の過程に着目し、共感覚的な意義発展には、図1のような方向性が見られると主張した。

図1　英語の共感覚的形容詞にみる意義拡張の方向性（ウィリアムズ、1976）

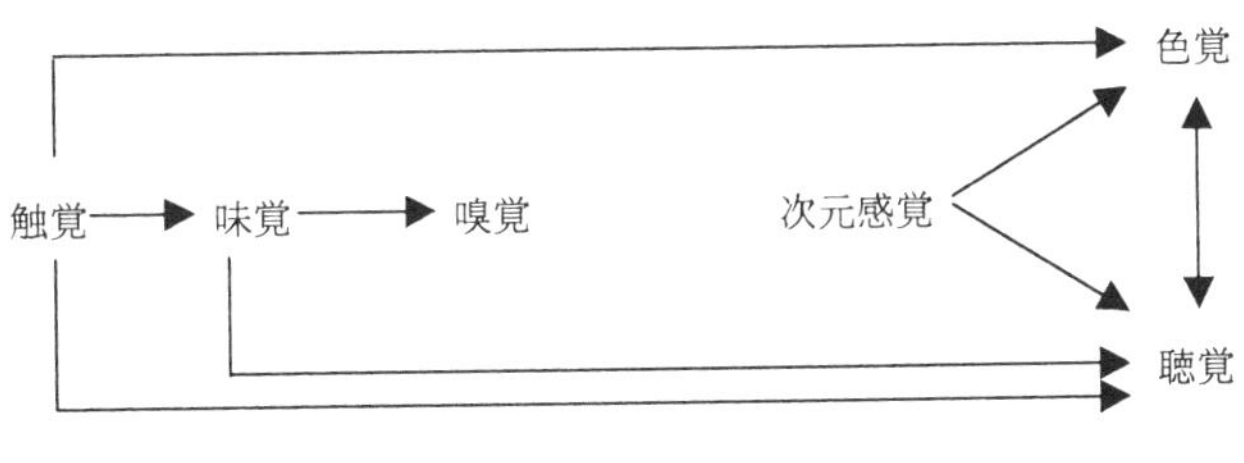

図1を少し説明しよう。次元感覚は、ものの大小や高低、形など、対象物の空間的把握にかかわる。五感のなかでは、おもに視覚が関与する。しかし、逃がした魚の大きさを両手を広げて示すように、次元感覚は視覚のみに依存するわけではない。他方、色覚は、色彩や明暗の認知にかかわり、次元感覚よりも視覚に依存する度合いが高い。

図1の矢印は、主要な形容詞の意義拡張がその方向にしか歴史的に起こらなかったことを示す。たとえば、smooth taste（滑らかな味）、sweet smell（甘い匂い）、sweet voice（甘い声）のように、smooth は触覚から味覚へ、sweet は味覚から嗅覚や聴覚へと、それぞれその意味を拡張してきた。しかし、sweet touch（甘い手触り）というような味覚から触覚への転義は、英語の主要な大辞典に記述されるほどには固定されていない、とウィリアムズは主張した。つまり、形容詞の共感覚的な意味拡張には、図1のような一定の方向性があり、逆方向への意義拡張はごく少数の例外を除いて確認されない、というのである。ウィリアムズの主張は、ほかの研究者が現代日本語における使用例や実験結果をもとにしておこなった分析によっても確認されている。たとえば、楠見（一九八八）や山梨（一九八八）はその代表である。

一方向性の仮説が魅力的なのは、共感覚表現の産出に関して、身体にもとづく普遍的な制約が見られることを含意するからである。触覚という進化的にももっとも原初的だとされる感覚からより高等な感覚へ、ある対象に物理的に接触する必要がある接触感覚（触覚・味覚）からそのような必要のない遠隔感覚（聴覚・視覚（次元感覚＋色覚））へ、そして、具体的で即物的な感覚からより分析性に富んだ感覚へ、という方向である。この仮説は、このように身体の進化・発達に対応する形で、意味の拡張に一定の方向性が見られると提唱する。また、触覚の代表的な感覚器を手とすると、手→口→鼻→耳・目というように、感覚器の位置が下から上へと順に脳に近づく。この点も、この仮説に生理的な根拠があることを予想させる。そのような魅力が一方向性の仮説にはある。

しかし、だからといって、その主張を鵜呑みにすべきではない。一方向性の仮説には少なくとも問題がふたつある。ひとつは、仮説に対する例外が頻出することである。もうひとつは、共感覚表現がどのようなカテゴリーを構成するのかという問題である。これについて順に考えよう。

まず、仮説の例外は、容易に、しかも数多く見つかる。たとえば、森（一九九五）、瀬戸（一九九五a）、武藤（二〇〇〇a、二〇〇一b）などは、多くの例外を挙げている。このように頻出する例外を前にして、もっともストレートな対処法は、一方向性の仮説を破棄することである。

もっとも、ウィリアムズは、英語の主要な大辞典――『オックスフォード英語辞典』、『中英語辞典』、『ウェブスター英語辞典第3版』――の記述を根拠にして、図1のような一方向性の仮説を主張する。したがって、ウィリアムズの主張を根底から論破するには、彼がおこなった手続きの有効性や歴史的な意義展開における反例の有無を問う必要がある。しかし、実際に集められたデータとつきあわせると、一方向性の仮説が成りたちがたいことは明らかである。ならば、この仮説を破棄するのも理にかなった選択である。

また、一方向性の仮説に対し、もう少し穏やかな態度をとろうとする動きもある。貞光（二〇〇〇）や中園（二〇〇一）がそうである。貞光は頻出する例外を説明するために一方向性の仮説を修正し、中園はほかの要因を加味する提案をおこなっている。

一方向性の仮説を破棄するにも、修正するにも、ひとつ疑問が残る。実際のデータにあたると例外が頻出するにもかかわらず、なぜウィリアムズは強い主張をしえたのか。楠見の実験結果についても、同様のことがいえる。彼らが主張する仮説が共感覚表現の全体に対しては成りたたないのならば、その仮説は、共感覚表現について、いったい何を説明したのだろうか。それとも、一方向性の仮説は、虚妄にすぎないのだろうか。ここで彼らの議論に立ち入ることはしない。ただ、その前段階として、共感覚表現という集合がどのような性格のものなのか、この点について考えてみたい。一方向性の仮説に対する問題点として先にあげた二点目、つまり共感覚表現がどのようなカテゴリーを構成するのか、という問題である。

一方向性の仮説は、共感覚表現がひとつの原理に従うことを示す。たしかに、もし共感覚表現が同質的な表現の集合ならば、画一的な原理に従うのもうなずける。実際、共感覚表現はこれまでメタファーの下位類ととらえられることが多く、ほぼ同質的な集合と見なされてきた。

しかし、共感覚表現の同質性に疑いを投げかける声もある。その先陣を切ったのは、四の皿の筆者である小森道彦である。小森は、「共感覚表現のなかの換喩性」（一九九三）という論文で、一方向性の仮説に対する穏やかな批判を示しつつ、共感覚表現のなかでもとくに慣用性の低いものに目を向けた。そして、それらは、メトニミー（換喩）的な認識に裏づけられることが多い、と指摘した。重要な指摘だと思う。

たとえば、「空き家の臭い、カビの臭いは冷たい臭いです」という例で、「冷たい臭い」は、臭いそのものが冷たいのではなく、人気のない空き家という空間全体が冷たいのである、と小森はいう。つまり、この「冷たい臭い」という表現は、カビの臭いの特徴をとらえるために、臭いのいわば入れ物である空き家自体の特徴を利用している。入れ物と中身のあいだのすり替えを生むメトニミーが、「冷たい臭い」という共感覚表現を可能にするわけである。

では、メタファーとメトニミーという複数の入り口が共感覚表現に用意されるのなら、はたして、共感覚表現は、単一の自然類を構成するのだろうか。小森の指摘を受けてから、そのことがずっと疑問であった。また、九の皿の筆者、武藤彩加はその論文『感覚間の意味転用』を支える『メタファー』と『メトニミー』（二〇〇〇b）で次のようにいう。

従来「共感覚的比喩」と呼ばれてきたものについて、「比喩の一種」ではなく「感覚間の意味転用という現象」に対する「ラベル付け」と捉え直す方がより適切である。

武藤は、共感覚表現をメタファーやメトニミーというふつうの転義の形に分解しようとする。このような形で共感覚表現の成りたちを見極めようとする姿勢には賛成である。いや、さらに歩を進めて、武藤が指摘した以外にも、さらに別な種類のメタファーとメトニミーが共感覚表現には関与している、と言おう。共感覚表現は、自然類を構成するというには、いささか均質さに欠ける。だから、右の武藤の主張は正しい。では、共感覚表現は、たんなる雑多な転義の寄せ集めにすぎないのだろうか。複数の要素が入り交じる共感覚表現を見据える一定の視座はないのだろうか。

まず、共感覚表現は、どのような動機づけによって成立するのか。この点を明らかにしたい。例として、「丸い味」「四角い味」「青い味」、そして「赤い味」を用いる。これらは、明らかに一方向性の仮説に反する。これらをもとに、共感覚表現の多様性を例証し、さらに、多様性を束ねる尺度が存在しないかどうかを考えよう。もっとも、「丸い味」はまだしも、「四角い味」や「赤い味」には、眉根を寄せる向きも多かろう。しかし、このような異端とも思える例を吟味することで、典型例についての知見が深まる。共感覚表現がどれほど身体感覚に依存しているのか、また、どれほど発話のコンテクストに頼っているのか、といった観点から個々の例を調べたい。

三　なぜ「丸い味」なのか

まず、データの性質についてもう少し述べておきたい。

データは、すべてインターネット上の検索エンジンGoogleで集めた。比較を容易にするため、味覚表現のなかでも、「丸い味」のように「形容詞＋味」という形を取り上げた。形容詞は「丸い（まるい・円い・まあるい）」「四角い」「青い（あおい）」「赤い（あかい）」を対象とした。検索件数と有効なデータの実数を表4にまとめておく。両者のあいだに違いがでるのは、検索されたホームページの重複や、形容詞と「味」がきちんと連結されていないもの（たとえば、

表4　四つの味の出現分布表（2002年8月25日現在）

	丸い味	四角い味	青い味	赤い味
検索件数	245	6	145	79
有効データ	202	4	106	26

「本種は丸い味のある体型をしており」では、「丸い」は「体型」を修飾する）を省いたからである。

「丸い」と「四角い」は、ウィリアムズの図では次元感覚にかかわり、「青い」と「赤い」は色覚にかかわる形容詞である。次元感覚と色覚を表す形容詞が「味」を修飾するわけだから、これら四つの表現は、すべて一方向性の仮説に反する。しかし、これら四表現は、仮説から同じ程度に逸脱しているわけではない。逸脱の度合いが異なる。出現頻度からすると、「丸い味」がもっとも容認されやすく、ついで、「青い味」「赤い味」「四角い味」が続く。数人に尋ねてみたが、この序列は、容認度に対する直感ともほぼ合致するようである。「赤い味」と「四角い味」は、コンテクストなしで提示された場合、たいてい容認されない。

これら四つの表現は、ほかの味覚表現と比べてどのような位置を占めるのか。おおよその見当をつけるために、形容詞を置き換えたパタン（なめらかな味、軽い味、苦い味など）の検索件数と比較しよう。データ量が膨大なため、個々の実例にはあたらず、検索件数のみで比較すると、表5のようになる。

「苦い味」や「甘い味」という表現と比べれば、「丸い味」はたしかにマイナーな表現だ。しかし、「なめらかな味」「軽い味」「重い味」という一方向性の仮説に沿った表現と比較して、使用頻度がケタ違いというほどではない。「丸い味」

表5 おもな味覚表現の検索件数（2002年8月25日現在）

	丸い味	なめらかな味	軽い味	重い味	苦い味	甘い味
検索件数	245	646	972	259	5036	98727

は、例外として放っておくには、いささかなじみの強い表現ではあるまいか。実際、「丸い味」という表現を、自然な表現だと判断する人は多い。検索された使用例のなかにも、「煮物にもおいしい煮干しの丸い味」のように、迷いの跡もなく「丸い味」を用いたものが多かった。もっとも、「丸い味」という表現の使用に、不安を残すような例もある。次の例は、カニクリームコロッケを評して書かれた一文である。

○あの、ほのかなカニの香り、舌を溶かすようなあの食感。ソースにうち勝つ、丸い味。丸い味の意味は解らなくてもよい、心の声で聞け！

「丸い味の意味は解らなくてもよい」とあるように、この元気に書きなぐる筆者は、読み手が「丸い味」をすぐさま理解できるとは想定していない。また、私事にわたって恐縮だが、数年前、とある吟醸酒の味を評して「丸い」といった私は、ある先輩から「意味が分からない」と言われた。もっとも、当時の私は、酒の味を表現するのに、その筋の面々が「丸い」をふつうに用いるとは知らなかった。口中の感覚を苦心して言い表した「丸い」が、はたして伝わるものかどうか、やはり疑問だった。

「丸い味」は、ほぼ定着した表現であるが、ある種の分かりにくさも備えている。もし、この二面性が一方向性の仮説と関係するなら、「丸い味」は、仮説の妥当性を考えるうえで、うってつけの例だといえるだろう。

他方、「四角い味」は、まず容認されない。私が尋ねた範囲内で、「四角い味」をすぐさま想像できると答えた人はいなかった。しかも、集めた計四例のうちのひとつは、次のようなものだった。

〇ロゼシャンパン独特のフルーティーかつ菓子のような四角い味。結構うまかったよ

少なくとも私にはどのように「結構うまかった」のか不明である。「四角い味」は、「丸い味」よりも明らかに理解しづらい。（別の三例については後述する。）

「丸い味」と「四角い味」の容認性の違いは、何に由来するのだろうか。「丸い」と「四角い」は、どちらも形を表す基本形容詞で、「三角」や「五角」には形容詞形がないため、両者は対立的に用いられることもある（たとえば、「丸い卵も切りようで四角」）。しかし、味の共感覚表現としては、両者には著しい不均衡が見られる。なぜなのか。その理由も探ってみよう。

四　「丸い味」の秘密

「丸い味」が用いられるテクストには、ひとつの目立った特徴がある。当該の味を形容するにあたって、否定形が多用されることである。たとえば、次のような表現が見られる。

○甘くこっくりとした味わいで、くどさがない丸い味／くどくないあま〜いしょうゆとんこつ、〔…〕あっさりだけど丸い味で／苦さは感じず、丸い味が／「苦くない緑茶」系の中でも、特にコレは刺激のない味だと思うよー。けど、丸い味／なんというか刺激が無くて丸い味／酸味がほとんど無く渋みも穏やかな、比較的どっしりした感のある丸い味／もっと酸味のない、丸い味だと／何かの味が突出しているわけでなく、全体的にまろやかで「丸い」味／雑味が無く丸い味になります／変な癖のないまるい味なのだ／とらえどころのない丸い味／自己主張せずにおでんの丸い味／適当な甘みと、ジーンとくるような、つかみどころのない丸い味／残留塩素や不純物を取って丸い味の水が欲しいなら／できれば、丸い味の水、ミネラルも多すぎず、少なすぎずという水が

○角の取れた丸い味／角がとれて丸い味に変化します／角がとれた丸い味／角のない、丸い味のお茶／どこにも角がない円い味に／角がとれて、まろやかで柔らかな舌触りになります。渋味や苦味もとても丸い味になります／カドのない丸い味で／角張った所がなくなり、まあるい味に／トゲトゲが取れた丸い味／とげとげしていない丸い味／スパイスのトゲがなくてまるい味のカレーソース／それがとがった味でなく、非常に調和がとれていて、まあるい味で、しかしなおかつコクがある／ほどよい甘さと辛さをあわせ持つ、まあるい味のカレー。エスニック風カレーのようなとがった辛さではない／なんつーのかな、丸い味というか、尖った所のない纏まった味っツーか／なんて丸い味なんで

しょう…アルコールのとがった所が微塵もない／とんがったところのない、丸い味／丸い味でエッジのないワイン

「角の取れた丸い味」のように、否定を伴わない例も右の表現群には含まれる。「…が取れた」は、「…がない」とほぼ同義だと考えたからである。さらに、「…が和らげられて」「…が消えて」といった表現も散見されたが、これらは煩雑な印象を与えないように省いた。

最初の「甘くこっくりとした味わい」ではじまる表現群からわかることがある。「丸い味」には、調和やまとまりを損なう刺激が欠けている。この場合の刺激とは、酸味、苦味、辛味などの、度を超すと舌に痛みを引きおこす味、くどさや癖、もしくは、味の純粋さを損なうような不純物など、不快感をもたらすものにかぎられる。他方、後者の「角のとれた丸い味」ではじまる表現群からもわかることは、「丸い味」に欠如している刺激が「角」や「トゲ」や「尖り」として認識される尖ったものだということである。このような事実から、何がいえるだろうか。

まず、尖りや角は、視覚的に認知できる一定の形状をもつ。と同時に、指（や舌）でふれることによっても、その存在が認識できる。尖りや角は、強くふれると痛みを伴い、軽くふれるとツンツン、チクチクとした刺激を感じる。どうやら「丸い味」の表現者は、その「丸み」の感触を触覚になぞらえているようである。口中の食材から感じる微妙な刺激を、尖りや角のような形のあるものによる圧迫ととらえているのだ。このようなとらえ方は、次の例にもよく表れる。

○まずは混ぜずにスープを一口すする。うーん、しょう油の味がとんがってると言うか私にはしょっぱくツンツン感じました。もう少し個人的には丸い味が好きなんです

この筆者は、スープの塩辛さを「尖り」として知覚する。「尖り」は、ツンツンと舌に不要な刺激をもたらす。この「尖り」のない味が、彼女にとって好ましい「丸い味」なのである。

辛味や苦味などの刺激が、かたいトゲや角として意識されるなら、そうしたトゲや角がない「丸い」状態は、逆に、「やわらかい」ものとしてしばしば認識される。

○ソフトで丸い味のワイン／柔らかで丸い味／やわらかで丸い味の烏龍茶です／口あたりはやわらかくて、とろりとしている。渋みはあるけれど丸い味の表にはでてこない／やわらかく丸い味。ソフトでバランスの取れた味わい／すごく丸い味…というか…やわらかいというのがよくわかる／ちょっと甘めのやわらかいまるい味で／やわらかくてまあるい、優しい味がする／ちょっと甘めのやわらかいまるい味で／やわらかい、丸い味の漬け物／とてもやわらかでまるい焼酎／口当たりはやわらかく、まるい印象のお酒

「丸い味」が、「やわらかい」や「ソフトな」と共起している。かたいものは、おうおうにしてごつごつと角張っている。逆に、やわらかなものは、なだらかで丸い。不快な刺激がないの

である。「丸い」味には、そのような触覚を通して感じられる「丸み」が生きている。丸いがゆえに、舌の上で転がすこともできる。

○酒の原料となる「伏流水」だ。ひしゃくにとって、ちょっと呑んでみる。うまい。ほんのりと甘くて、口の中をスルスルっと転がって、舌にスーっとしみこんでくる感じ。ちっとも尖ったところがない。まるい味、とでも表現したらいいのか

○グラスに入れ、そのままストレートで口をつけてみます。なんて丸い味なんでしょう。アルコールのとがった所が微塵もない。舌の上をまるで玉のように転がり、広がっていきます。まろやかなウィスキーの旨味と共に、力強いどっしりとした安定感がある

口中は、味覚を感受する部位である。と同時に、鋭敏な触覚の器官でもある。したがって、触覚を利用して味を把握すること自体に、なんら不思議はない。実際、「伏流水」の例に込められた「まるい味」の印象は、「ほんのりと甘く」以外は触覚的な経験にもとづく。また、続くウイスキーの例についても同じことがいえる。「力強いどっしりとした安定感」という表現も、視覚を通した印象を伝えるのではなく、舌が感じた味の充実感を力や重みとして受け止めているようである。どちらの例にも、味覚上の刺激を「角」や「尖り」といった触覚上の感覚になぞらえるメタファーのはたらきが認められる。このように触覚を通して丸みを理解することが、「丸い味」という表現が受け入れられるひとつの要因であるようだ。

にもかかわらず、「丸い味」にはある種のわかりにくさがある。「丸い味」は、ストレートな表現ではない。否定を背負った表現である。つまり、味覚上の不快な刺激を尖りとして認識し、しかも、それが存在しないことをいう。このようないくぶん回りくどい理屈を押さえないと、味が丸いとはいえない。「丸い味」という表現にややためらいをもつ表現者がいるのには、そのような理由が考えられる。そして、「丸い」のもっとも基本的な特徴、つまり形状としての丸さを念頭におくと、「丸い味」は、その不可解さを増すようである。この観点から、「丸い味」「まあるい味」「まん丸な味」を比較しよう。

五 「丸い」と「まあるい」と「まん丸い」

視覚は、「丸い味」の認知に関係しないのだろうか。もちろん、関係がないとはいえない。「丸い味」には、円の形が象徴する調和の感覚が読みとれそうである。しかし、視覚的なイメージは、触覚と比べるとさほど重要ではないようだ。というのも、視覚的な丸さにこだわると、「丸い味」は意味的に成立できなくなるからである。この点を説明しよう。

純粋な視覚表現は共感覚表現になりにくい、と中園（二〇〇〇）は述べている。たしかに、「丸い味」の「丸さ」を強調した表現「まん丸な味」は、容認しがたい。ネットによる検索では、次の一例が見つかったのみである。

○慣れたレシピで作った／いつも通りのカクテルは／なぜか／あまえんぼうのにおいと／

まんまるな味／やるせないまでに／あの子に似てて／ぼくは密かに／ネーミング

原文で改行されているところにスラッシュを入れた。改行の具合や文体から推測されるように、右の一節は通俗的な詩の一部である。作者は、詩という環境のなかで「まんまるな味」というまれな表現を象徴的に使おうとしている。この「まんまるな味」は、味覚そのものを表すのではない。「あまえんぼうのにおい」とともに、なにやら舌足らずで乳臭い、よくいえば無垢で幼いイメージを喚起させる。つぎに控える「やるせないまでに／あの子に似てて」によって、「まんまるな味」の正体はある程度予想できる。が、ここに挙げた一節のみでは、「まんまるな味」にいくぶんか不可解な心持ちが残る。やはり、「まんまるな味」は理解しがたいのだ。（実際、「なぜか」ということばが挿入されているので、一定の不可解さを残しておいてよいということなのだろう。）

この不可解さは、詩の結末で種が明かされる。実はこの通俗詩、「だけどぼくは／きっとこのまま／忘れちゃうんだろうな／あまえんぼうで／まんまるな／大好きだったきみを」という表現で終わる。つまり、かつて付き合っていた「あまえんぼう」で無垢な（少々肉付きのよい？）彼女を想起させるがゆえに、カクテルの味は「まんまる」だったのである。

右の「まんまるな味」は、このような形でようやく解釈できる。これまでの「丸い味」とは明らかに性格を異にする。「丸い味」では、味覚上の刺激の有無を角や尖りのメタファーで理解するはたらきが見られた。これに対し、右の「まんまるな味」では、そのようなメタファーは存在しない。当該の味が連想させる「大好きだったきみ」（＝「あの子」）の属性「まんまる」によって、その味を形容しているのである。味と「大好きだったきみ」は、いわば隣接関係にあり、その隣接関係にもとづいて「まんまるな味」という名づけがおこなわれた。つまり、「まんまるな」と「味」を媒介したのは、メトニミーである。味の共感覚表現としては、例外的だと見ていいだろう。実際、「まんまるな味」は、カクテルを口にしたときに蘇った感情については語っているが、カクテルの味そのものについてはなにも語っていない。

では、なぜ「まん丸な」は、メタファーを介して「味」と結びつきにくいのか。ことばの側から話を進めよう。

「まん丸な」は、正円を表す。これは、視覚によってしか認知できない。したがって、共起できる語が「丸い」とは異なる。

（一）かなり丸い、より丸い、ずいぶん丸い

（二）？かなりまん丸な、よりまん丸な、ずいぶんまん丸な

（二）の表現は、認められない。「まん丸な」には度合いがないからである。つまり、「まん丸」は、厳密な形で定義できる概念である。このような絶対性は、視覚による認知においてのみ可能となる。五感を構成するほかの感覚は、このような絶対性をもたない。触覚、味覚、嗅覚、聴覚が認識する感覚は、ふつうすべて度合いの振れ幅をもっている（聴覚にかかわる絶対

音感はこの例外かもしれない）。絶対的で純粋に視覚的な「まん丸」は、したがって通常の味覚表現にはそぐわないようである。

「まん丸な」は、「丸い」が表す丸さを強調する表現である。同様に、「丸い」を強調する語に「まあるい」がある。「まあるい」は、「丸い」が表す「丸み」のなだらかさや大きさを強調する口語的な表現である。そして、なだらかさや大きさは、視覚だけでなく触覚（体性感覚）によっても認知できる（村田、一九八九）。この点が「まん丸」と異なる。実際、「まあるい味」は、先の「伏流水」の例にも見られたように、不可能な表現ではない。インターネットにおける検索では三一例を数える。「丸い味」全体の二〇二例のなかで、小さくない部分を占める。

つまるところ、「丸い味」の解釈には、視覚ではなく、触覚による経験が重要な役割を果たす。だから、「丸い味」の丸みの形態的特徴を強調して、「まんまるな味」とすると、触覚による丸みの把握は排除され、共感覚表現として成りたちにくくなる。このように、「丸い」に触覚のはたらきを認めれば、「丸い味」は一方向性の仮説に従うことになる。これまで見た例のなかで、一方向性の仮説に名実ともに反するのは、「まんまるな味」の例のみである。

六　概念メタファーと「丸い味」

では、「丸い味」は、一方向性の仮説に対する実質的な例外と考えなくていいのだろうか。実は、そうとも言い切れない。たしかに、「丸い味」のなかでも、味覚を触覚になぞらえる例には、身体感覚に裏打ちされた意味の移り変わりが感じられた。これは、「甘い声」などの典型的な共感覚表現と同様である。しかし、そのような身体性があまり感じられない例も見られる。このような例には、「角」や「尖り」に対する触覚的なメタファーとはまた別種のメタファー――概念メタファー――が関与していることがある。

　概念メタファーとは、個々のメタファー表現の基盤となるメタファーの親玉のような存在である。たとえば、「時間を浪費する」「時間の無駄」「時間を費やす」「時間の節約」などの表現の背後には、「時は金なり」という概念メタファーが存在する。時間を金銭に見立てるという概念メタファーが存在するからこそ、私たちは時間を「浪費」したり、「節約」したりできる。そして、「丸い味」についても、ある概念メタファーがその成立を左右することがある。

　「丸い味」にかかわる概念メタファーは、「味は人である」というものである（六の皿で詳しく扱う）。たとえば、「癖のない味」「穏やかな味」「優しい味」「男臭い味」「自己主張の激しい味」「素直な味」「若い味」などは、味を人にたとえて語る。人が経験を重ねることによって、いさかいを起こさず、穏やかに、分別をわきまえた円熟の境地に達するように、味も、時間を経ることで種々の要素が溶け合い、調和し、しっかりと充実したときを迎える。これが、概念メタファー「味は人である」を通して得られる味の丸さである。次の例は、ある日本酒を評した一節である。

○香りが強くないため飲み飽きせず、料理の味を邪魔することがありません。味わいの特徴としては、円熟した丸い味という印象を受けます。酸味と甘味のバランスが非常によ

く、特に酸味がしっかりしているため喉の奥で味が流れてしまいません

「丸い」とともに「円熟」ということばが見られる。最後になってはじめて、「喉の奥で味が流れてしまいません」と、酒に対する具体的な論評が聞かれるものの、それ以外のところでは、舌の上で転がるかのような身体の反応は記されていない。しかし、「円熟した」が、すべてを説明しているようである。この「円熟した丸い味」は、まわりの人（料理の味）を邪魔することなく、バランスの取れた、しかもしっかりした人柄（味）である。人と味とのこのような対応は、次の例ではさらに明瞭である。

○味というのは不思議なもので、同じものを作っても、祖母と母と私は違います。私のは、かどがありますが、祖母と母のはまあるい味なのです。年を重ねることで、人のまるみとも相まって、味も丸くなる

人が丸くなるには、歳月を経て経験を積まねばならない。ならば、人にたとえられた味も、年月を経る必要がある。そして、実際に、「丸い味」と表現される対象の多くは、酒や煮物など、熟成や調理に一定の時間を必要とする。表6は、「丸い味」と形容された対象の一覧表である。

熟成に時間がかかる酒類が、六九例でもっとも多い。つぎに、煮込むほどおいしくなるスープ・煮物の類が四四例。さらに、円熟のメタファーがかかわるものとして、梅干し・チーズの

表6「丸い味」と形容された食品別頻度数（2002年8月25日現在）

酒類	煮物 スープ	茶 コーヒー	調味料 スパイス	水	梅干し チーズ	ケーキ プリン	その他
69	44	31	16	9	7	5	20

カテゴリーが挙げられる。このカテゴリーには、食用になるまでに一定の期間が必要なものを集めた。実は、漬け物と塩辛も一例ずつここに忍ばせてある。これら三つのグループの総計は一二〇例で、全体（二〇一例）の約六割を占める。

このように、「丸い味」の成立には、「味は人である」という概念メタファーが関与することがある。この概念メタファーは、「角」や「尖り」のメタファーとは異なり、具体的な身体経験に根ざさない。おそらくは、一方向性の仮説とも無縁の存在である。

もっとも、この概念メタファーは、先に見た触覚による丸みの認知と相容れない性格のものではない。たとえば、母や祖母の味と比較した例には、「私のは、かどがありますが」という表現が見られた。この「かど」は、味に関する不要な刺激を指す。と同時に、つんけんした人当たりの悪さをも暗示する。次の例でも、「味は人」の概念メタファーと触覚のメタファーが融合されている。

〇二十年以上のものは味に丸みが出ており、日に何度飲んでも優しく、飽きがきません。味は濃厚で水色は黒っぽく風味は大変穏やかですが、若く寝かせ方が足りないものはとがった味になります

これは、プーアル茶についての一文である。「優しく」「穏やか」「若く」「寝

かせる（寝かせ方）」といった表現は、味を人に見立てる概念メタファーにもとづく。本来、人に対して用いられる表現である。このような文脈のなかに、「とがった味」という触覚的な表現が無理なく溶け込んでいる。

七　「四角い味」とはなぜ言わないのか

「四角い味」は、ほとんど用いられない。具体的なコンテクストを与えずに意見を求めたら、まず容認できないと判断されてしまう。インターネット上の検索例は六件で、有効なデータは四例のみである。うち一例は、先に見た「菓子のように四角い味」で、これは解釈不能だった。残りの三例を吟味しよう。

まず、紅茶（ダージリン）を飲んだときの感想である。舌に微妙に引かかる感触を「角張ったもの」ととらえた。

○四角い味がする。なんか、角張っている。なんというか四角い味の粒子があって舌に引っ掛かってるんじゃないかって味。こーいうのを爽やかな味というのだろうか？　言うのかもしれない。この角張った味が好みを分ける。私はあんまり好きではない

もうひとつ見よう。

○ニートで飲んでいたのですが、味わいが強烈だったことを良く覚えています。たしか、口に含んで飲み下すまで「クセのある四角い味が口から胃まで流れていく」という感じで、この感触にはまっていました

この例では、「クセ」の強いウィスキーをストレート（ニート）で飲んだ印象が、とおりの良い丸いものではなく、角のある、四角いものと表現された。どちらの場合も触覚的な経験が語られており、「丸い味」に見られたのと同種の機構がはたらいているようだ。

では、「丸い味」がかなり生産的なのに対して、なぜ「四角い味」は、ほとんど用いられないのだろうか。もちろん、おいしいもののほうが表現意欲がわく。だから、否定的な味ことばのほうが肯定的な味ことばより使用頻度が低いのは当然だろう。だが、それ以外に理由はないのだろうか。右の例の中に、なにかヒントが隠されていないだろうか。

まず、紅茶の例を見よう。「四角い味」は、「四角い味の粒子があって舌に引っ掛かってるんじゃないかって味」と説明される。「四角い」のは、味そのものではなくて、味の粒子（のようなもの）である。この味の粒子が舌に引っかかるときのざらざらした感触を、「四角い」と形容した。つまり、もともと触覚の感覚（尖りのある舌触り）が味覚上の感覚に転移されたと考えられる。ここに見られるのは、感覚器の重なりによる触覚と味覚のすり替え（メトニミー）である。同様に、二番目の例でも、「口から胃まで流れていく」のは、本来、味そのものではなく、ウィスキーという飲み物のはずである。ここでも、触覚と味覚とのすり替えがおこっている。

このようなメトニミーは、しばしば見られる。たとえば、「あつあつの味」「ざらついた味」「舌にまとわりつく味」などは、口中の触覚的な印象がそのまま味の表現になった例である。口中では、味覚を感じる感覚器と食感を感じる触覚器が重なり合い、隣り合う。したがって、こうした感覚器の隣接が、味覚と触覚とのあいだのメトニミー的すり替えを引き起こす――このことは、じゅうぶんに考えられる。

もっとも、このふたつの例では、感覚器の重なりによるメトニミーと、味覚を触覚になぞらえる身体感覚のメタファーとは、明確に分離できないかもしれない。しかし、これらの例で「四角い味」が成立する事情は、「丸い味」の場合よりも複雑である。

もうひとつ気になる点がある。紅茶の例には、「角張った」という表現が「四角い」とほぼ同義で二度使われている。紅茶の味（の粒子）は、「角」として認識され、そのうえで、数ある「角のある」形（＝類）のなかからとくに「四角い」もの（＝種）が選び出された。しかし、四角いものには角がかならずあるが、角のあるものがすべて四角いわけではない。「角のある」から「四角い」への思考経路を考えると、「四角い味」の「四角い」には、類で種を表すシネクドキ（提喩もしくは特殊化）のはたらきも見られる。

「四角い味」には、三種類の転義形式（メタファー、メトニミー、シネクドキ）がかかわっているようである。「四角い味」の意味は、このように複雑な意味ネットワークのなかで成立する。

「四角い味」は、たしかに複雑である。もうひとつ、対義関係の観点から眺めよう。「丸い味」とは、「角」や「尖り」がない、不快な刺激のない味のことだった。では、「角」と「尖り」では、どちらの方が刺激のメタファーとして認知されやすいだろうか。やはり、鋭さに秀でた「尖り」である。実際、インターネットによる検索では、「尖った味（とがった味、とんがった味）」は一八七件を数えたのに対して、「角のある味」と「角張った味」は、それぞれ八件と七件にすぎなかった。もし、「丸い味」の対義語は何かと問われれば、「尖った味」と答えるのが妥当である。

では、味覚上の刺激が「尖り」ではなく、「角」として認知されるのは、どのような場合だろうか。「角がとれて丸くなる」というように、「角」のメタファーが成立するには、「丸い」と対置される必要があるのではないか。少なくとも、味に丸みがあるか否かが念頭にあるときに、「角」の有無が認識されやすいようである。とすると、「四角い味」は、さらに複雑さを増す。というのも、「尖ったところのない」というように、否定的に定義される「丸い味」がまずある。この「丸い味」をさらに否定したものが「丸くはない味」、つまり、「角のある味」である。ここにシネクドキが介在して、「角のある味」から「四角い味」に至る。

「四角い味」の成りたちを図式化すると、図2のようになる。

ここまで複雑な「四角い味」がほとんど使用されないとしても、不思議はない。さらに、概念的により単純な「丸い味」には、「味は人」の概念メタファーが介在する。「四角い味」は、そのような概念メタファーの助けを得づらい。人は経験を経て丸くなるのであって、四角く角張るわけではない。したがって、調理時間や熟成期間の経過にともなって、味が四角くなった（角張ってきた）とはいえない。

さて、「四角い味」には、もう一例データがある。こちらは、毛色が異なる。寿司屋でがっかりした印象をつづった一文を見よう。

○僕は、絶対に「マズイ」だろうと、覚悟はしたが、見事に、それまでも裏切られてしまった。「マズイ」どころではなかった。最悪だった。運ばれてきた寿司は、一目見てすごく不自然な感じがした。なんと、シャリが四角かった。それも端のほうがポロポロと落ちかかっている。手で握っているのではなく、何か型にはめて作っているのがバレバレだった。僕はグルメではないが、これには驚いて、一気に食欲がなくなってしまった。カウンターの中に握るひとがいなかった理由がここで分かったのだ。味は四角い味がした

「味は四角い味がした」とあるが、味自体にかかわる具体的な記述はほかにない。しかし、味の印象を知るヒ

図２　「四角い味」の複雑さ

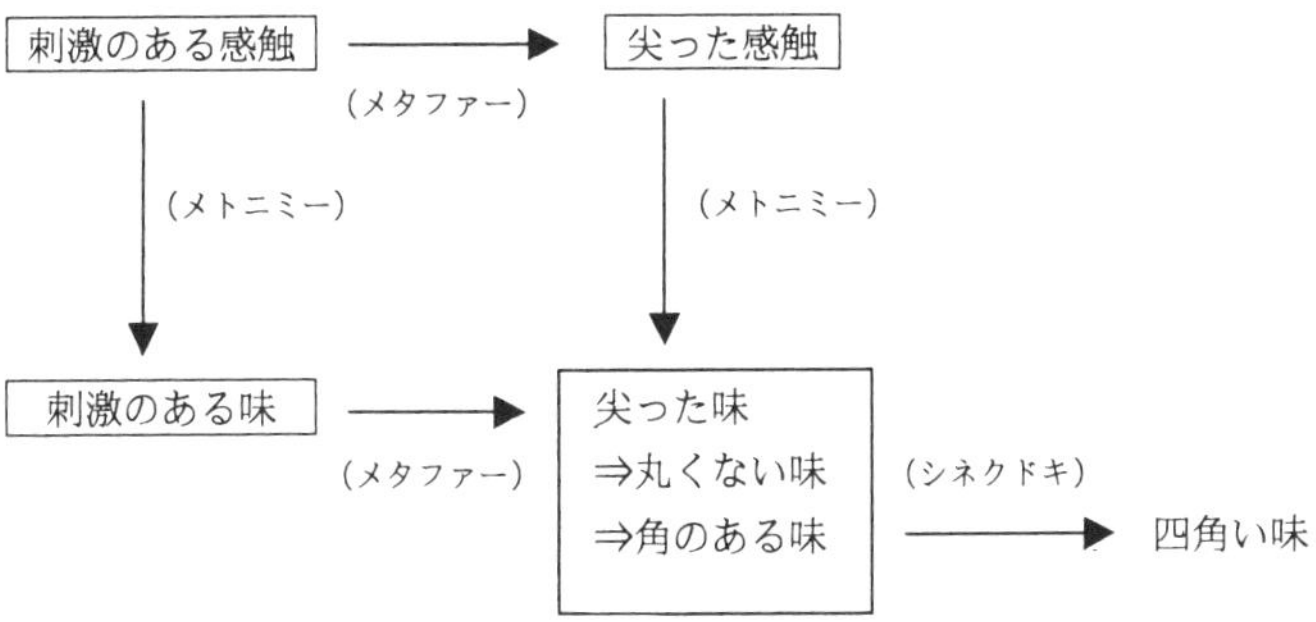

ントはある。「なんと、シャリが四角かった」という一節である。筆者は、シャリが四角かったことにショックを受け、食欲をなくしてしまった。「四角い味」は、そのときの幻滅を引きずった寿司の印象を表す。四角いシャリがもたらす幻滅感が、味にも感染したのである。

この「四角い味」は、問題の寿司のもっとも目につく特徴によって、その味を形容したメトニミー表現である。もし、「シャリが四角かった」という表現がこの一文になかったなら、私たちは「四角い味」の理解に苦しむだろう。「四角い味」を読者に理解させるには、四角いシャリの寿司を食べたその場の状況を述べる必要がある。「四角い味」は、味覚体験のコンテクストに強く依存している。

八　「青い味」と「赤い味」とコンテクスト

「青い味」と「赤い味」は、特殊な味ことばである。理由は、ふたつ考えられる。

まず、「青い」と「赤い」は、色覚に関係することばで、視覚的な度合いがとても高い表現である。「まん丸な味」で見たように、視覚に依存する度合いが非常に高いと、「味」という語を修飾しづらくなる。実際、「真っ赤な味」や「真っ青な味」というように、色彩の絶対性をさらに強調すると、メトニミーを介した表現すら容易ではない。コンテクストを操作すれば、「真っ赤な味」といった表現も不可能ではないだろうが、インターネットによる検索ではそのような例は皆無である。（もっとも、「そんじょそこいらのレストランも真っ青な味」といった慣用的な表現は、四例ほど見受けられた。もちろん、この場合「真っ青」になるのは、レストランの主人の顔であって、味そのものではない。）

もうひとつ、目は、遠隔感覚の感覚器なので対象物との接触がない。また、鼻腔と口腔のあいだに見られるような、構造的にも認知的にも連続性をもつような感覚器が存在しない。したがって、感覚器の重なり（隣接）によるメトニミーが、はたらきにくい。

　このような理由から、「青い味」と「赤い味」が成立するには、概念メタファーが介在するか、食の現場での隣接関係にもとづくメトニミーがはたらく場合しか考えられない。

　実際、「青い味」については、概念メタファーがこの表現を可能にすることがある。「未熟者」「熟年」「食べごろ」「機が熟す」「熟慮」というように、人や物事を果実にたとえることは、広くおこなわれている。次の例では、この「人は果実である」もしくは「物事は果実である」といった概念メタファーがはたらいて、「青い味」を支えているようである。

○さてと、この家の味はどないやったかな～。ちょっと手帳を見てみるか？　ええ～と、××町△△番地っと。あ、これやこれや。なになに、熟した味が二つと、まだ青い味が三つか

○ファースト・フラッシュを好むのは日本人とドイツ人で、若い、青い味はヨーロッパの人には好まれない

最初の例は、一年ぶりにとある家庭を訪れた几帳面な蚊が、食事前に獲物の特徴を手帳で確

認するという設定である。睡眠中の家族は、果実にたとえられて、その味には「熟した」ものと「青い」ものとがあるというわけだ。後の例では、水色の明るい、初摘みの紅茶の鮮烈な味を果実にたとえて、「若い、青い味」と述べている。ひょっとして茶葉が摘まれる前の色を感じている可能性もある。そうであっても、紅茶を果物にたとえていることには変わりない。

右のような概念メタファーの助けがない場合は、「青い味」がする食材は、緑色をしているか、青い色合いのどぎついものか、そのどちらかである。見た目の青さがメトニミーによって味に感染する(すり替えられる)のである。とくに、緑色の野菜は、「青物」と呼ばれる。このため、その味は、比較的問題なく「青い」もしくは「青臭い」と形容できる。「青臭い」は、否定的なニュアンスを伴う。「青い味」は、肯定的な意味合いで用いられることが多い。

では、「赤い味」はどうだろうか。特定の概念メタファーが媒介する例は見あたらなかった。「赤い味」に残された道は、メトニミーに頼るよりほかはない。事実、味が赤いと形容された食品は、例外なくその色彩が赤いものばかりである。

○店の前の、梅酒を漬けるようなビンが並んでいて、それぞれにシロップやこのゼリーが入っている。かけられたシロップは毒々しいほどに赤く、また味も見たままの「赤い」味だった

○最近辛いラーメンに凝ってるんで激辛ラーメンを頼む。真っ赤なラーメンだった。味の方は……やっぱり赤い味だった

どちらの例も、食品の赤さを「赤い味」の直前で説明している。このように食材が赤いことが明示される（少なくとも了解される）場合でないと、「赤い味」という珍味には出会えない。つまり、「赤い味」をわかってもらうには、食材の赤さが味覚に影響する様子を説明しなければならない。「赤い味」は、コンテクスト（食の現場）に強く依存する。「丸い味」のような身体感覚の裏打ちがないからである。そのため、「赤い味」は、実際にどのような味がしたのかについてはほとんど何も語っていない。ただ、食材の赤い印象が強かったことのみを伝える。

九　コンテクストと身体性

ここまで、「丸い味」「四角い味」「青い味」「赤い味」の四つの味を取り上げて、共感覚表現について考えてきた。これら四つの表現を可能にする転義のパタンには、次の五つが見られた。

（一）（触覚になぞらえて味覚を理解・表現する）身体感覚のメタファー
（二）（触覚的体験を味覚体験にすり替える）感覚器の隣接によるメトニミー
（三）（「味は人である」というような）概念メタファーの介在
（四）（食材が赤いから味も赤いという）共時的なメトニミー
（五）（まん丸なあの子を思い出させるから味もまん丸という）連想的なメトニミー

扱った例は四種類のみである。このため、ここに挙げた五つのパタン以外にも、共感覚表現を可能にする転義の型がおそらく考えられるだろう。しかし、共感覚表現が均質な転義表現の集まりでないことを示すには、右の五つのパタンでもじゅうぶんである。このような多様性をもった共感覚表現全般に対し、一方向性の仮説のような一元的な原理が成立するとはやはり考えがたい。

では、共感覚表現は、たんなる雑多な転義の寄せ集めにすぎないのだろうか。

たしかに、寄せ集めでないとはいえない。しかし、右の五つのパタンには関連がある。というのも、コンテクストに対する依存度を尺度にとると、これら五つのパタンは連続性を示すからである。くわえて、特定のコンテクストに依存する度合いが減ると、共感覚表現は、より自然に感じられるようになるからである。

まず、(五)の連想的メトニミーの例から考えよう。「まんまるな味」は、この章で扱った例のなかで、もっとも「味」そのものから遠ざかっている。かつての彼女には「まんまるな」イメージがあり、カクテルが彼女のことを思い出させた。そのため、カクテルは「まんまるな味」がする。「まんまるな味」が分かるには、このような回り道をしないといけない。

したがって、聞き手にこの共感覚表現を理解してもらうには、話し手は、この回りくどい前提をすべてことばで説明せねばならない。特殊で個人的なコンテクストを、ことばによって聞き手に想起させねばならないのだ。この種の連想的メトニミーは、コンテクストに依存する度合いがきわめて高い。

では、(四)の「赤い味」はどうか。これには、共時的メトニミーがかかわる。個別的なコンテクストに依存する点では、連想的メトニミーと同じである。「赤い味」が成立するのは、印象に残りやすい赤い食材を口にしたときのみであった。「赤い味」を聞き手に理解させるには、赤い食材を口にした味覚経験をことばで伝えなければならない。

しかし、共時的メトニミーは、連想的メトニミーと決定的に異なる点がある。くどくどとことばで説明しなくていい場合があるからだ。もし聞き手も、「赤い味」の現場にいれば、話し手は、聞き手に赤い食材の存在に気づかせるだけでいい。話し手は、聞き手に「(見たままの)赤い味だね」と発言すれば通じる。しかし、「まんまるな味」のような連想的メトニミーの場合は、それはかなわぬことである。問題のカクテルを前にして、聞き手と話し合っているような状況でも、話し手は、そのカクテルが彼女のことを思い出させること、および彼女のイメージを聞き手に伝える必要がある。

つぎに、(三)の概念メタファーが介在する場合はどうか。概念メタファーは、その言語の話者に共有されている。それゆえ、連想的メトニミーや共時的メトニミーとは異なり、特定の具体的なコンテクストに依拠する度合いは低い。概念メタファー自体が、話し手と聞き手との共通基盤としてはたらくからである。しかし、概念メタファーが個別的なものであればあるほど、それにもとづく共感覚表現のコンテクスト依存度も増す。たとえば、「若い味」といった表現は、味が人にたとえられていることを了解できないと、奇妙だと感じられるだろう。

(一)の身体感覚のメタファーの場合はどうか。身体感覚のメタファーは、ある感覚的刺激を別の感覚が肉体に与える印象になぞらえて表現する。つまり、身体感覚のメタファーは、私たち誰もが共有するコンテクスト、つまり身体に依拠している。尖ったものに触れると痛い。不快な刺激を感じる。身体感覚のメタファーは、このような共通な身体経験にもとづく。要するに、私たちが共有する身体反応の同質性が、この種の共感覚表現を成立させる基盤となっている。話し手と聞き手が共有する身体感覚にもとづくだけに、話し手は、新たなコンテクスト情報を導入する必要がない。

最後に、(二)の感覚器の隣接がもたらすメトニミーについて考えよう。これも、身体にたよる点では、(一)の身体感覚のメタファーと同じである。また、(五)の連想のメトニミーや(四)の共時的メトニミーとは、メトニミーであるという点では共通していても、身体への依存度が大きく異なる。(二)の感覚器のメトニミーは、コンテクストへの依存度は低く、身体への依存度が高い。

このように、共感覚表現は、一定の観点から分類できる。それは、共感覚表現がどのような共通基盤を利用するのかという観点である。連想のメトニミーや共時的メトニミーが媒介する共感覚表現は、話し手と聞き手とが共有できる個別的なコンテクストにたよらざるをえない。当然のことだが、個別的なコンテクストに依存すればするほど、当該の共感覚表現は、そのコンテクスト内でしか解釈できなくなる。コンテクストから取り出されると、自然な表現とは受けとられなくなる。

これに対し、身体感覚のメタファーと感覚器のメトニミーが中心的に介在する例は、話し手と聞き手とがつねに共有している身体感覚を共通基盤にするだけに、ほかの特定のコンテクストにたよる必要がない。それだけ使用できる状況が広がるだろう。つまり、個別のコンテクストにたよらない、身体にもとづく表現（身体感覚のメタファーおよび感覚器のメトニミー）は、より自然な共感覚表現として受け取られる傾向が高くなるはずである。この章では、「丸い味」「四角い味」「青い味」、そして「赤い味」といった、かなり周辺的な例をもとに、共感覚的な味覚表現について考察したが、その中心部は身体に深くかかわる表現、つまり「身から出た味」によって占められているのだろう。

箸休め（四）　縁日の屋台匂いで客誘い

特別の祭り好きなわけでもないのに、祭りの声が聞こえてくるとなんとなくそわそわする。どうしても、「ハレの日」を特別に感じてしまう。日々黙々と農耕をし、祭りの夜だけ羽目を外すという農耕民族の気質なのだろうか、どうも生まれついての逃れられない私のサガのように思える。

祭りや縁日に出かけると屋台が軒を連ねている。むかし縁日に行った懐かしい思いが重なる。連ねられている店を一軒一軒じっくりと吟味して見ることができたらどんなにいいだろうと思いながら、ちょっぴり怖いと思う気持ちもある。少しよそよそしく、借り物の猫のようにお行儀よく歩く癖がついてしまっている。これは、三つ子の魂なのかもしれない。

それでも、三つ子の魂が組み伏せられる場面がある。あの立ち上るおいしそうな匂いだ。たこ焼き、お好み焼き、焼きそば、焼きとうもろこしと幾多のうまそうな匂いのなかで、どうしても抗しがたいものがひとつある。焼きイカである。

食欲をそそる焼きイカの匂いは強烈である。その強烈さは、逡巡に逡巡を繰り返させた上で、とうとう「ひとつ下さい」と言わせるほどのものなのだ。すぐに買わないのは、三つ子の魂が足を引っ張るからである。そうでない人がうらやましくもある。

イカ焼きの匂いをかいでいると、イカと醤油が混ざった香ばしい味が口に鼻にと広がってゆく。匂いの中にいたはずの私が、いつの間にか私の中ににおいがあるようになってしまうのだ。私の中で広がる味に、買う前から私はすでに香ばしい焼きイカの味を味わってしまっているのだ。そして、どうしてもその味わってしまった味を確かめたくてたまらなくなる。そういうときに耳に聞こえて

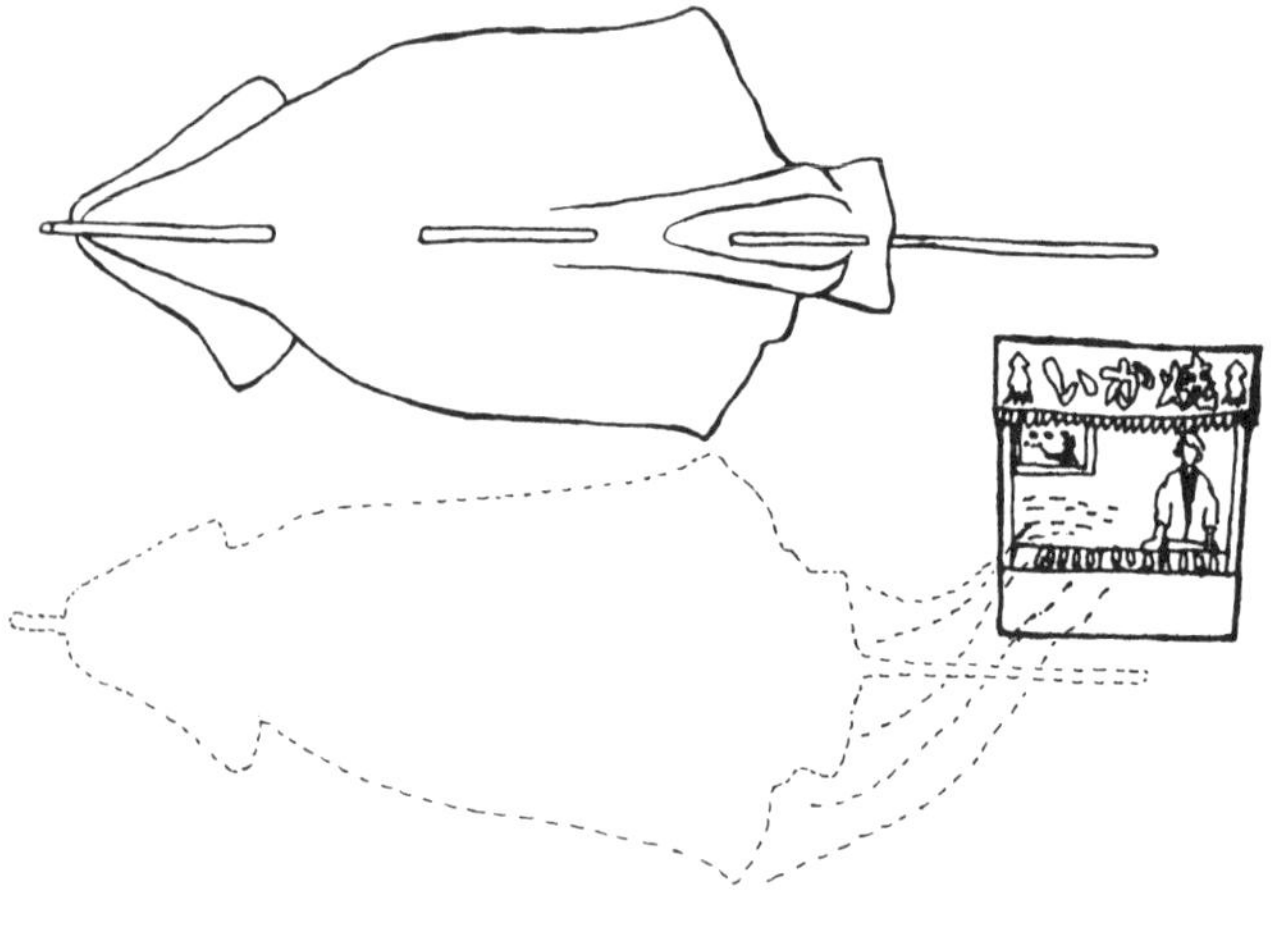

くるのが、私が「ひとつ下さい」と言っているあの声なのだ。

醤油がほどよく焦げた香ばしい焼きイカを手に、その味を確かめるべく、熱々のイカをひと口かじる。かじったとたん「あれっ」と思う。もっとおいしいはずではないのか。イカを買って食べる前に想像していた味とは違う味ではないか。カメラでシャッターを切ったときに脳裏にとどめた鮮やかな光景が、でき上がりの写真の前で音を立てて崩れ去る、あの一瞬と同じような体験に、わが舌が直面している。食べる前の興奮が食べた後に続かないのである。串の先のイカは冷えるほどに、想像していた味と現実の味との落差をどんどんと広げていく。

もう屋台で焼きイカを買うのはよしにしよう、と決心をする。しかし、この決心は、あのハレの賑わいのざわめきのなかで醤油の香ばしいイカ焼きに遭遇するたびに、決心の数だけ破られている。固い決心は匂いの前につねにひれ伏してしまう。

もしかしたら、「味は気体」なのかもしれない。味は口の中で広がり、鼻に抜け、おいしさを掛け算にする。味は膨らんだりしぼんだりすることだってできてしまいそうだ。味を閉じ込めるのは難儀であり、油断をすると、すぐに抜けてしまう。抗しがたい味は、気体として押し寄せるのだろうか。鰻屋、天ぷら屋、カレー屋など、街にはわれわれの食欲を釣果にしようとさまざまな匂いの罠が仕掛けられている。どんな呼び込みも、無言の匂いほど雄弁ではない。

「呼び込みも匂いに勝てるものでなし」なのだが、私のように匂いに惑わされることなしに、「召しませ裏切りせぬ匂い」と出会ってほしいと願っている。■

六の皿　味ことばの隠し味

一　味について語る

心からおいしいと思える食べものに出会うと感動する。感動するとそれをことばにしたい、誰かに伝えたいという欲求がふつふつと沸きあがってくる。味には「甘い」「辛い」「酸っぱい」などの表現があるが、感動的なおいしさを伝えるのにそれでは物足りない。なんとかこのおいしさを伝える術はないものだろうか。

ここでハタと気づく。味ほどつかみどころのないものはないということに。そもそも味は目に見えない。食べる前の料理には立派な形があるけれども、口の中で咀嚼されて生まれる味、舌の感じる味に形はない。そのうえ味ははかない。どんなにおいしい味でも、あっという間に舌の上から消え去ってしまう。

味のようにつかみどころのない対象を表現するのが、メタファーの得意とするところである。目に見えないものは、ほかの何かに見立てることによって表現できる。では、味はいったいどのようなものに見立てられるのだろうか。

日本での食に関する出版物は、ただたんに数が多いだけではない。その内容も含めて、とにかく「元気な」分野である。レシピ本はもとより、レストラン紹介のない情報誌はありえないし、旅関連の記事にも食は欠かせない要素だ。かつては有名作家の専売特許だった食のエッセーの分野では、料理人が包丁をペンに持ちかえることもまれではなくなった。テレビでも料理番組にかぎらず、「食」をテーマにした番組の多さには、目を見張るものがある。

こうした現象は、日本人の「食べる」ことへのこだわりを良きにつけ悪しきにつけ示しているのだろう。味について語りたい、伝えたいという情熱が巷にあふれていることは間違いないといっていい。自分の経験したおいしさをできるだけ感動的に読者・視聴者に伝えようと、さぞや趣向を凝らしたメタファーが駆使されているに違いない。

ところが、である。調べてみると、きらびやかな比喩、凝ったメタファーの例はそれほど見つからない。考えてみれば当たり前のことだが、あまり独創的だと読者や視聴者が理解できないからだ。実際に「お店に行ってみたい」とか「自分でも作ってみたい」、つまりは「食べてみたい」と思わせなければ意味がない。そういうわけだから、文学性重視のエッセー以外で型破りな表現が少ないのもうなづける。

ここではむしろ、「型にのっとった」表現の威力に注目したい。味を表現するのに、どのような型が使われるのかを理解することは、われわれの味に対する認識を探ることにもつながるはずだ。

では、実例を参照しながら、味をめぐるメタファーの根底にある型の種類と、その型どうしの相互関係を見ていこう。

二　味の「入れ物」

味は「もの」である。これがすべてのメタファーの出発点だ。「もの」と見なされるから、味は「存在する」のであり、「味がない」といえるのも、味が「もの」だという認識があるからである。「もの」だから、調味料などを使って味を「付けたす」こともできるし、臭みやくせといった不必要なものは「消す」ことができる。

○定番のいためものにイタリアのバルサミコ酢を使って風味とコクをプラス
○菜の花のほろ苦さが魚のくせを消し、後味もさっぱりします

「もの」だから、もちろん所有することもできる。「持ち味」という言いまわしがあるが、ふつう味をもっているのは食材である。

○シャキッとした歯ざわりと、すがすがしい香り、独特の辛味を持つみょうがは、薬味やあしらいで人気の香味野菜です

食材は自身の内に味をもつ。つまり、味は食材という「入れ物」に入っていると見立てられ

ているのだ。その味が出ていってしまうと大変だから、料理の際にはうまみを「閉じ込めて」、「逃がさない」ようにするのがポイントになる。京都「菊乃井」の主人、村田吉弘さんは、揚げもののコツを次のように説明してくれる。

○揚げもので失敗するのは、揚げる温度を間違うたか、古い油を使ったかです。揚げることで余分な水分を飛ばし、旨みを封じ込めようとする料理やから、理論的に美味しいならんはずはありません。〔…〕

サクッと仕上げたいんなら小麦粉を使うた衣をつける。カリッと仕上げたいんやったら片栗粉を使うた衣をつける。同じ粉でも仕上がりの触感が違うから、好みで使いわけたらええ。衣をつけることで、中の旨味を閉じこめて逃がさんようにして、食材の持ち味を生かす料理やね

『村田吉弘の和食はかんたん』

逆にあくや臭みといった、おいしさの邪魔になるものは、あらかじめ「入れ物」から「抜いて」おかなければならない。

○魚などを焼く場合、臭みを抜いておくことが大切。いくら最高の火加減で焼いても、魚が美味しうなければ、焼き上がりはそれなりのもんにしかなりません。まず塩をしておいて臭みを取る

『村田吉弘の和食はかんたん』

これらの例がごくふつうに使われる表現であることからも、食材を「入れ物」、味をその「中身」とするメタファーが、われわれのものの見方に深く浸透していることが分かるだろう。こうしたことば遣いをメタファーだと意識することもほとんどないくらいだ。

素材という入れ物の中には、様々な味の要素が詰め込まれている。味の五大要素といわれる甘味、塩味、苦味、酸味、旨味はもとより、あくや臭み、えぐみ、香気、脂、はてはもっと抽象的に「おいしさ」までもがそこにある。その中でも旨味やおいしさといった、われわれ食べる側にとってもっともうれしい要素は、どうやら奥のほうでほかの味の陰に「隠れて」いることが多いようだ。駆け出しの寿司職人将太は次のようにいう。

○どんなつまらないと思える材料でも、自然の旨味が潜んでるんだ

だとすると「潜んでいる」旨味をいかにして「見つけ出し」、入れ物の奥から「引っ張り出す」かが、料理人の腕の見せ所ということになるだろうか。

『将太の寿司』は、小樽の寿司屋の息子将太が病気の父親に変わって店を継ぐべく、東京でひとり修行を重ねるという、スポ根ならぬ「スシ根」マンガなのだが、そこではこの「入れ物」と「中身」のメタファーがたくさん、それも効果的に用いられている。たとえば次の例は、新人寿司職人コンクール決勝において、将太の握ったタコを評した審査委員長のことばである。

○何というやわらかさだ…!!!　外側はしっかりと弾力があるのに軽いひと噛みでタコが嘘のように噛み切れてしまう!!!　しかもこの清冽な味わい…!!!　鮮烈なタコの香り…!!!　タコの持つ自然な旨味をほとんど損なわず完璧に引き出している。これこそ…幻のタコの桜煮だ!!!

逆にあとから加える味を目立たないように「隠す」こともまた、料理の大切な技術のひとつだ。いわゆる「隠し味」である。

○白魚を煮る時に親方がほんの少し塩を加えるのを見たことがある。この塩がかくし味になって白魚本来の甘さをいっそう引き立てるんだ

味が「もの」であり、また味を素材という入れ物の中の中身と見立てるから、足したり、消したり、引出したり、隠したりといった、「もの」に使われるのと同じ表現で違和感なく味を語ることができる。味をめぐるメタファーは、味は「もの」であるというメタファーを土台に展開していく。

三　味の輪郭

ものといってもそのかたちは一定しているわけではない。ふくらんだり、引き締まったり、その形状は刻々と変化する。ここではとくに味の「輪郭」に注目してみよう。一般的に、「大きい」ことはプラスの評価を表す。どうやら味に関しても同じことがいえるようだ。

将太は、味わいも旨味もコハダにおよばないシンコ（コハダの幼魚）の淡泊な味を引き立てるために、カボス酢を使って漬けこむことを思いつく。次の例はそれを試食した親方のことばである。

○なるほど…カボスの酢を使ってシンコを漬けこんだか…芳しい香気と穏やかな酸味がシンコの淡泊な味を引き立てる…こういうシンコの食べ方もあったか…そのほかに…何か…ほのかな甘味が感じられる…何ともいえずコクのある深い味わいの甘味だ…この甘味がシンコの旨味を一層のことふくらませている

この甘味の正体は、身の内側に仕込んであった芝エビのオボロだったのだが、味の存在感の変化が「ふくらむ」というひと言で効果的に表現されている。

ある米焼酎の宣伝コピーにも次のような文句が見つかった。

○精米歩合五五％という、高い磨き米を低温発酵させ、大吟醸酒のような米独特の良い香

りを追求。また米麹のみを発酵させ、ふくらみのある味わいを実現

味がふくらむこと、つまり輪郭が広がることは旨味が増すことを表すことがわかった。では逆に、味の輪郭が狭まるのは味が落ちることを表すのか、というとこれがそうではない。むしろ、味の凝縮を表す。池波正太郎氏は、アイス・コーヒーのおいしさを表現するのに、次のような表現を用いている。

○コーヒー通には［アイス・コーヒー］など、邪道だといわれそうだが、ほろ苦く、ほろ甘いコーヒーの味は冷たくするときりりとしまる
（『むかしの味』）

また、「パンの会」を主宰する渡邊政子さんはサンドウィッチにおけるマスタードの意味を次のようにいう。

○私はハムやコールドミートを使ったサンドウィッチを作るときには、必ずマスタードをたっぷり使う。あの独特の酸味が肉の味を引きしめ、おいしさが増すからだ
（『パリのパン屋さん』）

メタファーは文法規則ではないので、味が「ふくらむ」ことをプラスとする尺度でも、「引き

しまる」ことをプラスとする尺度でも、そのときどきによって都合のよい方を選べるという柔軟性がある。しかし、輪郭が「ぼやける」のはどうもいただけない。

将太は先輩の小政が新人コンクールに優勝したとき、締めの一品としてかんぴょう巻を出したことを聞かされる。しかし、アナゴの後に食べてみたそのかんぴょう巻の味は、将太の期待を裏切るものだった。

○どういうことだよ…!!! かんぴょうの味がまるでぼけてしまっている!!!

この原因については次のセクションに譲るとして、味がはっきりと感じられないことを、このように味の輪郭が「ぼける」という。消えてはいないにしても、味の存在感が希薄なのだ。もっとも存在感がありすぎて困ることだってある。味の輪郭がぼやけることで、かえって良い結果を生む場合もある。再び池波氏のことばを引用してみよう。

○東京の蕎麦の、たとえば［藪］のつゆへ、どっぷりと蕎麦をつけこんでしまっては、とてもとても、

「食べられたものではない」

のである。

あの濃いつゆへ、蕎麦の先をつけてすすりこめば、蕎麦の香りが生きて、つゆの味に

とけ合い、うまく食べられるのである　（『食卓の情景』）

ふたつ以上のものが一体となり、全体としてより一層の旨味を醸しだす様子を、輪郭がぼやけて「とけ合う」ということができる。

味はふくらんだり、引き締まったり、ぼけたり、とけ合ったり、その輪郭をまるでアメーバのように刻々と変化させる。味のはかなさ、うつろいやすさはこうしたメタファー表現でしか、言い表せないだろう。こうしたことば遣いのなかから、たんなる「もの」を超えた味の姿が浮かびあがってくる。

四　味は生きている

味を「もの」と見なすメタファーをメタファーのなかでも基本的なタイプだとすると、そこからひとつメタファー度数の上がったタイプが、味を「生きもの」と見るメタファーだといっていいだろう。じつはさきに挙げた例のなかにも、味を「生きもの」にたとえた表現がかなり紛れ込んでいたのだが、お気づきになっただろうか。

基本的な見分け方はこうである。たとえば、あくや臭みは「抜く」という。これは水や空気を「抜く」のと同じだから、あくや臭みは「生きもの」とは見なされていない。これに対して旨味やおいしさは、「閉じ込める」とか「封じ込める」といい、「逃がしてはならない」ものと解される。ふつう閉じ込めたり、封じ込めたり、逃げたりするものは何だろうか。

そう、意志をもって行動するもの。すなわち「生きもの」にほかならない。味をなかなか思いどおりにならない、厄介な「生きもの」と見るメタファーも、「入れ物」と「中身」のメタファーと同じくすっかりわれわれのものの見方に根づいている。味に関わるメタファーの型のなかで、もっとも多様な広がりを見せるもののひとつだ。

味を「生きもの」とするメタファーは、味の要素それぞれの個性の違いを表すのにとても便利だ。味の個性をもっとも端的に示すのが、味の「強さ」だろう。味の中には、たったのひとくちで他の味をすべて消しとばしてしまうカレー味のような「強い」味もあれば、ウニの風味のように繊細で傷つきやすい「弱い」味もある。

あるフランチレストランのシェフは、「ナイーフ」のパンに出会ったときの喜びをこう語る。

○食べたときはショックと感動でした。パンが生きている。力強い。主張がある。オーナーの谷上さんのパンへの思いがぐっと迫ってくるようでした。〔…〕うちの料理は、メリハリがあって結構ガツンとくる。だから谷上さんの主張のあるパンがぴったりくる

（『料理王国』一九九九年九月号）

また、「菊乃井」の村田さんは京にんじんの力をこう解説してくれる。

○これほど、自己主張の強い野菜はほかに見当たらん。はっきりしてる。そやから、この

にんじんて料理屋ではあまりお目にかからんでしょう？　あまりに強すぎて、まわりとバランスがとれないんやね

（『京料理の福袋』）

多くの味がひしめく鍋の中では、個性と個性がしばしばぶつかりあう。料理をおいしく仕上げるには、そうした個性のぶつかりあいを避け、味どうしを仲良くさせなくてはならない。料理研究家の辰巳芳子さんは、けんちん汁の作り方にイタリア料理の手法を応用して成功したことを、次のように紹介している。

○それまでは、炒めた豆腐に続いて、野菜類を投じて一応炒め、汁を差して居ました。これを野菜の寸法、炒め順を配慮、大根の水分を頼りに、七分どおり蒸らし炒めで柔らかくしました。すると野菜類は互いの個性を傷つけず、個々の本性のうまみのみ生きました

（『辰巳芳子の旬を味わう』）

また、デニッシュ食パンで有名な京都の「ボロニヤ」の「シナモン・ブレッド」を開発した濱田さんは、その苦労を次のように語っている。

○パン作りって難しいですよね。アイデアはあっても形にするのがなかなか。これなんかシナモンの味と甘さが喧嘩しないようにするのが難しくて、開発に4ケ月もかかっちゃ

いました

右の例のように、「仲裁」がうまくいけばいいが、たいてい味どうしがけんかしてしまい、「勝つ」味と「負ける」味ができることになる。『将太の寿司』のなかにはそんな「勝負」のメタファーが豊富だ。

新人寿司職人コンクール決勝の最終課題は、一人前の寿司と決まった。そのなかの「主役の一品」に、将太は大トロのステーキをもってくる。ステーキのように焼いた大トロの握りである。しかし決勝に残った四人のうち、三人までが同じ大トロのステーキをメインに据えてきた。勝負は、大トロのどっしりした「強い」味とほかの味とのバランスをいかにしてとるかにかかっている。鉄板を二枚重ねることで、余分な脂を出さずに大トロを一気に焼き上げることに成功した将太だったが、味の力関係のバランスまでは計算する余裕がなかったようだ。

○「そういえば…関口（将太）くんの寿司は確かにすごい旨さではあったが…食べた後のあと口がわずかに重い感じがしたな…」

「それは関口の酢飯に力が足りなかったからだ。大トロのステーキの旨味だけが勝ってしまったからなんだよ」

ひとり正統派の大トロで挑んだ奥万倉は、わさびの代わりにトロの上に大根おろしを乗せて、味のバランスをとるという作戦に出る。

○普通に考えればただおろしただけの青首大根ではこの大トロの脂に完全に負けてしまう。ところがこのおろし大根は濃厚な大トロの脂にまるで負けていない。それどころか真正面から四つに組んでその脂のしつこさをきれいさっぱりと洗い流している!!

結局この大トロステーキの勝負を制したのは、「マグロの哲」の異名をもつ清水だった。清水は大根おろしなどの薬味も使わず、酢飯に大トロに匹敵する力を持たせることによって、握りとしての完成度を高めたのだ。

○この赤酢で作った酢飯なら大トロのステーキの旨みに充分対抗できる!!　大トロのステーキの濃い旨味をどっしり受けとめる強い味わいを持った酢飯ができるんだ!!

赤酢というのは酒粕で作った酢だが、右の例からもその味わいが想像できるというものだ。この「大トロ対決」の場面ではとくに、味と味との葛藤が闘いのメタファーによってじつにいきいきと描写されている。「力が足りない」や「真正面から四つに組んで」、「対抗できる」や「どっしり受けとめる」といった表現にもぜひ注目してほしい。味が味に対抗したり、味が味を受けとめたりするのも、闘いのメタファーからの展開だ。味と味とがけんかをしないことも大切だが、味と味の力が拮抗し、お互い一歩も譲らないという緊張感が、食べる側の人間にも伝わって、おいしさの感動が倍増するのかもしれない。

ただ、脇役はあくまで脇役でなければならないことも忘れてはならない。池波正太郎の『むかしの味』に、日本橋「たいめいけん」の茂出木心護さんの次のようなことばがある。

○研究心が強ければ、つけ合わせは毎月変っているわけなんです。〔…〕欲をいうなら毎日でも変えたいところです。それでいて、ビーフシチューよりつけ合わせが勝ってしまってはどうにもならない。ビーフシチューが十のものなら、つけ合わせが八までいったらダメなんです

ここでいう「勝つ」ことを、ある味が別の味の「邪魔をする」という喩えかたもある。左の例では、木下のウニの軍艦巻きが将太のウニの握りにかなわなかった理由が、軍艦巻きという手法の本質的弱点として説明されている。

○たしかに軍艦巻きという方法ができて以来――イクラやトビコ、タラコや小柱などといった新しいネタの世界が広がりました。だがある特定のネタ――例えば非常に良いウニなどでは海苔の香気がウニの香り高い旨味のジャマになってしまう!!

イタリアの名店「ヴィッサーニ」仕込みのパンの特徴を、小林シェフは次のように説明する。

○皮がパリッとして、中がふわふわしているおいしいパンは料理の引き立て役にならないんです。料理よりパンを食べてるって感じになってしまう。「ヴィッサーニ」で習ったパンは、味も食感も控えめで料理の邪魔にならないんですよ（『料理王国』一九九九年九月号）

「邪魔をする」のも、相手の本来の持ち味を発揮させないということだから、闘いのメタファーのひとつと考えていいだろう。邪魔くらいならいいのだが、味は味を殺してしまうことだってある。

○アナゴの甘辛いツメの味がかんぴょうの味わいを殺してしまったんだ!!

かんぴょうの味がぼけてしまった原因はこれだったのだ。ツメというのはアナゴなどの上にのせる、煮汁をさらに煮詰めたタレのことである。いくら最高のかんぴょうに最適の味つけをほどこしたとしても、直前にアナゴのように同じように甘くて濃い味のものを食べると、肝心のかんぴょうの味がまるで感じられなくなる。右の例はそのことを「殺す」というメタファーでリアルに表現している。

「殺す」もまた闘いのメタファーの一種だが、「殺す」という動詞を使うと、主語の選択範囲がぐっと広くなる。つまり、ある味を「殺す」のは何も別の味ばかりではないということだ。次の例では、「犯人」は特定の料理法ということになるだろうか。

○単純なやり方が必ずしも悪いわけではないでしょう。仕事に手を加えることでかえって素材の持ち味を殺してしまうことだってある　（寺沢大介『将太の寿司』）

「殺す」の反対の「生かす」も、味について語るときに欠かせないメタファー表現だ。素材そのままの味を賞賛しすぎると、では料理の技術、洗練の意味は何かということになる。食の世界でしばしば繰り返される議論だが、左の引用では「生かす」と「殺す」を対で使うことで、その対比がより明確に表されている。

○たとえばトマトという野菜がある。これをそのまま生で食べるのが、もっとも素材の持ち味を生かす食べ方だろう。これをピューレにするとする。種と皮は取り除かれ裏漉しにされるのだから、当然トマトの食感は殺すことになるだろう　（辻芳樹『美食進化論』）

この例でもそうなのだが、味を「生かす」という場合、目的語として「材料そのままの味を」とか「自然本来の味を」というフレーズが選択されることが多い。そういえば、これらのフレーズと一緒に使われることの多い表現がもうひとつあった。味を「引き出す」だ。「生かす」と

「引き出す」の意味するところはかなり近いように思えるが、ほんとうのところはどうなのか。

ちょっと実験してみよう。まず、ついに「アナゴのさわやか煮」を完成させたときの将太のことばを引用してみる。

○時々あんまり味が濃すぎて、しょう油の味しかしないようなアナゴがあるだろ。だけど僕はもっとアナゴ本来の味を生かしたいと思ったんだ

この引用の中の「生かし」を「引き出し」と言い換えて、「アナゴ本来の味を引き出したいと思ったんだ」としても、元のセリフとほぼ同じメッセージが伝わるだろう。では何が違うのだろうか。

違っているのは、この表現のベースになっているメタファーの型である。「生かす」というとき、私たちの頭の中には「生きもの」としての味のイメージがパッとひろがる。「引き出す」といったら今度は、入れ物の中でほかの味の中に埋もれている「品物」としての味のイメージが浮かんでくる。どちらが正しいというわけでもない。だが味を「生きもの」とするメタファーのほうが使用頻度が高く、メタファーとしての展開も派手である。したがって、より「生き生きとした」味の描写を可能にしてくれるといっていいだろう。

五　「生きもの」から「ひと」へ

味が「生きもの」としての特徴に加えて人間としての特徴をもってくるのは、ごく自然なメタファー展開の流れだ。肉や魚、野菜はもちろん、酒類やチーズなど熟成を要する食品が人間の様相を帯びてくるのは、よく知られている。ここではちょっと珍しいパンの例を紹介しよう。

○確かにベストな状態は焼き上がってから3〜5時間です。でもフランス人は、時間が経過したパンには経過したおいしさを感じ取るんですよ。日本人は焼きたて信仰が強過ぎる。そもそも窯から出たてはまだパンじゃない。2時間くらいたって、粗熱と中の水分が抜けて一人前のパンになるんです　（『料理王国』一九九九年九月号）

これはあるパン職人のことばである。パンに関して素人の私などは、パンにこうした「成長」過程を見ることはまずないが、職人の目は焼き上がってから二時間の間にパンの成熟を見る。成長するまでの時間がたとえ二時間でも、成長のメタファーの成立にとっては問題でないところが興味深い。

味を「ひと」と見るメタファーは、味を「生きもの」と見るメタファーの発展型だから、「生きもの」にはない「ひと」の特徴を表現するのが専門だ。まず思い浮かぶのは、「感情をもつ」ということだろう。感情が行き違ったり、もつれたりするから、人間関係は複雑になる。単純な「闘い」以上の微妙な人間関係を表す言い回しが味に適用されるのも、味が「生きもの」を越えて「ひと」と見なされる場合である。たとえば小林カツ代さんは、ご飯のすばらしさを次のように言い表す。

○ご飯は主食としてすばらしいだけでなく、食材としても類まれなるものだと思うの。ご飯と相性の悪いものってめったにないですよね

（『ご飯大好き』）

「相性の良し悪し」は、きわめて人間的な特性だ。右の引用は、そうしたことば遣いをご飯に対してすることで、小林さんのご飯に対する親しみや思い入れをさらっと自然に伝えている。

また、最初は相性が悪そうだと思った相手でも、時間がたつにつれてうち解けて仲良くなることがある。味に関して、これと似たような現象といえばもうお分りだろう。カレーや肉じゃがは一日おくと味がしみて、できたてより格段においしくなる。誰もが一度は経験する、時間をおいてはじめて出てくるおいしさを、「なじむ」という人間関係に見立てたのが次の例だ。ビーフポテトサラダのビーフとポテトの関係は、時間の経過とともに良くなっていく。

○牛のすね肉を煮た日にあえて、翌日に味がなじんだころ食べるのがおすすめ

人間関係から派生するパタンが多いのは、「ひと」と味との関係も、なかなか一筋縄ではいかないところがあるからだろう。たとえば、日本の味の代表とされる梅干だって、食べられない

という人はけっこういる。かくいう私も、最近になってやっと納豆をおいしいと感じるようになったのだから、他の食品に関しては言わずもがなである。このように理屈では説明のつかない個人的な好みを表現するには、人間関係のメタファーがうってつけだ。ひとの性格を表す形容詞が味に使われることが多いのも、同じ理由からといっていい。

辻調理師専門学校の辻芳樹校長は、ハンガリーを代表するワインを次のように評する。

○トカイ・アスーはとても素直なワインといえるのではないでしょうか。干した果物の香りが実にはっきりと残っていて、味が、香りからくるイメージに非常にマッチしている

（『美食進化論』）

ワインに限らず、酒の味を表す形容詞は、専門的にはいくらもあるが、ここでは日常的に広く使われる一般的なもののみを扱う。この「素直な」などは、ワインの香りと味の関係を、人の表情とその内面の関係に見立てた効果的な例ではないだろうか。

人間を修飾する形容詞を味に援用した例で、代表的なものをまとめてみよう。

○やさしい味、品のよい味、控えめな味、主張のある味、パンチのきいた味、挑戦的な味、迫力のある味、まぬけな味

料理を作る人間と、できあがった料理の関係は切っても切れない。右に挙げた例も文脈によっては、味そのものを独立した「ひと」と見立てているのか、作り手の人格を投影しているのか、はかりかねることもある。

たんに味という名詞の前にくる表現ということなら、もっとたくさんある。たとえば、「ほっとする味」や「なつかしい味」など。だがこれらは表面的な形式は同じでも、その比喩としての構造が違っている。これらはメタファーではなく、メトニミーなのだ。はっきりメタファーであると断言できるものというと、それほど多くはないのかもしれない。さてどうやって見分ければいいのだろうか。

六　似て非なるもの――味のメトニミー

メトニミーは隣接関係にもとづく比喩の形式である。メタファーがふたつの異なる領域の類似性に立脚しているのとは根本的に違う。まずは次の「ほっとする味」の例を読んでみてほしい。これは小林カツ代さんが、雑誌用のスチール撮影終了後、スタッフにまかないをごちそうしているときの様子を、スタッフのひとりがレポートした文章だ。

○さて、小林さんが思いつきのままつくっているように見えた（失礼!!）ポトフ。まずスープを飲んでみると、野菜の味がしみ出て深い味。具の野菜もおいしい。全員このポトフを食べるとほっとした表情に。そう、ほっとする味なんです。みんな元気が出てきた

ようで、会話もはずみ、はしもしきりに動きます

このレポートの書き手も含めた食べる側のひとたちが、小林さんのポトフを食べて「ほっとした」ことを、「食べる者をほっとさせる味」という意味で「ほっとする味」と表現している。これは料理を食べたひとの様子をあらわすことで、その味の威力を表現するという手法である。つまり料理によって引き起こされた結果の状態によって、その原因となった料理の特徴をいうのだから、これは隣接の関係になる。「なつかしい味」でも同じだ。食べたときなつかしい気持ちにさせる味のことをいう。

もっと分かりやすい隣接関係にもとづく表現を挙げよう。たとえば「大人の味」。チョコレートや缶コーヒーの宣伝コピーでは、たいていビターなタイプに「大人の」という形容詞がつく。大人で甘いのが好きな人もいるだろうが、現実世界においてビターなチョコやコーヒーを好むのは、やはり子どもより大人だ。だからビターな味をそれと隣接関係にある「大人」を引き合いに出して表すことができる。

○甘さを抑えたビターチョコレートにヘネシー社が誇る高級ブランデーV．S．O．P．を練りこんだ大人の味わい

宣伝において効果的なのは、ほんとうの意味で「大人」でなくとも、そのチョコなりコーヒ

ーなりを食せば、「大人」であるという錯覚を誘うことができるからだろう。コピーにメトニミーが溢れる所以はここにある。

時間的な隣接関係にもとづくのが、「むかしの味」だろう。池波氏は「たいめいけん」の洋食にむかしを感じる。

○階下の食堂は二階より安直に食べられるが、たとえば二階へあがっても、カレーライスをたのむとき、私は階下の安いほうのにしてもらう。そのほうが、なんだか、むかしの味がするからだ

誰しも、むかしの記憶と結びついた味というものをもっているだろう。その記憶の中の隣接関係にもとづくのがこのタイプである。もちろん場所との結びつきも定番だ。

○これぞ大阪のカレーうどんの味！

最後に、「おふくろの味」の構造をみよう。「おふくろの味」はもともと、「おふくろ」が作った料理の味という意味だから、料理の作り手と料理という、もっとも隣接したふたつの要素にもとづく表現である。ひとりひとりの特定の母の作った料理の味だ。カレーも満足に作れない母をもつ人にとっては、そのまずさが「おふくろの味」になる。

ところが「おふくろの味」には、もうひとつ別の意味がある。それは特定の母ではなく、「一般的に母親が作ってくれそうな料理とその味」だ。私の母は京女だが、煮炊きがめっぽう下手だった。それでも「おふくろの味」は？　と聞かれたら、肉じゃがやひじきの煮物、きんぴらゴボウといった、定番のおふくろの味を即座に思い浮かべることができる。「おふくろの味」はいつの頃からか、あるジャンルを指すようになったのだ。

こちらの意味における「おふくろの味」と「肉じゃが」や「ひじきの煮物」、「きんぴらゴボウ」を結ぶ関係は隣接関係ではなく、包摂関係にあたる。包摂関係にもとづく比喩はシネクドキと呼ばれる。限定された個人的な「おふくろの味」が、しだいに一般化してひとつのジャンルを形づくったのだろう。考えてみれば、「大阪の味」にしても「むかしの味」にしても、シネクドキとして用いられる可能性をもっている。「大阪の味」ならお好み焼きや、たこ焼き、透きとおっただしのうどんなどが浮かぶだろう。「むかしの味」にしても時代を限定すればジャンル化するのは簡単だ。

このように、特定の表現だけを取り出して、その比喩的構造を論じるのは、危険であるといっていい。少し誇張していえば、同一の表現がその使い方によっては、メタファー・メトニミー・シネクドキの何にでもなれる可能性をもっている。どんな表現も文脈のなかに置かれてはじめて生きた表現となるのだし、そこで生まれる構造にもとづいて使われるのだから。ひとは食べることによって感動を覚える生きものなので、こうしたメトニミーやシネクドキがわれわれの日常の表現にすっかりとけこんでしまっていて、メタファーと見分けるのに苦労するのもまた無理からぬところなのだろう。

この章では、味を「もの」と見るメタファーから出発して、「入れ物」と「中身」のメタファーへと進み、さらに味の「輪郭」の変化を見た。さらに、味を「生きもの」と見るメタファーから、その展開パタンとしての「闘い」のメタファー、味を「ひと」とするメタファーへと、味を語るメタファーの中でもとくに根源的で表現力に優れたものを取りあげた。最後に、「〜の味」という形式で可能な比喩表現の構造について解説を加えた。扱ったメタファーの具体的な表現は次の通りである。

味を付けたす
味を消す
味を閉じ込める
味を封じ込める
味をガードする
味は逃げる
味を抜く
味を引き出す
味を隠す
味はふくらむ

味は引きしまる
味はぼける
味はとけあう

力強い味・貧弱な味
味がけんかをする
味が味の個性を傷つける
味が味に勝つ・負ける
味が味に対抗する
味が味を受けとめる
自己主張の強い味・弱い味
味が味の邪魔をする
味が味を生かす・殺す
味と味の相性がよい・悪い
味と味がなじむ

できるだけ具体例をと思い、数多く引用もしたが、引用した例はどれも特別凝った表現ではない。ごくふつうに使われている普段着の表現である。とくに独創性がなくても、ここで示したメタファーの型を使えば、生き生きした比喩を多様に使いこなすことができる。あなたが今度、自分の食べたものの味について、誰かに伝えたいと思うとき、少し考えてみてほしい。自分がいったいどの型にのっとって、その味を語ろうとしているのかを。案外自分でも気づかないうちに、結構すてきなメタファーを駆使していたりするかもしれない。

箸休め（五）　甘い

「甘い」は、「美味しい」のだろうか、それとも「美味しくない」のだろうか。たしかに「甘い」がうまみのひとつであることは間違いないのだが、人が「甘い」というときには、美味しいときと美味しくないときの両方がありそうだ。

刺身などを食べたときに、「これ甘いですね」というのは明らかにほめことばだ。「うまい」と言っているのだ。魚にほんのりとした新鮮な甘みがあり、これこそ本来の天然の味だと思ったとき、「甘い」ということばが出てしまう。

魚は、色によって料理の仕方が基本的には違う。大きく、三つに分かれるという。背の青い魚は塩焼きが基本。鯛などの色の魚は煮ても焼いてもよし。カレイのように茶色い魚やアンコウのように黒い魚は、もっぱら煮るとよいのだそうだ。茶色や黒色の魚は深海にすんでいるので保護色。背の青い魚は水面近くいるので、これも保護色。赤い鯛や石鯛のように目立つ魚は保護色ではないのかというと、これも保護色である。鯛がすんでいる八〇メートル前後の深さでは、水面からの光はあまり届かない。その明度の中で鯛は、別の深度に住む魚と同じように保護色に見える。魚はみな保護色によって身を守っている。

　魚の色による調理方法の違いの理由は、この住んでいる場所にある。料理家によれば、水圧の低い表面近くに住んでいる背の青い魚は、水圧をあまり受けていないので、身がふやけている。塩をふり水気を吸いだして焼き、身を引き締めて食べる。底のほうに住んでいる色の濃い魚は、かなりの水圧を受けているので、煮ることによって身をやわらかくして食べるのだという。中間の深さに住んでいるさまざまな色をした魚は、煮ても焼いてもうまい。魚の身の「甘さ」には、こういう調理法も関係してくる。

　一方、「甘い」が、美味しくないという意味に用いられることもある。それは、甘いものを食べたときではないか。饅頭、羊羹に「甘いね、これ」というと、思った以上の甘さをいう。饅頭、羊羹には「あまり甘くない」というのがほめことばとなる。甘いと決まっているものについて「甘い」は、甘す

ぎることになる。「あまり甘くない」は、ほどよい甘さであることを意味するのだ。味はうるさくむずかしい。

美味しい水にも、ほのかな甘さを感じることがある。水は、硬かったり軟らかかったりする。この硬水、軟水という区別も味に一役買っている。硬水から甘いという感じを受けることはない。硬水は、金属的な石灰的な感じを受けることが多い。甘さとは結びつかない。英国ロンドンの水は硬水である。ロンドンの家庭では電気ポットで湯を沸かすが、電気ポットの内側に石灰がびっしりとこびりつく。こういう水は、「甘さ」からは縁遠い硬い水となる。

日本の美味しいといわれる水は、軟水であることが多い。名水といわれる軟水は、口に含んだ瞬間、口の中から直接体内に染み込んでいくような感じがする。人と溶けあうような感じのする水である。硬水を口に含んだときの異物感とは逆の親和感を軟水は感じさせる。日本には軟水だけあればよいのにと思うが、そうもゆかない。軟水ばかりで硬水がなければ、美味しい酒もうまいかまぼこも作ることはできないからだ。酒とかまぼこの産地には、硬水が豊富と聞く。

では、人はなぜ「甘い」ものを求めるのであろう。甘いものを口に含むと美味しいと感じてしまうのは、なぜなのであろう。それは、脳を動かすには糖質が必要だからだろう。生きるための本能が人に甘さを求めさせている。砂糖や蜂蜜をなめたときの「心地よさ」は、「厳しさ」の対極にある。子どもに「甘い」、糸の縒り方が「甘い」、ねじが「甘い」などの味覚以外の「厳しさがない」や「きちっとしていない」という「甘い」の意味は、この辺に源がありそうだ。■

七の皿　甘くてスウィート

甘いお菓子は、甘い恋を連想させる。

柔らかく甘いマシュマロ、ちょっぴり大人の味のトリュフチョコ、甘酸っぱいアップルパイ、ふわふわのシフォンケーキ、イチゴのミルフィーユ……。好きな人のことを頭に思い浮かべるときのふわふわした気持ちと、お菓子を食べるときの気持ちは似ている。ケーキも甘く、恋も甘い。どこかに共通点がある。

この章では、日本語の「甘い」と英語のsweetを比べよう。甘いとスウィートは、同じだろうか。甘味そのものは同じはずだが、日本語と英語は、異なった文化背景をもつ。意味の違いがあっても不思議はない。まず、私たちになじみ深い「甘い」から考えよう。

一　五感の「甘い」――ものの甘さ

曾野綾子の小説『太郎物語』に、次のような場面がある。夏休み中、主人公の高校生太郎は、同級生の藤原とふたりで、藤原の遠縁の小父さんのところへ遊びに行く。藤原と小父さんが話しているとき、小父さんは、藤原に弟の秋夫らが父親とうまくやっているかと尋ねる。藤原が次のように答えると、小父は続けて世の中はそういうものだと教える。

「相変らず、夜、遅く帰って来てね。秋夫なんかだって、目を伏せて、おやじさんの傍を通ってるよ。だって言うことったら《勉強してるか?》だけだからね。全く、あの程度の頭で、よく商売して行けると思うよ」

「世の中は辛いようで甘い。甘いようで辛い」

そこへ丁度、頃合よく、お汁粉が出て来た。一人前ずつの小さな塗りのお盆に、汁粉椀がのせられてあり、傍にちゃんと、シソの実の辛く煮たのも、そえられてあった。

「ほんとだ。甘くて、辛いよ」

ここには、三か所に「甘い」が出てくる。これらの「甘い」は、どのような甘さなのだろうか。初めの「世の中は辛いようで甘い。甘いようで辛い」を受け、「ほんとだ。甘くて、辛いよ」と肯定しているので、どちらも「甘いようで辛い」世の中のことを意味するようだ。が、もちろん、最後の「甘くて、辛いよ」は、世の中の甘さ（と辛さ）とお汁粉の甘さ（とシソの実の辛さ）を掛けた表現である。

言うまでもなく、「甘い」は味覚を表す表現のひとつである。「甘いお汁粉」「とても甘い桃」のように、甘味を含む食べ物を形容する。では、「恋人の甘いくちづけ」のような表現は、どうか。恋人は、なめると甘い味のする口をもつのだろうか。それとも、恋の力のなせる技なのか。また、「甘い採点のおかげで、なんとか追試を免れた」の場合はどうだろうか。「甘い」採点は、学生にとってはうれしいが、採点に甘味があるわけがない。同じく、甘い味のする世の中もない。

「甘い」は、「辛い」「苦い」などと同じく、重要語である。味覚本来の意味から、多様な展開を示す。たとえば、「甘い花の香り」「甘い音色」「甘いマスク」「甘い喜び」「甘いことば」「甘い判断」などと、「甘い」の意味はどんどん拡張する。では、「甘い」には、どのような意味があり、それらの意味はどのように結びついているのか。「甘い」の意味の広がりを例とともに探って行こう。

まず、「甘い」は、味覚の甘味を意味する語である。人は、砂糖、蜂蜜、熟した果物や、ある種の化学薬品（サッカリン、ズルチン、チクロなど）の刺激を舌に受けると、「甘い」と感じる。「甘い果実」「甘いみたらし団子」「甘いパン」「疲れたときには、甘いものが一番」など、甘味を表すのが「甘い」の本来の姿だ。

甘いものを食べると、ふわっと幸せな快い感覚が生じ、体がリラックスする。味覚の「甘い」がもつ特性である。人によって、甘さの感覚は多少違うが、感覚として分かりやすい味覚のひとつだろう。甘いと表現するのに、絶対的な基準はなく、相対的である。ある人には甘くておいしいチョコレートも、別な人には甘すぎる。

また、味覚の甘味は、甘口、甘み、甘さ、甘味、甘気、甘ったるい、甘みのある、薄甘い、甘辛、甘辛い、甘酸っぱいと形を変え、現実に存在する味に合わせて表現される。

「甘い」に対する語は「辛い」。ふわっとした弱い刺激を示す「甘い」に対して、「辛い」味は、体がぴっと緊張するようなきつくて強い刺激を感じさせる。この味の対立は、酒の味を描写するときによく見られる。久保田萬寿という日本酒の味解説を見よう。

○洋梨に似た果実のフルーティな香りがほんのりと広がり、柔らかな甘味とともにやさしい酸味、苦味、旨味が絶妙に調和し、上質な味わいを見せている

吉田健一は、『私の食物誌』で、酒の味は、悪酔いなどの失態を重ねても、ただ飲みに飲んでいるうち、舌がだんだん酒の味に馴れ、しだいに酒の味がはっきり分かるようになると述べている。酒の味を言い表すのは素人にはむずかしい。明らかな甘さをもたない日本酒にも、酒の味の描写では甘い酒が存在する。これは、甘いと辛いの意味の対照による。口当たりの良い刺激が少ない柔らかな味の酒は、甘いのである。

「甘い」は嗅覚へ広がる。たとえば、「甘い香り」「甘い香水の匂い」「リンゴの甘酸っぱい香り」。これらは、味覚から「甘い」を借りた共感覚表現である。そもそも、嗅覚は味覚と密接に結びついた感覚である。なにせ、鼻と口はつながっているのだから。しかし、人間のもつ感覚のなかでは、嗅覚がもっとも退化した感覚らしい。私たちは、犬のように匂いを嗅ぎ分けられないため、匂いを表現することばも多くない。そもそも必要性が生じないともいえる。嗅覚に

関する「甘い」の使用例が少ないのは、このことと関係するのかもしれない。それでも、際だった例がいくつか見つかる。

○彼女の息は湿り気を帯びて生温かく、人間の肺から出たとは思えない、甘い花のような薫りがします。――彼女は私を迷わせるように、そっと唇へ香水を塗っていたのだそうですが、そう云う仕掛けがしてあることを無論その頃は知りませんでした

（谷崎潤一郎『痴人の愛』）

恋の手管には色々あるようで、『痴人の愛』のナオミのように、唇に甘い香りの香水を塗るという荒技をやってのける人もいるようだ。甘い花のような薫りのする息をもつ人がいるかどうかはともかく、甘い香りとは、たとえば、藤、バラ、ジャスミンなどの柔らかい香りや、ケーキを焼くときに部屋に広がるやさしい香りを指す。つまり、花蜜のもつあの特有の柔らかい芳香は、甘い嗅覚的刺激として知覚されるのである。

これは、「甘い」匂いが、心を酔わせる快い感覚を呼び起こすからとも考えられる。嗅覚で感じるこのような感覚と味覚で感じる快く柔らかい感覚との間に、私たちは類似性を認めて、「甘い」の意味を拡張する。類似性にもとづく意味展開をメタファー（隠喩）という。

「甘い」香りは、柔らかなやさしい香りにふつう用いられるため、ゆりのカサブランカのように強い芳香をもつものには、用いられない。せっかくの香水の香りも強すぎるものは、「香水

の甘い香り」とはならず、「香水のきつい香りが鼻を突く」ことになってしまう。

つぎに、聴覚の甘さを見よう。どのようなものを想像するだろうか。あなたの周りに、綺羅子《きらこ》のような甘い声をした人はいるだろうか。

○「まあ、お上手ですわ、ちっとも踊りにくいことはございませんわ」

……グルグルグル！　水車のように廻っている最中、綺羅子の声が私の耳を掠めました。……やさしい、かすかな、いかにも綺羅子らしい甘い声でした

（谷崎潤一郎『痴人の愛』）

音についても「甘い」という語は、「甘い声」「甘ったるい声」「甘いメロディー」「甘い音色」「甘い響き」「甘いフルートの調べ」などと意味を拡張する。この聴覚の「甘い」に見られる表現も、味覚から「甘い」を借りた共感覚表現である。甘い嗅覚刺激と同じく、甘い聴覚刺激は、心を酔わせる快い感覚を与える音を意味する。いい音楽（または、声）を聴けば、気分がリラックスし、心地いい感覚が生まれることに気づく。

ここでも、快い感覚を生むという類似した特性を共有し、メタファーによって、味覚から聴覚へと「甘い」の意味が広がる。しばしば「二つのヴァイオリンが絶妙に奏でる甘いメロディー、音楽の息吹が感じられる作品である」というように表現される。

注意すべきは、「甘いささやき」や「甘いことば」に見られる「甘い」の用法である。これら

の表現は、聴覚の「甘い」のように思われるが、よく考えると違う。「甘いささやき」は話すという行為の様子が甘く、「甘いことば」は話の内容、つまり、発せられたことばの意味が主として甘い。「甘い」は、人の行為の様態やその結果についても用いられる。この点は、のちにふりかえろう。

味覚、嗅覚、聴覚と見てきたが、残された五感に視覚と触覚がある。この二つの感覚を表すのに、「甘い」が使用されないわけではない。味覚の「甘い」は、これらの感覚にも、共感覚表現として意味を展開する。しかし、「甘い」視覚や「甘い」触覚の例は、あまり見られない。視覚については、「甘いマスク」「甘い光景」「甘い風景」などがある。また、触覚については、「真珠の甘い質感」など、わずかに例が見られるのみである。

とくに、視覚という感覚は、五感の中でも、私たちの思考と強く結びついた特別の地位をもつ。だが、視覚は、見る器官である。「甘い」という目に見えない感覚によって、目に見えるものを修飾するのは、その逆よりも難しいのではないだろうか。このことは、視覚と触覚が他の感覚を表すための貸し手になりやすく、味覚が他の感覚から表現を借りる借り手になりやすいことを示す。

二　人の行為が「甘い」

ここまで見た「甘い」は、五感で感じる物の属性についてであった。つまり、なんらかの快い感覚を私たちに生じさせる刺激がある。そこに味覚の「甘い」との特性類似を認め、「甘い」

がメタファー的意味展開を示す。しかし、「甘い」は味覚・嗅覚・聴覚などの感覚表現にとどまらない。抽象的な領域へとさらに広がる。五感を超えた「甘い」の意味を探ろう。

五感を超えた「甘い」は、まず、右で触れた「甘いささやき」である。人の行為の様態を表す。この「甘い」は、物質的な感覚ではないが、人に何らかの快い感覚・感情を生じさせる。

たとえば、ふかふかの布団に潜り込むときの感覚を思い浮かべてほしい。

○外の曇り空が部屋の中へ流れ込んできて、脳髄をおかしているみたいに思えた。回る洗濯機の音も、何の目覚ましにもなりはしなかった。私はもう、なにもかもがどうでもよくなり、ブラウスとスカートをずるずると床に脱ぎ捨てて、ベッドに入った。ふとんは冷んやりと心地良く、枕は甘い眠りの形に柔かく沈んだ　（吉本ばなな『白河夜船』）

どうにも眠くなるときがある。そんなとき、眠りにつくのは、このうえなく心地いい。それも、ベッドに入っての熟睡なら、まさに「甘い眠り」がぴたりとくる。「眠り」や「ささやき」は、人間の行為のプロセス自体に焦点があり、それを言語化したことばである。「眠る」や「ささやく」という行為のプロセスが、快い感覚・感情を引き起こすもととなる。

この人の行為のプロセスを修飾する「甘い」は、ことばの創造力をよく示す。愛しの彼女と「甘いキス」をする「甘い夢」を見たが、現実にはお相手がいるとわかる。夢から覚めて「甘い喜び」は消えうせ、「甘い感傷」に浸る。あるいは、「甘い期待」をしばしば裏切ってくれる宝くじ。一獲千金の「甘い誘惑」に勝てずに買ってしまう。ハズレくじに「甘い悲しみ」を感じる。これらの「甘い」の例はすべて、行為のプロセスに、なんらかの快い感覚・感情が伴う。この快い感覚が、味覚のもつ「甘い」と類似すると感じるため、「甘い」の意味が人の行為の様態に広がり、メタファー表現となる。

では、「甘いことば」はどうだろうか。このことばは、人間の行為のプロセスを表す語ではない（といちおう考えておこう）。話すというプロセスの結果を表す。話すプロセスの結果でできたことばである。ここでは、「甘い」の修飾する対象が、プロセスから結果へとずれる。このような意味の横すべりは、メタファーではなくメトニミーである。同じように、人間の行為の結果を表すことばに「甘い」が用いられる例には、「甘い手紙」「甘い詩」など、ことばにまつわるものが多い。

林芙美子の自叙伝『放浪記』には、自分の男の浮気を浮気相手の女から知らされる場面がある。それも、「甘い手紙」によって――。

○私は自分を嘲笑しながら、押入れの隅に隠してあった、かなり厚い女の手紙の束をみつけ出したのだ。
――やっぱり温泉がいいわね、とか。
――あなたの紗和子より、とか。
――あの夜泊ってからの私は、とか。

私は歯の浮くような甘い手紙に震えながらつっ立ってしまった

「甘い手紙」には、手紙の受取人の欲望を刺激し、心を魅了し、快い感情を呼び起こす内容が書かれている。手紙の内容がうっとりとするような幸せな気持ち、快い感覚を生じさせる性質をもつ。その性質が、味覚の「甘い」で見られる特性と似ている。行為の結果を示すことばに対して「甘い」を用いることによって、「甘い手紙」や「甘いことば」のような表現が生まれる。

三　緩みの「甘い」

ここまで見た「甘い」は、すべてプラス評価を表す。しかし、「甘い」にはマイナスの意味もある。たとえば、「ネジの締めが甘い」「詰めが甘い」「考え方が甘い」「娘に甘い親」「甘い採点」など。これらは、どう考えればいいのだろうか。どこからマイナス評価が生じるのか。また、マイナス評価を示す「甘い」は、プラス評価を示す「甘い」とどのような意味のつながりがあるのか。これらを見ていこう。

まず、ものが緩んだ状態の「甘い」について――。

「蛇口のネジが甘くなっている」とか、「釘の打ち込みが甘い」という。この場合の甘さは、どこがどう甘いのだろうか。ものの状態が不完全で、余裕を残した中途半端な状態、最後まで十分詰めきれていない状態を意味する。

では、なぜ、ものが中途半端だと「甘い」と言うのだろうか。もう一度、味覚の「甘い」が感じられる場面を思い起こそう。甘いものは、人に快い感覚を生み、リラックスさせ、ふわっと緊張を解く。身体的な緩みのある状態をつくりだす。「気が緩む」や「口元が緩む」というだろう。逆に、辛い味は、人の体をぴっと緊張させる。「身が引き締まる」「心が引き締まる」状態になる。

甘い味覚は、身体を弛緩させる。これがメタファーとして再解釈されると、味覚以外の別な領域を表すのに用いられる。つまり、味覚によって起こる弛緩状態と、ものの弛緩状態の間に対応が成りたつ。「ネジが甘い」などの緩んだ状態を表すのに「甘い」が用いられる理由は、身体的な意味をベースにしないかぎり考えにくいだろう。

また、ものの状態が緩んだ状態は、しばしば不具合をおこす。ネジのしめつけが甘ければ、ガタがくる。こういうことを私たちは経験的に知っているため、この意味の「甘い」はマイナスの評価を受ける。「ピントが甘い」とぼやける。「積荷の積み方が甘い」と荷崩れをおこす。「刃が甘い」と切れない。いずれも、好ましい状態ではない。

刃が甘い包丁やのこぎりなど、刃物の切れ味の鈍さを表すのに、「切れが甘い」という。この「甘い」の用法は、「〜の切れが甘い」という形のまま、さらに意味の広がりを見せる。

「日本刀の切れが甘い」と、侍ならば、自身の命が危うくなっただろう。ボクサーの「パンチの切れが甘い」という表現は、戦いの手段という類似点を介し、パンチへ用法が拡大する。さらに、バイクの「クラッチの切れが甘い」へと広がる。また、カメラの「ピントの切れが甘い」や「ダンスの切れが甘い」や「ギャグの切れが甘い」ともいう。次のように、そばの水切りが不完全なときは、「水の切れが甘い」という。

○そばは皿に盛り付けてあるのだが水の切れが甘い――し、こしもいまひとつでありそばが歯にからみつくのは6番粉まで入っているためか？　そしてそばの旨み（甘味）がないように感じられる

この「〜の切れが甘い」の用法も、全体として人の身体が緩んだ状態の延長線上に連なる。甘いものを食べて身がゆるむ。これと同じように、刃物の刃先がゆるむ。身体がゆるめば反応が鈍るように、刃先も鈍ると考えてもいい。また、刃がなまくらだともいう。ここにも身体的な意味が聞き取れるだろう。さらには、切れ味の鋭くない刃は、刃が立っていない。「立つ」ためには、身体がピッとした緊張感を保たなくてはならないはずだ。ことばと身体と意味の関係がよく見えないだろうか。

つぎに、人の行為が緩んで厳しさを欠く「甘い」について――。

では、「詰めが甘い」「考え方が甘い」「娘に甘い親」「甘い採点」などにある「甘い」は、「ネジが甘い」や「ボクサーのパンチの切れが甘い」とどのように異なるだろうか。と同時に、どのような意味の共通点があるだろうか。

「ネジが甘い」や「パンチの切れが甘い」の甘さは、ものに緩みがあり遊びがある状態を表

す。他方、「詰めが甘い」「考え方が甘い」「娘に甘い親」などの甘さは、人の行為の精神的な面についてである。言うまでもなく、これもマイナス評価を示す。この「甘い」は、人がある行為を行うときに、厳しさが欠け、望ましい最終状態に至れないことを意味する。つまり、精神的または遂行的な緩みがある状態を表す。詰めが甘ければ、まだ隙間が残っている。考えが甘ければ、まだ考える余地が残っている。親が甘ければ、まだ子どもをしつけるべき点が残っている。

この「甘い」の意味は、どこから生じるのか。やはり、味覚の「甘い」と関係する。体がリラックスし、弛緩状態にある身体的な緩みと、人の行為が完全に遂行されずに緩み部分を残した状態との間に類似性が見出され、味覚の「甘い」が抽象的な意味に適用される。これも、メタファーである。

厳しさを欠き、緩い部分が残ることを意味する甘いには、いろいろな用例がある。そこで、人の行為の様態について「甘いささやき」と「甘いことば」の例で見たように、行為のプロセスや、プロセスの結果といった見方をしよう。私たちは、ある同じ状況を目の前にしても、何をもっとも言いたいかによって焦点を絞る先を変化させ、それをことばで表す。そこで、この意味の「甘い」を、人の行為のどの部分に焦点を絞って言語化するかという観点から整理しよう。「甘い」が修飾するのは、大きく分けて次の四つのタイプである。

（一）人の行為のプロセスが焦点化されたことば

(二) プロセスの結果が焦点化されたことば
(三) 行為を行う行為者が焦点化されたことば
(四) 行為の対象となる対象者が焦点化されたことば

まず、(一) 人の行為のプロセスが焦点化された例を見よう。

○鶴川の住んでいた世界が明るい感情や善意に溢れていたとしても、彼は誤解や甘い判断によってそこに住んだのではなかったと断言できる。彼のこの世のものならぬ明るい心は、一つの力、一つの靭《つよ》い柔軟さで裏打ちされ、それがそのまま彼の運動の法則なのであった

（三島由紀夫『金閣寺』）

「甘い判断」は、プロセスを表す。厳しさが欠け、緩みのある中途半端な状態で判断を下すことを意味する。十分に詰めきれていない状態での判断といってもいい。行為のプロセス自体が焦点化される表現には、このほか、「攻めが甘い」「守りが甘い」「ガードが甘い」「読みが甘い」「評価が甘い」などが挙げられる。また、「甘い判断」は、「判断が甘い」と言い換えられるように、このタイプの「甘い」の用法は、「甘い攻め」「甘い守り」「甘いガード」などのような形に言い換えても、意味が実質的には同じだ。

さらに、この用法を起点とする意味の拡張が見られる。「考えが甘い」または「甘い考え」は、

考える主体がいてはじめて可能な表現である。もちろん、主体は人間である。「考え」と「人間」は隣接関係にたつ。この隣接関係にもとづいたメトニミー的な意味のつながりによって意味の横すべりが起こる。つまり、「考えが甘い」から「人間が甘い」と表現できる。「人間」という広い意味での行為者（原因）によって、「考え」というプロセスを表す。

では、この節の冒頭で引用した『太郎物語』の「世の中は辛いようで甘い。甘いようで辛い」の「甘い」は、どう考えればいいのか。この「甘い」も厳しさが欠け、緩い部分があるという意味である。しかし、何が甘いかといえば、「世の中」である。意味の広がりの点で注意すべきは、世の中と人間の関係である。「世の中」（世間）という入れ物の中に人間という中身がいるという空間的な隣接関係と見なせる。これは、典型的なメトニミーのパタンのひとつである。考えの甘い人間が入るその入れ物（世の中）が甘いと表現する。これは、「ナベが煮える」というメトニミーのパタンと同じだろう。

つぎに、(二) プロセスの結果が焦点化された例を見よう。「甘い」の修飾先は、人の行為のプロセスからその結果に焦点が移される。例として、「甘い点をもらう」「甘い評価をもらう」などがある。これらの点と評価は、採点する、評価をするというプロセスの結果生じたものを指す。

この行為のプロセスと結果の区別は、あいまいになることもある。たとえば、「甘い評価」は、プロセスと結果のどちらも表すことができるからである。つまり、「点が甘い」と「甘い点」は、やや微妙だが、点はふつう結果を表す。一方、「評価が甘い」は行為のプロセスに傾き、「甘い評価」は行為の結果に傾く。

（三）の例は、「甘い親」である。「孫に甘いおばあちゃん」もそうである。これらは、（三）の「行為を行う行為者が焦点化されたことば」にあたる。一見したところ、「子どもに甘い親」は、子どもに力点が置かれているように思えるかもしれない。しかし、何が甘いのかを考えれば、子どもが甘いのではなく、親の態度が甘いのだとわかる。この「甘い」の用法では、行為を行う行為者が焦点化される。「甘い点」をつけてくれる先生は、厳しい態度が取れない「甘い先生」ということになる。

誰かに対して甘い人のなかにも、次のように、世の中には物好き、いや奇特な人もいるようである。

○「俺はもうじき食えなくなる。誰かの一座にでもはいればいいけれど……俺には俺の節操があるし。」
　私は男にはとても甘い女です。
　そんな言葉を聞くと、さめざめと涙をこぼして、では街に出て働いてみましょうかと云ってみるのだ
（林芙美子『放浪記』）

この引用にある「男にはとても甘い女」は、自分の男がどこかの若い女優とうつつを抜かしていることを知りながらも、男のために働く、という男に対して厳しさを欠く態度をとる。つ

まり、甘い行為者とは、厳しい態度をとらず、相手の欲求やわがままを簡単に受け入れ、相手の落ち度や非を厳しく責めない人を意味する。

(三)の用法のなかでも、行為者を中心に「甘い」の用法がさらに広がる。「甘い顔を見せる」という表現がそうである。「甘い顔」は行為者ではなく、厳しさに欠く緩い状態をつくり出す行為者の体の一部を表す。この焦点のずれは、部分と全体の隣接関係にもとづいたメトニミーによる。

では、最後に、(四)の「行為の対象である対象者が焦点化されたことば」を見よう。ここでは、「甘い」は語の形を変える。「甘ちゃん」「甘ったれ」「甘えた」「甘っちょろいやつ」など。甘ちゃんは、甘い親や周りの甘い大人にとって、甘やかす行為の対象者である。この甘い親などの行為者に甘やかされた結果、甘えた人物が生じる。また、「甘ちゃん」「甘ったれ」などのこれらの例は、「甘えた」という特質でその特質を備えたものを表すメトニミー表現である。

もうひとつ大切なことばがある。「甘える」という動詞と「甘え」という名詞である。土居健郎の『「甘え」の構造』以来、この概念をめぐってさまざまな議論があった。日本人の精神の特質であるという考え方に対して、韓国にも同じ概念があるという反論などが寄せられた。私たちの観点からすれば、たとえば、「子どもが親に甘える」とは、子どもが親に対して「甘い態度」を自分に取ってくれることを期待する態度だと解釈される。つまり、親に厳しさを欠いた緩い状態を求めるのが、「甘える」心理であり、「甘え」である。もう少し言えば、この意味での「甘える」には、甘える側と甘やかす側とが一体になっているという特徴が見られる。

こう考えると、味覚の「甘い」は、身体の弛緩状態を誘発し、そこからメタファーにより、人の行為が緩く、中途半端で、十分詰めきれない、厳しさを欠く状態を意味するにいたる。さらに、この「甘い」の意味のなかでも、行為のプロセスが甘いのか、結果が甘いのか、その行為を行う行為者（原因）が甘いのか、あるいはその行為がおよぶ対象者が甘いのかというように、どの点に焦点が絞られるかによって、表現が横への広がりを見せる。しかし、これらはすべて、望ましくない状態を表す。

以上、日本語の「甘い」の意味の広がりを探った。味覚の「甘い」を中心に、多義的に意味が拡張することが分かった。それぞれの「甘い」の意味は、勝手に生じるのではなく、味覚を中心とした意味ネットワークを形成する。「甘い」の多義構造の概略を図3に示そう。

まず、「甘い」は、味覚で生じる快い感覚を起点とし、共感覚表現を通じて、とくに嗅覚と聴覚へと意味を広げる。そして、「甘いささやき」や「甘い期待」のように、五感を超えた人の行為の様態を表す「甘い」へ広がる。さらに、味覚の「甘い」から抽象的な領域を表す「甘い」に展開する。

他方、「甘い」には、マイナスの評価を示す意味への拡張も見られる。味覚の「甘い」によって生じる身体の緩みに焦点を合わせて、それをメタファーによって再解釈することにより、「ネジが甘い」「ピントが甘い」のようなものの緩み・遊びを表す「甘い」となる。さらに、身体的な緩みが、人の行為の緩く、厳しさに欠ける状態を表すと、「考えが甘い」「甘い点」「子に甘い親」のような例に応用される。

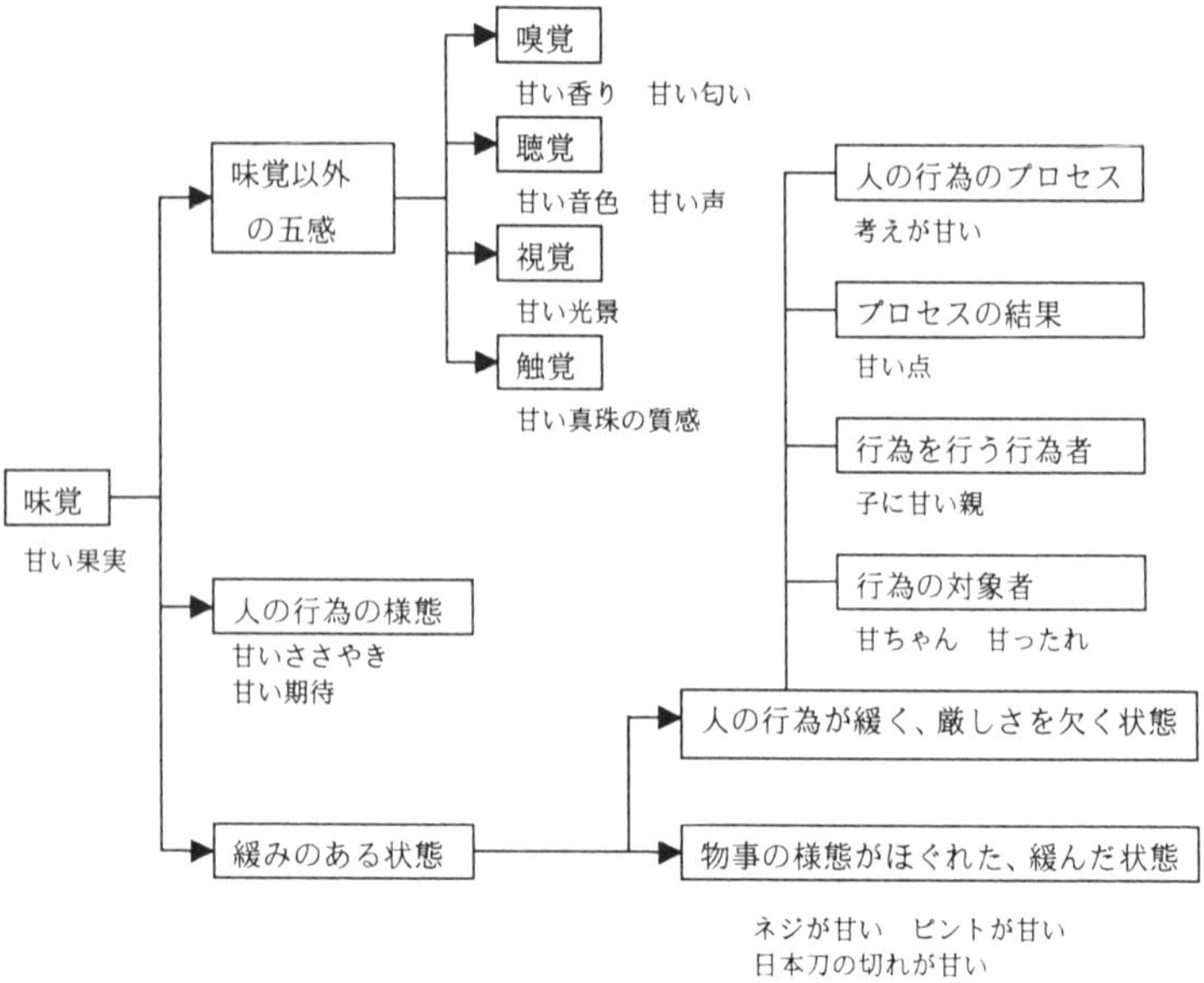

図3　「甘い」の多義構造

興味深い点は、多義語の「甘い」には、「甘い響き」や「甘い眠り」などのプラス評価を意味する用法と、「ネジが甘い」や「考えが甘い」などのマイナスの評価を意味する用法が、ともに存在する点である。それぞれに根拠があることがわかった。では、英語のsweetでは、どうなのだろうか。この点も含め、つぎに英語のスウィートの意味を探っていこう。

四　スウィートな甘さ

日本語の「甘い」には、英語のsweetが対応する。やはり、味覚の甘さを表すのが基本である。そして、「甘い」と同じく、味覚にとどまらず、多義語として展開する。たとえば、バラの匂いも、香水も、人の声も、微笑みも、すべて**sweet**で表現できる。呼びかけ語としても用いられる。

一見したところ、無秩序に思える意味の広がりにも、やはり多義語として意味のまとまりがある。ひとつの意味ネットワークを形作る。では、どのような意味ネットワークをもつのか、また、「甘い」とどこが違うのか。具体例とともに探りたい。

まず、味覚を中心に五感の意味を見よう。

日本語の「甘い」と同じように、まず、味覚、嗅覚、聴覚の順に調べていく。当然、意味の起点は、味覚である。味覚については、「甘い」とほぼ対応する。**sweet biscuits**（甘いビスケット）や**sweet cinnamon cakes**（甘いシナモンケーキ）など、甘い味覚刺激をもつものを修飾する。「甘い」と同じく、お酒（ワインやスコッチなど）の味ことばにも現れる。どのようなワインがお好みだろうか。私は、**dry**（辛口）より**semi-sweet**（少し甘口）が好きである。甘味を表すには、日本語も「甘い」しかないように、ふつう、英語でも**sweet**としか言いようがない。**sugary**（砂糖のような）や**honey**（ハチミツのような）もあるが、これらは甘味の種類を限定するための表現である。

一六世紀のルイス・フロイスの『日欧文化比較』の中に、ヨーロッパでは甘い味を好むという記録が残されている。欧米では、甘いものが昔からとても好まれていたようである。しかし、たとえば、**sweet chocolate**（甘いチョコレート）ばかり食べていると、**you have a sweet tooth**（あなたは甘いものに目がない）と言われる。この**sweet tooth**（甘い歯）は、もちろん歯が甘いのではない。その人が甘いものを好むという意味である。甘さがものから歯に横すべりしている。

つぎに、嗅覚について。たとえば、花や香水のような甘さを連想させる匂いや、なんらかの心地いい気持ちを生じさせる匂いを指す場合である。ここでも、私たちは嗅覚で感じる刺激を、味覚で感じる快い甘さと似ていると感じる。あるいは、味覚の甘さと連続していると感じる。これは、味覚から嗅覚への共感覚表現である。

私たちの日常には、意外といろいろな甘い匂いがある。花屋に行けば、店のなかは、**the sweet fragrance of flowers**（花の甘い香り）に満ちている。逆だった神経も休まるだろう。お風呂上りには、**the sweet smell of your shampoo**（シャンプーの甘い香り）がするだろうし、ケーキを焼けば、**the cake makes the air smell sweet**（部屋の空気は甘く）なるだろう。このような匂いを嗅ぐと、体がリラックスし、快い気持ちになる。味覚の「甘い」で感じた感覚と似ている。

口と鼻はほとんど一体のものであるためか、味覚と嗅覚では似たような意味の拡張が見られる。**sweet taste of success**（成功の甘い味）、**sweet smell of success**（成功の甘い香り）がそうである。なにかに成功すれば、心地いい満足感が味わえるだろう。成功を食べ物に見立てたメタファーである。甘くておいしいものを食べれば満足する。成功は甘くておいしいものなのだ。さらに、「成功」という食べ物に近づけば、匂いがするだろう。**sweet smell of success** は、まだ成功していないときに用いる。

日本語の「甘い」にはあまり見られない意味もある。水、食べ物、あるいは空気が新鮮で汚れていないという意味である。**a stream of sweet water**（きれいな水の小川）、**the sweet air of a**

mountain village（山村のきれいな空気）など。きれいな空気や水に接することで、私たちは快いすがすがしい感覚をえる。やはり、この感覚も、味覚の意味特性の一部と共通する。
もちろん、聴覚にも用いられる。日本語の「甘い響き」などと共通する。耳にやさしく、心地いい音やジャズなどの演奏の、流れるような調子に対して使用される。

○ The entire audience was entranced by her clear *sweet* voice.（全聴衆は彼女の澄んだ甘い声にうっとりした）

人をうっとりさせる声は、人を快いリラックスした状態に導くだろう。それが味覚の甘さがもつ特性と似ていると感じられるため、メタファー的に意味が拡張する。

人の声に限らず、the sweet sounds of Mozart（モーツアルトの快い音楽）のフルートの調べは、the sweet notes of the flute（フルートの心地いい調べ）と称され、また、たとえ沈黙であっても、話し手が静けさを心地いいと感じれば、sweet silence（甘い静けさ）となる。これらは、味覚から聴覚への共感覚表現である。

やはり、「甘い」と同様、sweet でも、味覚から視覚や触覚への共感覚表現は、数が少ない。視覚については、sweet view（甘い景色）や sweet scenery（甘い風景）、また、触覚については、sweet texture（甘い食感）があるぐらいである。ここにも、味覚が貸し手となり、共感覚表現として、視覚を表すことはむずかしいことがうかがえる。

また、のちにふれる sweet smile（やさしい笑顔）や sweet baby（かわいい赤ちゃん）も、視覚表現ではある。しかし、sweet view などがより直接的な視覚表現なのに比べ、sweet smile などは、笑顔という視覚刺激を受け、思考という段階を経て、人のもつ「やさしい」という特性に結びついたものである。

ここまで、五感について見た。sweet は、心地いい甘さを起点として、他の感覚、とりわけ嗅覚と聴覚に意味を広げる。つぎに、五感を超える用法を調べよう。大きくふたつに分けて、ひとつは、人や動物についての用法、もうひとつは、ある事柄についての用法である。

では、まず、五感を超えて、人や動物に使用される例を見よう。日本語では、人が主体だと、「甘い親」のようにマイナス評価を示したが、英語ではどうだろうか。

○ How *sweet* of you to remember my birthday!（私の誕生日を覚えていてくれて、なんてやさしいのかしら）

人に対して用いられると、「親切でやさしく思いやりのある」を意味する。このような性質は、快い感情を生じさせる。ここに味覚との接点があり、メタファー展開のきっかけとなる。おもしろいのは、日本語の「甘い親」との違いである。「甘い親」は、やさしい親と考えることもできるが、どうしてもマイナスの評価が伴う。これに比べ、sweet な人は、他人に対してやさしい人であり、そこにとどまる。つまり、プラスの意味しかない。そのため、品詞を変え、動詞の

sweeten になっても、日本語の「甘える・甘やかす」という意味にはならない。

人そのものだけでなく、sweet smile（やさしい笑顔）のように、その人の行為にも用いる。よく考えると、笑顔自身がやさしいわけではない。やさしそうな表情を作る人間がやさしいのだ。これは、笑顔が現れる顔と笑顔の持ち主である人間とが隣接しているからである。人のやさしさが笑顔を通じて現れたと考えていい。表現としては、メトニミー的に修飾する範囲が広がった（ずれた）例である。

また、次のように、動物や赤ちゃんに用いられることもある。「かわいらしい、魅力的な」という意味になる。

○ **The little baby elephant looked so *sweet*.**（赤ちゃんゾウはとてもかわいかった）

動物や人の赤ちゃんや幼い子どもは、見ていてとてもかわいい。見ていると、目じりが緩んでしまう。かわいいものは、見ている者を快い気持ちにしてくれる。これは、やはり、味覚の特性を思い起こさせる。ただし、意味は、「やさしい」ではない。ふつう、動物のやさしさは、人間にはわからないものだし、人間の子どもにしても、まだやさしいのかどうかはっきりしない。したがって、「やさしい」という意味ではない。この sweet の意味は、あくまで「かわいい」である。若い女性のいう日本語の「かわいい」にあたる部分が大きい。

このかわいいという意味は、人に呼び掛けることば（呼び掛け語）として、さらに用法を広げる。my sweet（私のかわいい人）と誰かに呼び掛けるのが、その例である。この呼び掛け語の用法は、かわいいという人の特性でもってその人を指す。「のろま」という特性である人を指すの同じである。人の特性はその人に備わると見なせるので、特性と人との間に隣接関係が認められる。この呼び掛け語の用法も、メトニミーである。

ここでわかったことは、日本語とは異なり、英語の sweet には、人について用いられるとき、マイナス評価を示す意味がまったくない、ということである。あくまで、プラス評価である。

つぎに、人ではなく、事柄がスウィートな場合を見よう。

sweet な事柄は、私たちを喜ばせたり、幸せな気持ち、あるいは満たされた気持ちにする。たとえば、sweet memories of the past（過去の甘い思い出）を考えよう。甘い過去の思い出は、話し手を快い満たされた気持ちにさせる。これは、味覚の sweet と十分に類似した特質であるため、メタファーによる拡張が起こる。つまり、喜びや満足感を感じる事柄を表すのに sweet が使用される。過去の思い出は、甘いだろうか、苦いだろうか。苦いなら、bitter（ビター、苦い）が用いられ、bitter memories of the past（過去の苦い思い出）となる。なお、この意味の対照は、taste the sweets and bitters of life（人生の苦楽を味わう）に凝縮されている。

この満足感・幸福感を意味する用法は、日本語の「甘い眠り」「甘いささやき」のような人の行為の様態についての「甘い」と対応する部分が大きい。恋する者にとって、悩みは、sweet pain of love（愛の甘美な苦しみ）となり、愛する人のために sweet toil（甘い骨折り）を厭わない。ほかにも、sweet sleep（甘い眠り）、sweet kiss（甘いくちづけ）、sweet talk（甘い語り）、

sweet sorrow（甘い悲しみ）、sweet illusion（甘い幻想）などのように、日本語にも見られる表現が多い。

しかし、欧米の文化・思想の反映された独自の表現も見受けられる。たとえば、しばしば見られる表現に、sweet revenge（甘い復讐）がある。これは、どういう意味だろうか。二〇〇二年のサッカーワールドカップでは、因縁の対決であるイギリスとアルゼンチンの試合の後、次のような記事がイギリス各社の新聞に見られた。

○Beckham's penalty on the stroke of half-time in Friday's encounter was also *sweet* revenge for defeat of England by Argentina at the 1998 World Cup in France, when the Manchester United playmaker was sent off for kicking an opponent.（金曜の試合、前半終了間際のベッカムのペナルティキックは、一九九八年フランスにおけるワールドカップでアルゼンチンにイギリスが負けたことに対しての甘い復讐でもあった。前回のワールドカップでは、このマンチェスター・ユナイティッドの主力選手ベッカムは、相手チーム選手を蹴り、退場させられた）

sweet revenge とは、勝負事にかぎらず、なにか過去に悔しい思いをさせられた相手（出来事）に対する仕返しに成功したときの満足感を表すと理解すればいいだろう。仕返しや復讐をうまくやりとげた後は、快い満足感が生まれる。そこに味覚の甘さに通じるものがある。試合後、サッカー大国のイギリスでは、全国民が I can't tell you how sweet this victory is.（この勝利がどんなに甘いものか表現することはできないよ）と感じ、この試合を a sweet memory（甘い記憶）のひとつにしたという。

また、夜寝るとき、Good night, sweet dreams.（おやすみ、いい夢を）という言い回しをよくする。いい夢を見れば、幸福な快い気分になるので、やはりここでもスウィートが使用される。

さらに、物事が順調にあるいは簡単に操作できるときに用いられる。操作の簡単な船ならば、sweet ship、バイクが順調に動けば、the sweet handling of a motorcycle（バイクのなめらかな操作）となる。運転プロセスが安全になめらかに進んでいれば、私たちは、身体が緊張することなくリラックスする。また同時に、ものを順調に、あるいはたやすく扱えれば、私たちは快い気分になる。快適でなめらかな進行は、スウィートだといえる。言うことを聞かない私のコンピューターは、けっして sweet computer ではない。

sweet の意味ネットワークをまとめると、図4のようになる。

甘い味覚が生み出す快い感覚という特性を中心に、共感覚的に、とくに嗅覚・聴覚へ意味が広がる。そして、五感を超えて、人のやさしさやかわいさを表す。さらに、抽象的な事柄へと広がる。この多義の意味を中心で束ねているのが、甘いという味覚である。甘い味覚に含まれる快い感覚は、物理と心理に共通だと感じられる。この点では、英語の sweet も日本語の「甘い」と似た意味の広がり方をする。

しかし、英語の sweet には、日本語とは違う点が見られた。味覚・嗅覚表現では、空気や水

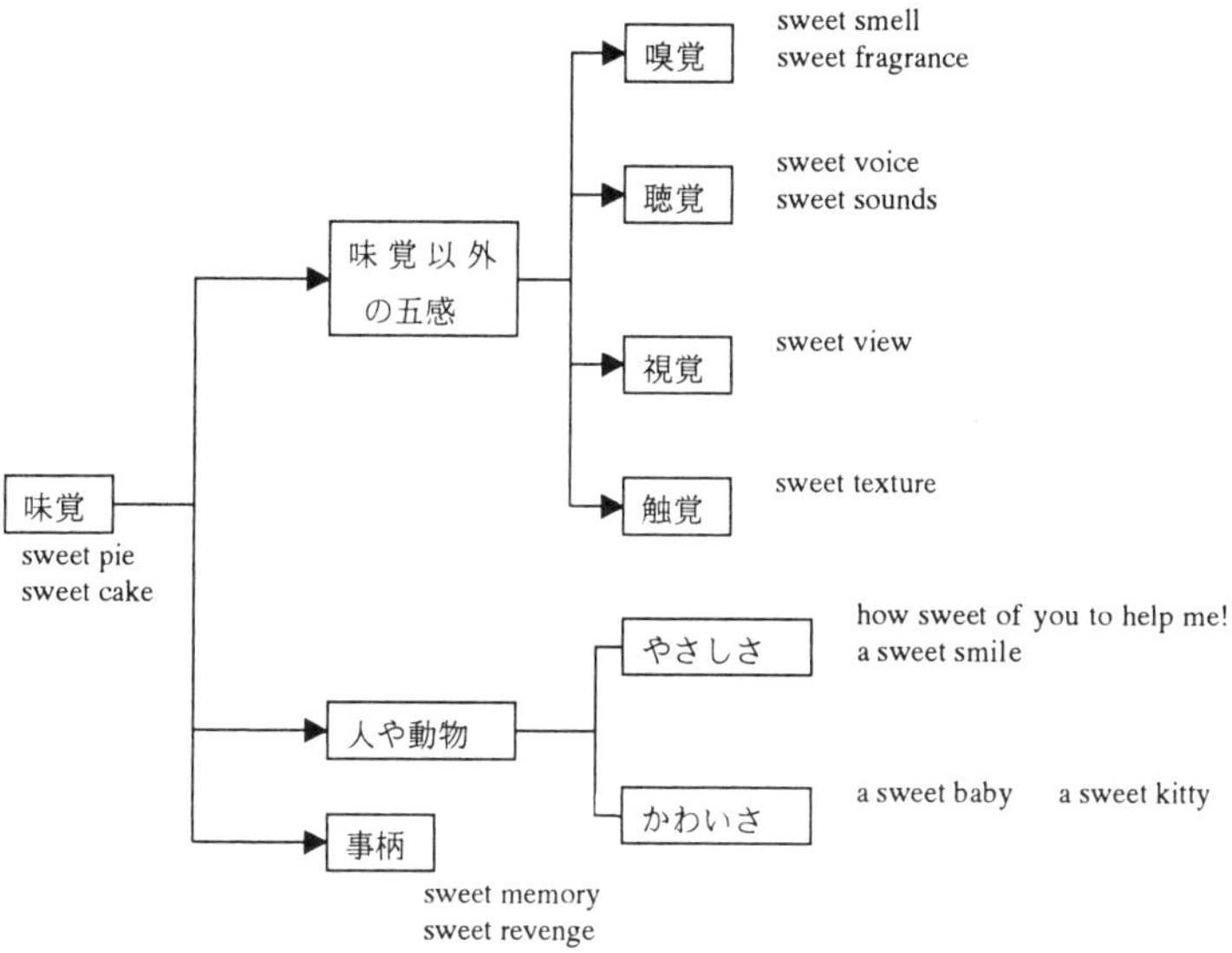

図4　sweet の多義構造

が「新鮮で汚れていない」という意味があった。これは、日本語にはあまり見られない。また英語では、my sweet のように、人に対する呼び掛け語としての用法がある。さらに、物事の進行の順調さやたやすさを表す sweet ship のような用法がある。これらのことから、プラス評価のみを表すという特徴をもつ英語の sweet は、日本語の「甘い」と比べて、プラス評価の意味範囲が広いといえるだろう。

五　「甘い」とスウィート
——味覚からの展望

「甘い」と sweet というふ

たつの多義語の意味を探った。全体的には、ともに、味覚表現をもとにして、共感覚表現としてほかの五感表現へと意味を拡大し、さらには、具体的な領域から抽象的な領域へと意味範囲を広げる、という類似した意味ネットワークを示す。これは、言語使用者である私たちが、同じ人間として身体の機能に大きな差がないこと、また身体を中心とした思考法にも大差がないためだと考えられる。

他方、ふたつのことばの相違点にも気づく。日本語には、「甘い声」や「甘い夢」のようにプラス評価を表す意味のほかに、「ネジが甘い」「甘い親」のようなマイナス評価を表す意味が見られた。このマイナス評価の意味は品詞を変え、さらに「甘える」「甘え」のように文化的に重要な意味を展開させる。それと比べて、英語の sweet は、マイナス評価を示す意味はもたない。意味は、すべてプラスである。では、なぜ英語には、プラス評価を示す意味のみが存在し、日本語には両方の評価を表す意味が存在するのだろうか。これは、いまのところわからない。今後の課題としたい。

八の皿　苦くてビター

一　大人の味

ビターという語は、いま巷にあふれている。

チョコ、クッキー、ゼリー、ジャム、コーヒー、ビールなど、ビターテイストを売り物にする商品は数えきれない。健康への関心の高まり、ダイエットブーム、多様な味覚嗜好、それに応えようとするメーカー側の商品開発などが絡みあう。いまやただ甘いだけでは物足りない。ビターは、すっかり日本語に定着した感がある。

では、ビターテイストとは、どんな味覚なのだろう。甘さをおさえ、苦味のきいた、ちょっぴり大人の味か。子ども相手ではなく、ビターな味わいは大人の男女を演出する味覚のようである。もちろん、この演出は、ビター一語にかぎらない。ダイエット、ライト、ドライ、ブラック、甘さひかえめ、微糖、無糖など、新しく市場を開拓するための生産者側の戦略がかいま見える。健康面へのアピール、商品の消費者年齢層を引き上げようとする意図が、ビターという語に込められる。

ビターは、「苦い」という味覚を表す英語 bitter にもとづく。ビターテイストは、bitter taste。この章では、bitter と「苦い」を比較しながら、それぞれの意味の広がりとそのネットワークを調べることにする。

二　bitter な味・苦い味

bitter は、「苦い」と対応する。苦味を表す点では共通である。苦味は、紀元前四世紀のアリストテレスから十九世紀前半まで、甘味・酸味・塩味とともに四基本味説の重要な一要素であった。一九〇八年に日本の化学者、池田菊苗がグルタミン酸ナトリウムを発見し、旨味も基本味に入った。

また、五味という表現からわかるように、日本には古くから味を甘さ、酸っぱさ、苦さ、塩辛さ、辛さの五種に分類する習慣がある。中国にも、日本と同様の五種の味覚分類がある。インドでは、この五味に渋味、淡味、不了味を加え、八味とする。人間にとって苦味は基本的な味覚である。

では、味覚を表す bitter と「苦い」がどのように使われるかを見よう。まず、bitter の例から。

○ Like us, cats are responsive to four basic tastes — sour, *bitter*, salt and sweet.（私たちと同じく、猫も四種の基本味 ― 酸味、苦味、塩味、甘味がわかる）

○ The medicine tasted *bitter* and the child spat it out.（その薬は苦い味がするので、子どもは吐

きだした）

○ **Black coffee leaves a *bitter* taste in the mouth.**（コーヒーのブラックは苦味を口に残す）

bitter が日本語の「苦い」とおおよそ対応することは、右の訳語からもわかる。日本語の例も見よう。

○良薬口に苦し

○ふきのとうの苦味が春を告げる

○鮎のわたの苦味は、また格別の風韻が口に美しく残る

（北大路魯山人『魯山人味道』）

生理学的には、苦味は毒物を示す信号である。赤ん坊も、顔をしかめて吐きだす。しかし、日本では昔から苦味を楽しむ習慣もある。右の鮎のわたやふきのとう、さらには、たらの芽、海鞘《ほや》、ゴーヤ（苦瓜）など、ほのかな苦味は食卓に季節感をただよわせ、味覚のアクセントとなる。

三　味覚を超えて

bitter と「苦い」は、味覚表現だが、それだけではない。興味深いことに、味覚以外の意味を表すとき、意味の広がりに重なる部分とズレる部分が生じる。

まず、共感覚表現と呼ばれる例を見よう。共感覚表現は、三の皿で見たように、五感の表現において、異なった感覚の間でことばを貸し借りする現象をいう。たとえば、「柔らかい音」は、「音」という聴覚表現が「柔らかい」という触覚表現を借りている。このような現象は、bitterと「苦い」にも見られる。

○ **bitter aroma/odour/smell**（苦い香り／臭い）
○ **bitter song/sound**（苦い曲／響き）

それぞれ、嗅覚表現と聴覚表現が、味覚表現 bitter を借りている。「苦い」の例も見よう。次例では、それぞれ、嗅覚表現と視覚表現が、味覚表現「苦い」を借りている。

○苦い香り／臭い
○苦味走った顔、苦い光景

このように、bitter と「苦い」は、味覚領域からほかの感覚領域に表現を貸す。この意味の拡張には、じつは、ふたつの認識プロセスが関わる。

まず、メタファー（隠喩）が一役かう。すなわち、たとえば、「人生」を「旅」を通して理解するように、類似関係にもとづいてある領域の事柄を別の領域の事柄にたとえる。人生とは何かと問うと、なかなかたしかな答えは得られないだろう。具体的だと思っていた人生は、毎日の生活がありありと実感できるだけであって、全体として抽象的な概念である。そこで、ひとつの方法として、「旅」にたとえる。旅にたとえることによって、私たちは、旅人となって人生行路を行き交うことになる。

同時に、メトニミー（換喩）も働く。メトニミーとは、たとえば、「茶髪」で「茶髪の人」を指すときのように、隣接関係にもとづいて指示をずらして伝える表現法である。右の「苦い香り」のような例では、「苦い食べ物」を口にしたときに感じる苦味が、香りに横すべりする。「苦い香り」は、苦い味を連想させる香りである。そして、この連想は、現実に鼻と舌とが世界のなかで隣接しているという事実にもとづく。「苦い香り」は、メタファーのはたらきよりもメトニミーのはたらきの方が大きいだろう。

さて、苦味は、毒物や危険物のシグナルである。実際、人に限らずすべての動物が、苦味を与える物質を避けるという。苦い物を口にすれば、誰もが不快なこころもちになる。このような経験により、ことばをもつ私たちは、bitter と「苦い」の双方にマイナスの価値を与える。

○ She smothered the *bitter* thoughts.（彼女はその苦い思いをかみ殺した）
○ Her childhood had left her with *bitter* memories of family life.（彼女の幼少期は家庭の苦い思い出を残した）
○ She learnt through *bitter* experience that he was not to be trusted.（彼が信用のおけない人物で

あることを、彼女は苦い経験から学んだ）

これらは、もはや物理的な刺激としての味覚を表さない。このような bitter と「苦い」は、「つらい」や「不愉快な」という意味特性をもつ。苦い物を口にしたときの「不快感」が、心理領域にまでおよぶ。これは、ことばの力の一端を示している。柔軟性といってもいいかもしれない。ある抽象的で理解しにくい領域を、具体的な領域のことばで理解する知的メカニズムが働く。これは、メタファーの重要な特徴である。右の例だと、味覚という物理領域のことばで、不快という心理領域を理解するわけである。

このような不快感を表す bitter と「苦い」は、日英語間で対応が密である。次のような例もある。

○ bitter comments（苦いコメント）、a bitter disappointment（苦い失望）、bitter humiliation（苦い屈辱）、bitter irony（苦い皮肉）、a bitter lesson（苦い教訓）、bitter reality（苦い現実）、bitter truth（苦い真実）

○苦い挫折、苦い幻滅、苦い体験、苦い目、苦い反省、苦い皮肉、苦い思想、苦いデビュー、苦い記憶、苦い結末、苦い勝利、苦い過去、苦い敗戦、苦い恋

しかし、英語の bitter は、たんなる「つらい、不愉快な」という不快感を超えて、「怒り、憎

悪」までも表す。さらに、心理領域を抜け出し「程度の強調」までも表す。この点では、もはや日本語の「苦い」とはぴったりと対応しない。すなわち、一見したところ、日英語で **bitter** と「苦い」とはほぼ完全に対応しそうだが、それぞれの意味範囲が異なる。結論を先に言うと、**bitter** の方が「苦い」よりもその守備範囲は広い。

では、**bitter** がもつ「怒り、憎悪」の意義を表す例を見よう。

○ **He's still very *bitter* about the way she treated him.**（彼は、彼に対する彼女の接し方にまだとても腹をたてている）

○ **He felt that no-one had supported him and he became *bitter* and twisted.**（彼は誰も自分を支持してくれなかったことに、怒りと不快感を覚えた）

○ **He is still *bitter* toward us about what happened.**（彼は、たまたま起きたことについていまだに私たちを憎んでいる）

むろん、これらの例に「苦い、苦々しい」という訳語を当てることも、文脈によっては可能だろう。たとえば、「腹を立てる」は「苦々しく思う」、「怒りを覚える」は「苦りきる」と表現できる。しかし、重要なのは、**bitter** が「苦い思い」を超えて「怒り、憎悪」までも表せる点である。また、この意味では、右の例の一番目に見られるように、「**be bitter about** + 事柄」というコロケーション（連語関係）がよく用いられる。つまり、「**be angry about** + 事柄」などと共通な連語パタンを示す。このことからも、bitter がたんなる不快感を超えた表現だとわかる。

つぎに、「程度の強調」を表す bitter を見よう。

○ bitter agony（激しい苦痛）、a bitter argument（激しい口論）、a bitter attack（激しい攻撃）、bitter hatred（激しい憎悪）、bitter trade war（激しい貿易戦争）、a bitter cold day（寒さが厳しい日）、a bitter winter weather（厳しい冬の気候）

これらの例は、「不快感」「憎悪」などの意味合いを残しながらも、より一般的な程度の激しさを表すことに力点を移している。おもしろいことに、最後の二例にあるように、bitter は気候の厳しさも表せる。この点は、日本語の「苦い」からかなり距離があるように感じられる。私たちは、寒さに苦味を感じることはないだろう。気候の厳しさを表す bitter を、もう少し例文で確認しよう。

○ It's really *bitter* out today.（きょう外は本当に寒い）
○ Winters were much more *bitter*, weren't they?（冬は以前もっと厳しくなかったですかねえ）
○ Outside, a *bitter* east wind was accompanied by flurries of snow.（外は冷たい東風が吹いて、ときより吹雪いた）

英語の bitter がとくに「寒さ」や「風」の厳しさと結びつくのは、イギリスの気候風土によるところが大きいだろう。イギリスで気候が厳しいといえば、寒さである。これが灼熱の国なら、暑さの厳しさと結びついていただろう。

ここまでの意味の広がりを整理しよう。bitter も「苦い」も、味覚の意味を中心とし、まず、そこから共感覚表現に展開する。さらに、心理領域に広がる。このあたりで日英語の意味の差がしだいに際立ってくる。「苦い」が「つらい」「不愉快な」という不快感にとどまるのに対し、bitter は、たんなる不快感を超えて憎しみの領域に入りこむ。苦痛を伴うような「気候の厳しさ」を表すのも、この系列につらなる。

では、心理領域を表す bitter と「苦い」の意味を、もう少し詳しく比較しよう。

○ **a bitter smile**（苦笑い）、**a bitter look**（苦々しい表情）、**bitter tears**（苦い涙）

a bitter smile（苦笑い）とは、どのような意味なのだろうか。「苦い」は、「つらそうな」「不愉快そうな」に近いだろう。では、どこに苦さがあるのか。どこかに苦さがあるからこそ、「苦い笑い」としての「苦笑い」が成りたつはずだ。苦さは経験そのものにある。経験そのものにあるというのが、やや不正確な言い方ならば、経験主体にあるといっていい。ある経験を通じて主体がメタファーとしての苦さを感じるとき、その経験は「苦い経験」となる。

しかし、これではまだ答えになっていない。「苦笑い」や「苦々しい表情」は、「苦い経験」

という プロセスを経た結果である。苦い経験が苦い表情を生む、という関係である。ここでは、「苦い」の修飾関係がプロセスから結果の方に移っている。これは、ずらして意味を伝えるというメトニミー（換喩）のパタンのひとつである。「苦笑い」「苦々しい表情」「苦い涙」では、メタファーとメトニミーが同時に働くと見るべきだろう。

では、次の例はどうだろうか。

○ bitter enemies（憎い敵）、a bitter rival（憎いライバル）、a bitter death（つらい死）

これは、先の「苦笑い」などとは逆のパタンである。つまり、bitter enemies（憎い敵）は「人に苦々しい思いを味あわせるような敵」ないし「人に苦々しい思いをさせる敵」という意味である。ここでも敵そのものが苦いのではなく、敵との戦いという経験プロセスが苦いのである。より正確には、敵と戦う経験主体がメタファーとしての苦さを感じる。この苦い体験の苦味が、ここでは苦味を生みだす原因（行為者、つまり敵）の方に修飾関係をずらせる。意味的にいえば、bitter（苦い）の意味が、プロセスの意味から原因の意味にずれる。ズレの方向が先ほどとは逆だが、これもメトニミーのパタンである。これは、日本語の「苦い」とは対応しづらい。「苦い敵」とは、ふつう言わないだろう。

bitter が関わる代表的なイディオムも、ふたつ見ておこう。

○ **Failure to become a lawyer was *a bitter pill* for him.**（弁護士になれなかったのは、彼にとって苦い薬だった）
○ **The guerrillas would fight *to the bitter end*, he said, in order to achieve their main goal.**（ゲリラは全員、自分たちの主目的を達成するためにとことん戦う、と彼は言った）

a bitter pill（苦い薬）は文字どおり解することはできない。「弁護士になれなかったこと」は、文字どおりに「苦い薬」ではない。これはメタファーである。抽象的な「つらい経験」を具体的な**a bitter pill**（苦い薬）で喩える。日本語でも、「失敗もいい薬になるだろう」の「薬」が、メタファーとして「苦い薬」に近い意味を表す。「辛酸をなめる」なら、より苦味がでる。これも、苦い経験について語る表現である。さらに、「苦虫を噛みつぶしたような表情」ならば、苦味がより直接に現れる。すべて、味覚のメタファーをベースにしているところがおもしろい。

to the bitter end は、「つらい最後まで」を意味する。たんなる「最後まで」の意味ではなく、その過程および結末に苦味、つまり苦難が感じられる場合をいう。「苦難の果てに」「とことん」といってもいい。究極的には、**the bitter end** は「つらい死」をも意味する。

ここまで、英語の **bitter** と日本語の「苦い」の意味の広がりを見てきた。広がりには、重なる部分と重ならない部分があることがわかった。「苦い」は、メタファーによる意味展開で「不快感」しか表せないのに、**bitter** は、メタファー展開が広範囲にわたり、「怒り、憎悪」「程度の強調」「気候の厳しさ」までも表せる。この違いはなぜか。また、心理領域からのメトニミー展開では、「苦い」はプロセスから結果に向かう（苦笑い）。これに対し、bitter は、プロセスから結果に向かうだけでなく、プロセスから原因にも向かうことがわかった。これはなぜか。「苦い」も bitter も、ともに苦味という不快な味覚を中心にするので、そこから展開する意味にマイナスの価値が加わることは共通の事実だろう。しかし、bitter の意味範囲のほうが広い。これには、なにか理由があるはずである。

そこで、bitter の語源を調べると、ヒントが得られる。bitter の語源は、bite（噛む、刺す）と関係するらしい。bitter という語の成りたちには、味覚の意味のほかに、いや、味覚そのものの意味にも「噛むような、刺すような」という意味特性が関係している。なにかに噛まれ、刺され、肌を切られるという攻撃的で不快な刺激のイメージが bitter にはあるようだ。このイメージが、bitter の「怒り、憎悪」「程度の強調」「気候の厳しさ」の意味ネットワークを統率する。現代の英語でも、たとえば、「身を切るような風」は、a bitter wind とも a biting wind ともいう。また、「辛辣な批判」は、a bitter criticism とも a biting criticism ともいう。

また、メトニミー展開でも、bite（噛む、刺す）のイメージが関係する。先に述べたように、比喩的な苦味は、プロセスの意味から結果または原因（行為者）へ横すべりする。これは、不快な刺激を受ける側がいれば、不快な刺激を与える側の存在も当然予想できるからである。このような意味展開は、英語ということばが、誰かが何かを引きおこし、その結果こうこうなったという、いわゆる他動詞構文を得意とすることと関係するのかもしれない。

他方、日本語の「苦い」は、味覚の要素のみが色濃く関係する。それ以外の要素は、比喩的な展開でも関わらないようである。「苦い恋の果実を口にし」「苦い経験を味わい」「苦い教訓をかみしめ」「苦い思いを飲み込み」「苦い記憶をはんすうする」などという。「苦い」は、明らかに味覚のメタファーに支配されている。すなわち、一般的に言えば、「経験は食べ物である」という認識が、日本語の「苦い」の比喩展開を規定する。この「経験は食べ物である」という見方（これを概念メタファーと呼ぶことがある）は、英語の **bitter** と重なる部分もあるが、**bitter** は、これを超えてなお意味が広がる。

「苦い」と **bitter** の意味のネットワーク（意味の広がりとその関係）を図示すれば、次頁のようになる。

四　スウィートとビター、甘いと苦い

ここまで、**bitter** と「苦い」を中心に見てきた。意味の中心部分では共通するが、**bitter** の方が意味範囲が広い。この節では、別な角度から日英比較をしよう。

問題は、次の点である。**bitter** は **sweet** の反意語だが、「苦い」は「甘い」の反意語ではない。辞典によれば、「甘い」の反意語は「からい」なのだ。これは、正しいだろうか。また、日英語間のこのギャップはなぜ生じるのか。

この問題を解くには、前章の「甘い」と **sweet** の比較が役だつ。英語の **sweet** は、プラスの価値しか帯びないのに対し、日本語の「甘い」はプラス・マイナス両方の価値がある。他方、**bitter** はマイナスの価値しかないので、英語では、**sweet** と **bitter** はほぼぴったりと対立関係にある。

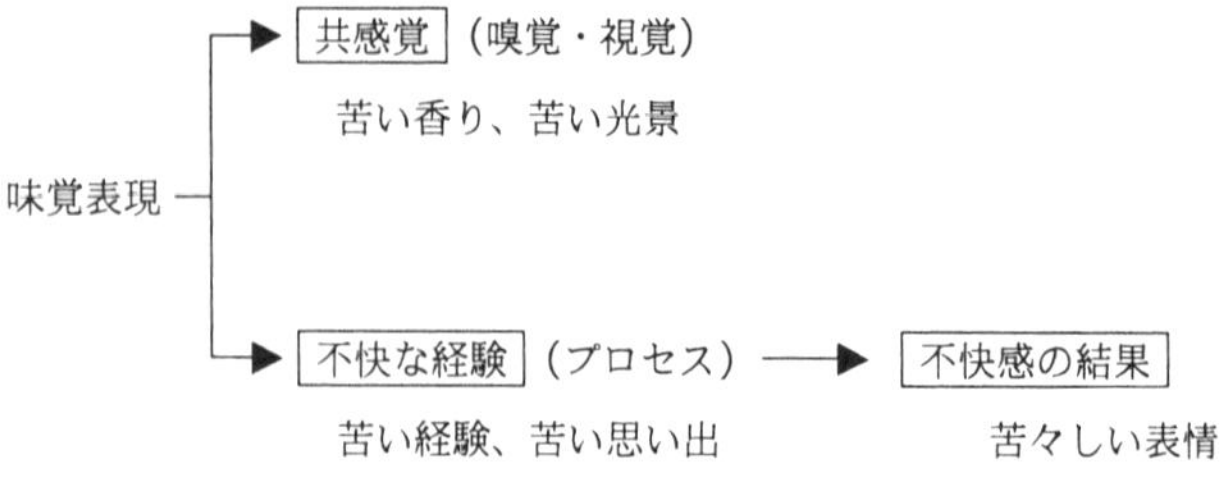

図5　「苦い」の意味ネットワーク

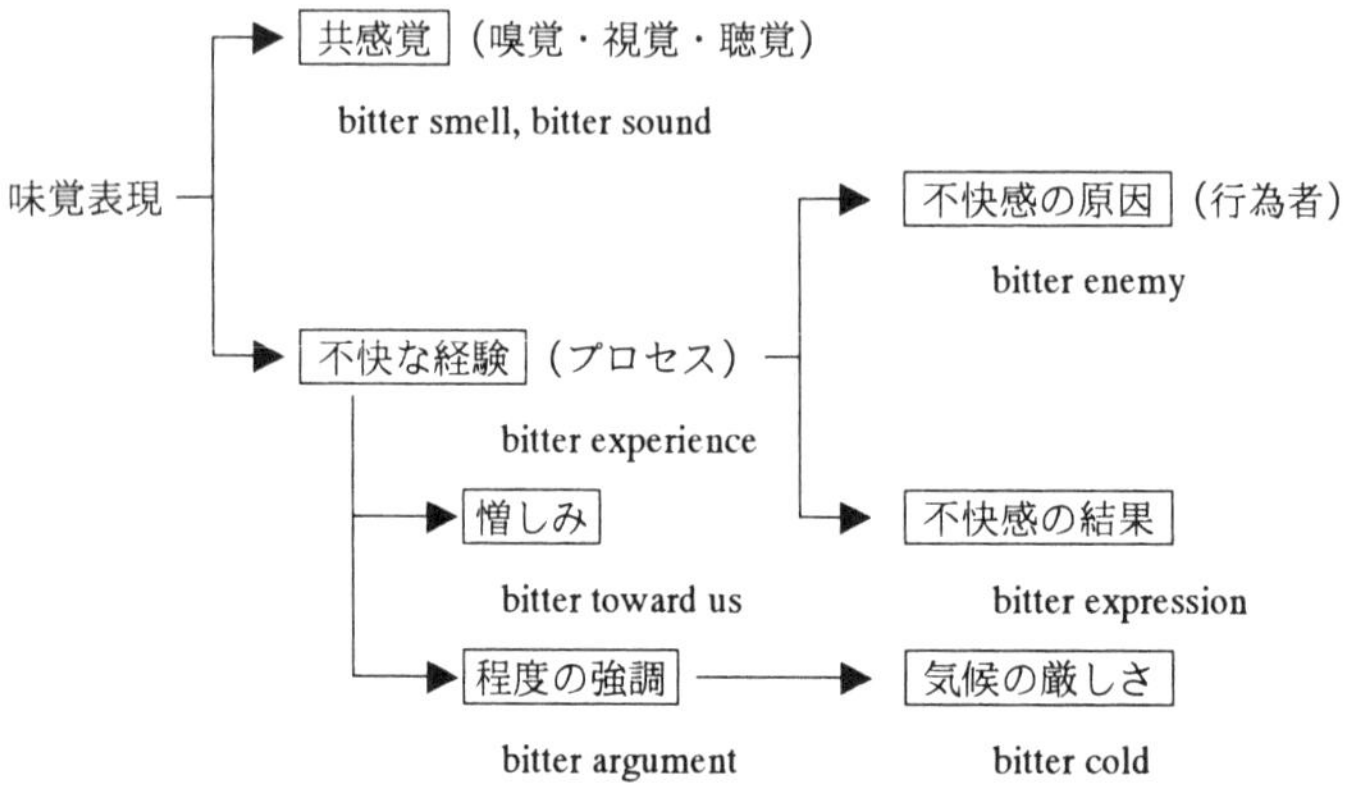

図6　bitter の意味ネットワーク

しかし、日本語の場合はもう少し複雑である。そこで、「甘い」の反意語を考えたい。

右に述べたように、「甘い」の反意語は「からい」のようなので、まず、「からい」の味覚的意味を見よう。

○わさびのからさが鼻につんときた
○インド風のからい料理に舌がひりひり

わさびやカレーのからさは「辛い」と表す。唐辛子、生姜、わさび、辛子、山椒、胡椒などの香辛料について、「舌や口を強く刺激する味」を意味する。ピリッとくる刺激が特徴である。「辛」の字は、もと取っ手のついた大きな針を意味した（白川静『字訓』）。これを入墨に用いた。ここから、あとで少し見るように、メタファーとして辛苦を意味するようになる。

○この味噌汁は少しからいよ
○この魚はなるべくからく煮ておいてください

漢字は「鹹い」。「鹹」の偏は塩を意味する。味噌汁、醤油、漬物、塩辛などの塩からい味である。塩気が足りない状態は「甘い」という。たとえば、「甘い味噌汁」。

○酒はから口にかぎる

○ワインはからい方が好みです

おもに酒について、「アルコール度が高く、甘みは少なくさっぱりとした味」をいうときにも、「からい」を使う。漢字は「辛」。「辛口」の酒の反対は「甘口」。

○それとその酸っぱさが鋭くてからいということが、体にいいんだという錯覚をいだかせることになる

○ぎっしりつまった身を多めにつまんで、甲羅の中のみそに絡め、ちょっとポン酢をたらして口に運ぶと、みその風味とポン酢のからさの中から、甘い身の美味しさが口の中に広がる

これも、「辛い」と表されるが、「酸味の強いさま」を意味する。ただ、いまでは、違和感を覚える人がいるかもしれない。が、平安時代の古辞書（『新撰字鏡』『類聚名義抄』）には、酸味を表す辛いがある。現代の一部の辞書にも酸味を表す辛いが認められている。

これら四種の「からい」は、英語でそれぞれ、**hot/spicy**（辛い）、**salty**（塩辛い）、**dry**（辛口の）、**sour**（酸っぱい）と使い分ける。これに対して、日本語の「からい」は、三種の味覚（辛味・塩味・酸味）とさらにアルコール度の高さをも表す。この点は、注目に値する。塩味には

「塩辛い、しょっぱい」、酸味には「酸っぱい、酸い」という語があるにもかかわらず、「からい」は相当広い味覚の範囲をカバーする。

さらに、「からい」は味覚の外にも広がる。この意味展開は、メタファーの力による。

○あの判定は辛すぎる

○なぜかあの自動車学校には、採点の辛い教官が多い

○げんに私が此の列車のため、ひどくからい目に遭はされた　（太宰治「列車」）

判定や採点が「辛い」のは、「評価の基準が厳しい」ことを示す。「評価の基準が厳しい」という意味は、ほかの味覚表現に見られず、「からい」にしかない。判定や採点の結果を知って苦い思いをすることはあっても、判定や採点そのものについて「苦い」とは言わない。また、逆の「評価の基準が厳しくない」状況は、「甘い」で表される。たとえば、「ジャッジが甘い」や「点数が甘い」など。「甘い」と「からい」が、ここでは対立関係にある。

「からい目」は「つらい目、苦しい目」という不快感を表す。この「からい」は、「苦い」に通じる。ともに、ある経験についての不快感を表す。この意味の「からい」と「つらい」、「にがい」と「くるしい」を並べれば、「辛」と「苦」の字が、味覚と経験の両方の領域で用いられることがわかる。たんなる偶然だとは思えない。ただし、不快な経験を表すとき、「からい」の頻度は低い。「つらい」がふつうだろう。「からい目」は、「からき目」という古語のイディオム

と関係する。
次に、「渋い」とその類義語「えぐい」を見よう。まず、味覚表現から。

○渋いお茶に顔がゆがんだ
○この赤ワインはちょっと渋い
○山菜を食べた後、のどがえぐい
○あくが抜けきってないせいか、このたけのこ少しえぐいね

柿やたけのこ、わらび、ぜんまい、こごみ、ふきなどの山菜、里芋の芋がらやずいきなどの渋味やえぐ味は、苦味と同じく、日本人の食生活にとけこんでいる。しかし、英米人はなじみがないので、「渋い」「えぐい」にぴったり対応する英語はない。bitterとするのが無難か。

次に、比喩用法を見よう。やはり、「苦い」や「からい」と同じく、渋味もえぐ味も不快感と結びつく。まず、「えぐい」から。例文からわかるように、「相当にひどい」というつよく不快な状況を表す。冷酷さもときに伴う。

○何か万千《まち》さんの事について、えぐい事でもお言いなしたのでしたかい
（鈴木三重吉『小鳥の巣』）
○乳製品や牛肉の偽装に続き、贈賄とは、日本を代表する大手三社が、まったくえぐい話

やで

つぎに、「渋い」の比喩を見よう。

○主人の顔は渋い　（夏目漱石『吾輩は猫である』）
○警部は、相かわらず、渋い顔をしたまま、電話機をとり上げ、一言二言しゃべったが、すぐ電話を切った　（小松左京「忘れろ…」）

「渋い」は、「不愉快そうな、不満そうな」表情を表す。ただ、「渋い」が身体的な不快感を表すとき、意味の範囲は、だいたい表情に限定されるようである。ただし、「渋い」は、身体的な意味を超えてさらに広がる。「えぐい」には見られない展開がある。

○湿気でふすまが渋くなった
○家に着いてしぶい表戸をあけた　（深田久彌『津軽の野づら』）

これは、「動きが滑らかでない」ことを表す。ふすまや戸がスーッと動く様は「なめらか」と表現する。味覚的な意味でも、渋い味は、けっして舌の上をなめらかに喉の奥に向かって進むものではない。むしろ、垂直に舌に突き刺さり、そこにひっこくとどまる不快な味である。と考えれば、ふすまや戸が「渋い」と表現される理由もある程度わかるだろう。

○たまに渋い客の座敷へでもでて三絃《さみせん》なしにうき世ばなしにでもなると

（假名垣魯文『牛店雑談 安愚楽鍋《あぐらなべ》』）

これは、「けちな」を意味する。西日本方言で、けちん坊を「しぶちん」という。渋いは、お金についての意味だけでなく、返事や態度についても使われる。返事や態度などが渋いとき、なかなか思うようにことが運ばない。ここにも、滑らかさとは反対の進行が感じられる。「渋い客」は、金離れが悪い。動詞「渋る」とも関係する。さらに、「交通渋滞」なども視野に入れて考えるべきだろう。

○渋い当たりのタイムリー

○ちょっと渋いマスクのタレントが登場する

（丸谷才一『笹まくら』）

この類はおもしろい。プラスの意味あいの「渋い」である。これらは、派手ではなく落ち着いた、経験のある人でないとだせない確かさを意味する。「渋い柄」や「渋いネクタイ」なども同じ。「甘い」を除くと、ほかの味覚表現にはほとんど見られないプラスの価値が認められる。ただ、わずかだが、「苦い」の複合表現には、プラスの意味を表す表現がある。「苦み走った男」

「苦味のきいた、渋い二枚目」など。

ここまで、前節の苦いに加え、からい、えぐい、渋いを順に見た。甘いの分析は前章に譲ると、五味で残すは、酸味と塩味だけである。このふたつをまとめて見よう。

○この夏みかん、すごく酸っぱい！
○あれ、この牛乳、酸っぱくなってる
○今日の味噌汁ちょっとしょっぱいよ
○しょっぱい漬物があれば、ご飯は何杯でもいける

酢、梅干し、レモンなどの酸味の表現には、「酸っぱい」「酸い」がある。また、味噌汁、醤油、漬物、塩辛などの塩味には、先に見た「からい」をはじめ、「しょっぱい」「塩辛い」がある。

次に、メタファーによる展開を見よう。

○実は神戸の新開地で常打ち芝居がある。そこへ一人欲しいので、コケ脅しに使うのですから、役者は酸ッぱくてもいいので　（長谷川伸「耳を掻きつつ」）
○馴染みでも無えのに、こんな酸い(すっぱい)内幕までぶちまけて談《はな》したのだ　（小栗風葉『恋慕ながし』）

○そんなしょっぱい顔をするな
○しょっぱいおやじがまた来た

ものは、古くなって腐れば酸っぱくなる。ここからメタファーに転じて、「盛んな時期を過ぎてだめになった」「都合が悪い」を表す。「しょっぱい」は、「渋い」と似た展開をする。不快な感じを表す。「しょっぱいおやじ」では、不快感が「けちな」に傾く。この点も、「渋い」に似る。

この節では、味覚表現のからい、渋い、えぐい、酸っぱい、しょっぱいを順に見た。これらに前節の苦いを合わせれば、甘い以外の五つの味を見たことになる。英語と同じく、日本語でも甘味にプラスの評価を、それ以外にマイナスの評価を与えるのは、人間が味覚に対してもつ一般的な特徴だといえる。しかし、日本語では、甘さにマイナスの評価を与えたり（考えが甘い）、渋さにプラスの評価を与えることもある（渋い俳優）。これは、英語にない特徴である。

また、「からい」が覆う意味領域の広さも、英語との対比で浮かぶ日本語の特徴である。味覚を表すとき、「からい」は辛いと塩辛いを含んで、ときには酸っぱいやアルコール度の強さをも表す。「辛い」「塩辛い」という味覚が日本で古くから重要なのは、例示した食材からも見当がつくだろう。

では、この節の冒頭の問いに答えるときである。設問はこうであった。

（一）bitter は sweet の反意語だが、「苦い」は「甘い」の反意語ではない。なぜか。

（二）日英語間のこのギャップはなぜ生じるのか。

（一）と（二）の問いが連続していることは、いまや明らかだろう。sweet と bitter の対義関係は、味覚表現のみならず、その比喩的な拡張表現においても、対立する正負の価値が反映される。日本語では、「甘い」に対する語は、「苦い」だけではない。むしろ、「からい」が大きな割合を占める。「からい」は、「舌や口を強く刺激する味」「塩気」「強いアルコール度」などを表す。比喩的に拡張された意味でも、「甘い」との緊密な対照を示す。これに、「渋い」ほかが加わる。日本語では、「甘い」の反対は、「からい」を中心として、「苦い」と「渋い」ほかが、互いに部分的に重なりあいながら、うまく意味の棲み分けをおこなっていると考えられる。

五　ことばは味を超える

この章では、bitter と「苦い」という苦味を表す語を見た。ともに味覚を出発点とし、共感覚から心理領域へ意味を広げる。食という日常生活に根ざす具体的な経験を基盤にして、抽象的な領域へ意味が拡張する。この方向性は、同じ肉体をもつ人間の普遍的な傾向といえるかもしれない。

と同時に、その言語に特有な意味の在り方も存在する。日英語間で、それぞれの語が覆う意味領域が微妙にもしくははっきりとズレる理由は、その語の成りたちに影響を与える歴史的・文化的な要因もあるが、苦いと辛いと渋いのように、ひとつのグループをなす語群の間の意味的な受けもち争いによるところも大きい。bitterと「苦い」を考えるだけで、味のみならず意味の世界がこれほどまでに広がる。ことばは味を超える、といえる。

箸休め（六）　食感が味を決める

食べ物が口に入った瞬間、私たちは食感を感じる。食べたときの感じを探すのである。この食感が、歯ごたえが味を決めるといっても言い過ぎではないように思えることがある。

こりこり、しゃきしゃき、さくさく、ぱりぱり、しっとり、歯ごたえがある、やわらかい、ふんわりしている、とろけるよう、という食感は、それが美味しいことを表す。美味しさは、そこまでは期待していなかったのに、うれしい誤算であったような場合の評価となって現れる。かたや、ぱさぱさ、湿気ている、硬い、歯ごたえがない、べっとりしているなどは、当然そうではないと思っていたのに、期待はずれであったという食感に遭遇したときに、美味しくないことを表す表現となる。

味を決める食感は、期待値を超えることはあっても、それを下回っては美味しいと感じられない。歯ごたえのあるはずのものは、少なくとも期待どおりの歯ごたえがないとだめであるし、ぱりぱりとするはずのものは、湿気ていては、味がどんなによくても敬遠されてしまう。味の評価は、期待値と現実の間で揺れ動いているのだ。

素材を決める舌触りは、切り方も関係してくる。包丁の切れ味はもちろんであるが、包丁の入れ方で素材の味が決まってくることがある。味は切り方で決まる。切り方で味が変わる。

トマトは、わが家では、櫛形に切るものと相場が決まっていた。めったに台所に立つことのない娘が食堂でアルバイトをしたことがあり、たまたま休みに家に帰ってきたときにトマトを切ったことがある。くし型ではなく、厚めのスライス方式であった。アルバイト先の店では、大きめのトマトをまず縦に二等分し、芯を取り除き、さらに七、八切れになるように厚めにスライスすると言う。ためにし食べると、櫛形切りよりもずっと美味しいことを発見した。とろりとした部分がほどよく果肉と混ざりあってバランスを保ちながら口の中で広がるのだ。それ以来、わが家のトマトが櫛型に切られることはなくなった。

　味噌汁の具にはさまざまのものが用いられるが、ナスもそのひとつである。私を育てたナスの味噌汁は、半分に縦割りしたナスを縦長に薄く切ったものだったが、家内を育てたナスの味噌汁は、半分に縦切りにしたナスをかまぼこの

厚切りのような形に切ったものだった。家内は、縦切りのナスではナスの味がしないと言うし、私は、縦切りのナスだからこそナスの味噌汁なのだ思う。

冷やし中華にはキュウリの細切りがつく。このキュウリをどう切るかも大問題である。適当な長さに切ったキュウリを薄く縦に短冊に切り、それをさらに細切りにするのがふつうではないかと思う。ところが、キュウリの断面が楕円になるように薄切りにして、それを縦長に細切りにするのがきれいだとある料理番組で聞いた。早速わが家でもやってみた。なるほどこう切ると、細切りの両端にキュウリの皮の緑がかならずつくことになり、白い身と色濃い緑が極めてバランスよく、きれいな仕上がりとなるのだ。外の緑の皮と白い身とが、特別のバランスをもってさくさくした歯触りを立ち上げる。同じキュウリのはずなのに、なんだか上等なキュウリを食べているような感じがする。切り方が変われば味も変わるのだ。味とは、なんとも不思議で奥が深い。■

九の皿　味ことばの擬音語・擬態語——食のオノマトペ

一　オノマトペも味のうち

この章では、味ことばの擬音語・擬態語、つまり食に関するオノマトペを取りあげよう。まず、味覚について次のような見方がある。

味覚の概念は、〔…〕狭義には味覚器官で受容される感覚をさし、広義には食べるという行為に参加する味覚以外の器官で受容される感覚を含む。（松本、一九八三）

味ないし味覚についてここでは、「味覚以外の器官で受容される感覚を含む」ものとする。つまり、食そのものだけでなく、「さまざまな感覚を複合したもの」（石毛、一九八三）ととらえる。するとオノマトペも、味ことばのなかに入ってくる。

酒をトクトクとつぐ音、パリパリと音をいわして塩センベイを食べるときのように、と

きとしては聴覚も味の評価にかかわってくる
（石毛、一九八三）

ここで挙げられている、トクトク、パリパリといった聴覚だけでなく、私たちは、ホカホカと湯気の立つ肉まんや（視覚）、わさびのツーンとした匂い（嗅覚）に食欲をそそられ、クッキーのサクサクとした歯触りやそうめんのツルツルした喉越しを楽しむ（触覚）。

このように私たちは、さまざまな感覚を動員して、食物を総合的に評価する。そこで、味ことばとしてのオノマトペについて、つぎの二点に注目したい。

（一）評価による分類
（二）感覚による分類

（一）については、プラス評価とマイナス評価がある。プラス評価を表すもの（〜していておいしい）には、サッパリやシットリなどが、そしてマイナス評価を表すもの（〜していてまずい）には、カスカスやパサパサなどがある。その食品にどんな属性が期待されるかにより、熱さがおいしさを表したり（アツアツのおでん）、冷たさがおいしさを表したり（ヒンヤリしたゼリー）する。各オノマトペが表す属性を評価基準にもとづいて整理したい。

（二）については、各オノマトペがどの感覚を表せるのか、そして「交差感覚的な融合効果」とは何か、という点をみる。たとえば、コリコリとしたアワビは、コリコリとした音（聴覚）、コリコリとした食感（触覚）を同時に表すだろう。この複数の感覚によって成り立つ複合感覚表現を、ことばの転用の動機づけをも含めて考えたい。

なお、食に関するオノマトペを扱った研究には、早川ほか（二〇〇〇）、井川（一九九二）、森（一九九五）などがあるが、それらは、次節でおこなうような評価と五感の属性にもとづく網羅的な分類ではない。

二　評価による分類

では、食に関するオノマトペを評価によって分類しよう。そのとき、評価は、各オノマトペが表す属性ごとに示すことにする。

プラス評価とマイナス評価を判断するための指標として、プラス評価は「〜していておいしい」、マイナス評価は「〜していてまずい」という枠を用いる。それぞれの枠が、問題なく当てはまるかどうかでプラスかマイナスをテストした。たとえば、「シットリ・サッパリしていておいしい」は、問題ない。これに対して、「カスカス・パサパサしていておいしい」は、受け入れがたい。また、「カスカス・パサパサしていてまずい」は受け入れられるが、「シットリ・サッパリしていてまずい」は、やはりヘンである。

食に関するオノマトペの属性は、五感にもとづく分類をおこなう。触覚に関しては、とくにテクスチャーに注目したい。そこで、テクスチャーとはなにかをまず見ておこう。

テクスチャーとは歯ごたえ、舌ざわりといった口腔内での物理的感覚を総称する語である〔…〕日本語ではテクスチャーの表現にバリバリ、カリカリ、ツルツルといった擬音語を使用することが圧倒的に多いのが特徴であるが、これらの語について主成分分析をした結果は、かたい―やわらかい、冷い―あたたかい、油っぽい―水っぽい、ゴム様―フレーク状、ふんわり―重い、ツルツル―粘っこい、バリバリ―粉々の8個の主要次元に還元された。

（松本、一九八三）

これに、早川ほか（二〇〇〇）、井川（一九九二）、森（一九九五）などを参考にして、オノマトペの属性にもとづく評価をまとめたものが表7である。（＋）はプラス評価（おいしさ）を表し、（－）はマイナス評価（まずさ）を表す。（　）内の項目は、どちらにも分類できないものである。

具体例を見る前に、少し注を加えておこう。

【触覚―温冷覚】に関わるグツグツ、コトコトなどは、正確には温かさを連想させる音である（後述）。【触覚―テクスチャー―歯応え】のグループは、「味ことば分類表」（二の皿）のテクスチャーに相当し、かつ擬音にも相当する（この点は次節で検討する）。しかし、ここでは歯ごたえで統一した。区分けの細かな点は「味ことば分類表」と少し異なるところがあるが、本質的な問題ではない。また、歯ごたえ、硬軟、舌触り・口当たりのカテゴリー間は、連続的であり明確に分けがたいが、ここでは便宜上区分した。なお【味覚表現―濃淡】のコックリとは、

「色合、つや、味、やわらかさなどが、ちょうどころあいで、具合がよい様子」（天沼、一九七四）をいう。

では、つぎに、具体例とともに確認しよう。まず、食品に対するプラス評価を表すオノマトペをまとめて挙げる。

〈食品に対するプラス評価を表すオノマトペ〉

アツアツ、アッサリ、カラッ・カラリ、カリカリ・カリッ、キーン、キラキラ、キリリ(ト)、グツグツ、コックリ、コッテリ、コトコト、コリコリ・コリッ、サクサク・サクッ・サックリ、ザクザク・ザックリ、サッパリ、サラサラ・サラッ・サラリ、シコシコ、シッカリ、シットリ、シミジミ、シャキシャキ・シャキット・シャッキリト、シャクシャク、シャリシャリ、ジュウジュウ、ジュルジュル、シュワシュワ、スースー・スーッ、スッキリ、スベスベ、タップリ、チュルチュル、ツルツル・ツルッ、ツ（ー）ン・ツンツン、ドッシリ(シタ)、トロトロ・トロッ（トシタ）・トロリ、パリパリ・バリバリ、ハンナリ、ピーン(ト)、ヒヤッ、ヒンヤリ、フウフウ、プチプチ・プチッ・プツプツ・プッツリ・プツン、フックラ(シタ)、プッチン・プリプリ・プリンプリン・プルプル・フルフル・プルンプルン、フワフワ・フワッ（トシタ）・フンワリ、ポキポキ、ホクホク・ホコホコ・ホッコリ、ホッカホカ（ノ）、ポカポカ、ボッテリ、ホッ（トスル）、ホノボノ（シタ）、ホヤホヤ、ポリポリ、ボリボリ、マッタリ(トシタ)、ムチムチ・ムッチリ・ムニュムニュ、モ

[ ]内は（−）	（＋）	[ ]内は（−）
	【触覚—テクスチャー—弾性】に関わるもの	
	プッチン、プリプリ、プリンプリン、	
	プルプル、フルフル、プルンプルン	
[シナシナ]	ムチムチ、ムッチリ、ムニュムニュ	
[ブヨブヨ]	モチモチ、モチッ、モッチリ	
	フックラ	
	フワフワ、フワッ、フンワリ	
(硬)	【味覚表現—濃淡】に関わるもの	
[カチカチ、ガチガチ]	(淡)	
[コチコチ]	アッサリ	
	サッパリ	
	スッキリ	
	(濃)	
[ゴリッ]	コックリ	[ギシギシ]
[ゴワゴワ]	コッテリ	[ギトギト]
[ゴツゴツ]	(ドッシリ)	[ゴテゴテ]
[ゴロゴロ]	(ボッテリ)	
[ザラザラ、ザラツイタ]	(コテコテ)	
	(ズッシリ、ズドーン(ト))	
	マッタリ	
	(モッタリ(トシタ))	
[ドロドロ、ドロリ]		
	【聴覚—擬音】に関わるもの	
	ジュルジュル（啜り音）	
	チュルチュル（啜り音）	
	ツルツル、ツルッ（啜り音）	
	(ズルズル)（啜り音）	
	シュワシュワ（泡立ち音）	
	【視覚—形—形態】に関わるもの	
[カサカサ、ガサガサ]	(パラパラ)	[バラバラ、バラケタ]
[カスカス]	(ポロポロ)	[クチャクチャ]
[スカスカ]	(ホロホロ)	
[パサパサ]		
[ボソボソ]	【その他】	
[モソモソ]	キラキラ	
	キリリト	
[グチャグチャ]	シッカリ	
[ジクジク]	シミジミ	
[ジメジメ]	スカッ	
[ダブダブ]	タップリ	
[ビショビショ]	ドンヨリ	
[ベシャベシャ]	ハンナリ	
[ベタベタ]	ピーント	
	プンプン	
	ホットスル	
	ホノボノ(シタ)	

評価による分類

（＋）	［　］内は（－）	（＋）
【触覚—温冷覚】に関わるもの		【触覚—テクスチャー—硬軟】に関わるもの
(温)		(軟)
アツアツ		(クニャクニャ、クニュクニュ)
ホッカホカ		(グニャグニャ、グンニャリ)
ポカポカ		ホヤホヤ
グツグツ		ヤンワリ
コトコト		(フニャフニャ)
ジュウジュウ		
フウフウ		
(冷)		【触覚—テクスチャー—舌ざわり、口当たり】に関わるもの
キーン		スベスベ
ヒンヤリ		(ツブツブ)
(ヒヤッ)		
【触覚—痛覚】に関わるもの		【触覚—テクスチャー—粘性】に関わるもの
(辛味的刺激)		トロトロ、トロッ、トロリ
(カッカ)	［チクチク］	(ニチャニチャ)
(チリチリ)		(ヌメヌメ)
(ヒリヒリ、ピリピリ、ピリッ)		(ネチネチ)
(鼻腔内の刺激)		(ネットリ、ネトネト)
スースー、スーッ		
ツ(ー)ン、ツンツン		
【触覚—テクスチャー—歯応え】に関わるもの		【触覚—テクスチャー—乾湿】に関わるもの
カラッ、カラリ	［ジャリジャリ、ジャリック］	(乾)
カリカリ		サラサラ、サラッ、サラリ
コリコリ、コリッ		ホクホク、ホコホコ、ホッコリ
サクサク、サクッ、サックリ		
ザクザク、ザックリ		
シコシコ		
シャキシャキ、シャキット、シャッキリト		(湿)
シャクシャク		シットリ
シャリシャリ		
パリパリ、バリバリ		
プチプチ、プチッ、プツプツ、プッツリ、プツン		
ポリポリ		
ポキポキ		
(ガリガリ)		
(キシキシ、キシッ、ギシギシ、ギチギチ)		

表7

チモチ・モチッ・モッチリ、ヤンワリ

これらのオノマトペを、用例とともに確認しよう。

最初は、温覚に関わるもの。温かさ・熱さを連想させるものから見よう。

○かりっと皮がくだけると、あつあつの具が口にひろがる　（天沼、一九七四）

○道ばたで買ったホカホカのタイ焼きを、かぷっと頬ばるときのウマさ　（中村、一九九五）

いずれも、たんに食品の温かさを表すだけでなく、おいしさという属性も表す。つまり、アツアツ（の具）・ホ（ッ）カホカ（のタイ焼き）には、食べるときに求められる十分な熱さが備わっている。このことに対する満足感が感じられる。ポ（ッ）カポカもこのタイプに分類できる。

ほかにも、音がその食品の熱さを連想させるものがある。

○三日間グツグツ煮込んだまさにホームメードカレー

○じっくりコトコト煮込んだスープ（商品名）

○じゅうじゅうと音をたてている焼きたてのビーフステーキ　（天沼、一九七四）

右のグツグツ、コトコト、ジュウジュウといった調理音を表すオノマトペもまた、その食品の温かさを連想させる。と同時に、おいしさも表すだろう。汁もの、スープ、ステーキといった食品には、ふつう十分に熱いという属性が期待されるからである。

つぎに、冷覚に関わるもの。ヒンヤリ、ヒヤッがある。

○ひんやり、つるっと喉ごしを楽しむ夏の麺。全国の麺どころから自信作をお届けします

○かき氷を敷いたガラスの容器、ひやっとした舌ざわりが涼味満点　（天沼、一九七四）

夏の麺、かき氷といった食品はふつう、冷たくてはじめておいしい。だから、冷たさを表すオノマトペも、熱さを表すオノマトペと同様に、十分冷たいことが食品に対する満足感、つまりプラス評価を表す。

淡泊さを表すアッサリ、サッパリも、やはりおいしいという属性をもつ。

○夏の風物、冷や麦は、手軽であっさりとしておいしい　（天沼、一九七四）

○フランスのブイヤベースに似ているのだが、サフランなどは使っていないので、さっぱりとしておいしかった　（中村、一九九五）

私たちは、冷や麦などの食品に対して、味の淡泊さを期待する。その欲求が満たされると、

おいしいという満足感をえる。スッキリもこれらと同タイプだろう。

次は、濃厚さ・油っぽさを表すオノマトペ。あっさりとは逆に、濃厚さが期待される場合がある。コックリとコッテリである。

○常備菜をこっくりと保存のきくように作るには、甘く感じないように作るのがひけつ（天沼、一九七四）

○わたしはまだまだビフテキだの、ステューだの、こってりした本格的洋食が旨いなあ（中村、一九九五）

マッタリも同タイプに分類できる。このように食品によっては、味の濃厚さが期待される。

つぎに、歯応えを表し、かつ、おいしさを表すオノマトペは数多い。まず、カラッ・カラリ・カリカリ、シコシコ、コリッを見よう。

○たらの芽は天ぷらが王者だろう。からっと揚がるとおいしい（中村、一九九五）

○「深大寺そばはしこしこしている」というのが通の評（天沼、一九七四）

○口にふくむとコリッとして「野菜です」という香ばしさが口の中にさっと広がる（中村、一九九五）

いずれも、ある程度のかたさをもつ食べ物に対する歯応えを表す。と同時に、その食品に対するプラス評価も表している。てんぷらや田舎そばといった食品には、ほどほどの歯応えとかたさが期待されるからであり、それが備わることで食品への満足感がえられる（おいしいと感じられる）。

さらに、サクサク・サクッ・サックリ（ザクザク、ザックリ）、プチプチ・プチッ・プッツ・プッツリ・プツン、カリッなどもまた、同タイプに属する。

○プチッとはじける豊かな旨み
○小麦全粒粉を使ってサクサクと香ばしい食感に焼き上げた
○アーモンドをシュガーコートし、カリッと香ばしくフライしました

これらのオノマトペはすべて、ある種の歯応え（食感）と歯切れ音、および咀嚼音（詳しくは後述）を表すとともに、その歯応えと音を好ましいと思う気持ち、すなわちその食品に対するプラス評価も表す。ポリポリ・ボリボリ、シャキシャキ・シャキット・シャッキリト・シャクシャク、シャリシャリ、パリパリ・バリバリ、ポキポキも同タイプに分類できる。

つぎは、弾性に関わるもの。ある種の弾性を表し、かつおいしさを表す例を見よう。

○鮮度のいいわたは黄色をしており、（…）ぷりぷりしてかたく、ダメなものはぐにゃっと

して柔らかい　（中村、一九九五）
○内釜全体が熱くなるので、お釜で炊いたようなふっくらごはんになります
○むちむちとしたきめの細かい白いはただの上に梅干じょうゆのたれをかけて食べるのである〔らっかせいどうふ〕（天沼、一九七四）

私たちはふつう、刺身などの海鮮物にはプリプリした歯応えを、ごはんにはフックラした属性を期待する。さらに、プッチン、プリプリ、プルプル、フルフル、プルンプルン、ムニュムニュ、モチモチ・モチッ・モッチリ、フワフワ・フワッ・フンワリといったオノマトペが挙げられる。

つぎに、乾湿のオノマトペ。ある種の乾燥感を表すホクホク、ホコホコ、ホッコリ、サラサラ・サラッ・サラリは、プラス評価を表す。
○男爵はホクホクした口当たりで、マッシュポテトやポテトコロッケ向き（中村、一九九五）
○香辛料がきいているし、油を使うわりにさらっとして夏向きのごちそう（天沼、一九七四）

他方、水気を含んだある食品をおいしいと評価するとき、私たちはシットリと表現する。
○まだおこげが半分ぱりぱりしているときがおいしいという人、スープをふくんでしっと

りしたのがいいという人
（天沼、一九七四）

粘性を表すものには何があるだろう。トロトロ・トロッ・トロリと、舌触りや口当たりを表すスベスベを続けて見よう。

〇本格焼酎、常圧蒸留酒で漬け込んだとろりとうまい梅酒原酒です

〇すべすべした口当たり、しっかりとしたボディ、落ち着きのある上質な全体像

ここでは、酒のとろみ（トロリ）あるいはワインの滑らかな口当たり（スベスベ）を、楽しみ、味わっている様が表れている。つまり、トロリ、スベスベには私たちの飲食物に対するプラス評価の気持ちが含まれるといえるだろう。

つぎに、音に関わるオノマトペに移ろう。おもに麺類を啜り上げる音を表すオノマトペには、ジュルジュル、チュルチュル、ツルツル・ツルッがある。

〇のどごしつるつるのおいしい生うどん！

ここでは、麺類などのおいしいものを、音とともにおいしそうに素早く口へ運ぶという場面が想定される。また、同じく音を表すものに、シュワシュワがある。気泡性の飲料物が有する

ある種の爽快感を表すので、プラスの評価である。

これに関連して、刺激に関わるオノマトペを見よう。カッカ、スースー・スーッ、ツ（ー）ン・ツンツンは、舌に対するある種の刺激を表す。

○ペパーミントの蜂蜜は、後味にすーっとミントの清涼感があって、なかなか美味しいものです

カレーやワサビなど、辛さが期待される食品に対してカッカ、ツーンが使われるとき、私たちはその刺激を心地良いと感じている。ミントのスーッとした刺激は、清涼感を伴う快感なのである。

要約すると、私たちがおいしいと感じる食品の属性とは、ときに十分に温かく、また冷たいものであること。また、味が非常に淡泊であったり濃厚であったりすること。とくに歯応えにはこだわり、乾燥感と湿り気もかなり評価に関わる。さらに、弾性や粘性も嗜好決定の重要な要素となる。

次に、食品に対するマイナス評価（まずさ）を表すオノマトペを整理しよう。

〈食品に対するマイナス評価を表すオノマトペ〉

カサカサ、ガサガサ、カスカス、カチカチ・ガチガチ、ギシギシ、ギトギト、グチャグチ

ヤ、ゴテゴテ、ゴリッ、ゴロゴロ、ゴワゴワ、ジクジク、シナシナ、ジメジメ、ジャリジャリ・ジャリック、スカスカ、ダブダブ、チクチク、ドロドロ・ドロリ、ドンヨリ（シタ）、パサパサ、バラバラ・バラケタ、ビショビショ、ブヨブヨ、プンプン、ベシャベシャ、ベタベタ、ボソボソ、モソモソ

では、プラス評価のときと同じく、具体例とともに確認していく。

まず、濃厚さ・油っぽさを表すオノマトペ。ギシギシとギトギトは、いずれも濃厚さ・油っぽさを表し、かつ期待されない属性を表す。

○北欧ではにしんはしこうに合った高級魚かもしれないが、〔…〕あぶらがぎしぎししていて、われわれ左党にはまったく　（天沼、一九七四）

○手羽の中からにじみ出るべとついた油のくどさも加わり、このカレーのギトギトは手のつけられない状態に

先にみたように、ある程度の油っこさをおいしいと感じるとき、私たちはコッテリを使う。しかし、油分が度を超すと、私たちはそれを不快に感じ、ギシギシ、ギトギトと表現する。このタイプのオノマトペは、ほかにゴテゴテ、ドンヨリがある。

つぎに、乾湿のオノマトペ。ある種の乾燥感を表すものには、カスカス、パサパサ、ボソボ

ソ、スカスカがある。

○こんなかすかすの大根を売るなんてひどい店だ　（天沼、一九七四）

○パサパサと口いっぱい拡がる古いパンを、むせるように飲みこんだ　（中村、一九九五）

これらカスカス（の大根）、パサパサ（のパン）に加え、ボソボソ（のごはん）、スカスカ（のグレープフルーツ）などは、いずれも、たんに乾燥感を表すだけでなく、各食品に対するマイナス評価を含む。どの食品にもある程度の水気が期待されているにもかかわらず、それが満たされないからである。カサカサ・ガサガサ、モソモソが同タイプとして挙げられる。

一方、プラス評価の湿り気を表すものとして、先にシットリを挙げたが、ビショビショ、ジクジクと比べよう。

○レンジでチンした後、そのままお弁当に詰めると、水分で衣がびしょびしょになります

○弱火だと野菜などからじくじく水気が出てきてしまう

ここでは、水気が多いことは期待されない属性である。ビショビショの衣、ジクジクの煮物はおいしくない。同タイプのものとして、ほかにベシャベシャ、ベタベタ、ジメジメ、グチャグチャ、ダブダブがある。いずれも好ましくないだろう。

歯応えについては、ある種の歯応えを表すジャリジャリ・ジャリックがある。先にみたプラス評価のサクサク、シャキシャキ、パリパリなどとは異なり、食品に対するマイナス評価、すなわちある種の不快感（まずさ）を表す。

○このしじみはじゃりじゃりしてとても食べられたものではない　（天沼、一九七四）

形状を表すオノマトペには、バラバラ・バラケタ、クチャクチャがあり、やはり評価は良くない。

○久しぶりのお米に感激して思わずお皿にたくさん取ったのだが、ご飯はくちゃくちゃで軟らかく、酢もミリンも入ってないから味気ないことこの上ない

クチャクチャやバラバラは、もっぱらマイナス評価を表す。ただし、クチャクチャについては、硬軟のグループに分類できる可能性もある。

刺激に関わるチクチクも、快感を伴う刺激であるスーッなどとは反対に、やはり不快感を表す。

○渋くて、口の中がちくちくする……やっぱり赤ワインは苦手かなぁ

ワインなどの味を表現するとき、「（口の中が）スーッとしておいしい」といっても、「（口の中が）チクチクしておいしい」とは言わない。

舌触り、口当たりを表すザラザラ、ゴツゴツはどうだろうか。用例を見よう。

○水はざらざらしておいしくない。最後に試飲させてもらった酒はまあまあ

○ていねいにしないと、口あたりがごつごつして味も悪い

（天沼、一九七四）

「口当たりがゴツゴツしておいしい」「ザラザラしておいしい」とは、やはり言わない。これらの表現もある種の不快感を表す。ほかに、ゴリッ、ゴロゴロ、ゴツゴツもマイナス評価を伴う。

つぎに、粘性のオノマトペ。先においしさを表す粘性としてトロリなどを挙げた。しかし、ドロドロ・ドロリははっきりマイナスに傾く。

○夕飯は、お米を煮てどろどろのスープ状態になったものが出てきた。その、どろどろのまずいことといったら、たとえようがない

「トロリとしておいしい」が問題ないのに対し、「ドロドロしておいしい」という表現はやや

受け入れがたい。ドロドロにも、ある種の不快感が含まれている。

最後に、硬軟を表すオノマトペで、かつ、まずさを表すものを見よう。まず、かたさを表すものには、カチカチ、ガチガチがある。

○すごい！　シナボン買ってこれたんですねぇ。東京に数店舗あるスターバックスコーヒーにシナモンロール二五〇円がありますが、味はなんとか似ているんですが、かちかちなんです

「（シナモンロールはシナボンに）味は似ているが、かちかちなんです」という表現から、カチカチが期待されない属性だとわかる。期待されないかたさを表すものはほかに、ガチガチがある。

柔らかさを表すものでは、シナシナがマイナス評価である。

○もやしを時間差で入れるのは、もやしのしゃきしゃき感を残したいから。野菜がしなしなしちゃうとおいしくありません

先にみた適度な柔らかさを表すヤンワリ、ホヤホヤなどとは異なり、シナシナはその柔らかさが好ましくない。では、同じく柔らかさを表すブヨブヨはどうだろうか。

○日本では大人気のカップヌードルも、アメリカ製のものはかなり期待はずれでございます。とにかく、麺が違う。ぶよぶよ

ブヨブヨもまた、不快感を示す。麺類にはふつう、ブヨブヨではなくシコシコした（ある程度の）かたさと歯応えが期待されるからである。

以上、マイナス評価をまとめると、濃厚さ、乾燥感と湿り気、歯応え、まとまりのなさといった形状についてのもの、そして刺激、舌触り、口当たり、粘性、硬さ・柔らかさのいずれの要素も、それが期待されない程度のとき、それを不快に思い、マイナス評価を下す。なかでも私たちは、乾燥感と湿り気に対して敏感なようだ。ここには、とくに多くのオノマトペが認められる。ほかに、硬さ・柔らかさ、舌触り、口当たりに関わるものも比較的多いといえるだろう。

では、つぎに評価についての第三の種類を考えよう。プラス評価とマイナス評価のどちらにも限定できないオノマトペである。

〈プラス評価とマイナス評価のどちらにも限定できないオノマトペ〉

カッカ、ガリガリ、キシキシ・キシッ・ギシギシ、ギチギチ、クニャクニャ・クニュクニュ、クチャクチャ、グニャグニャ・グンニャリ、コチコチ、ゴツゴツ、コテコテ、ゴロゴ

ロ、ザラザラ・ザラツイタ、ズッシリ、ズドーン（ト）、ズルズル、チリチリ、ツブツブ、ニチャニチャ、ヌメヌメ、ネチネチ、ネットリ・ネトネト、パラパラ、ヒリヒリ・ピリピリ・ピリッ、ヒヤッ、フニャフニャ、ホロホロ、ポロポロ、モッタリ（シタ）

これらも、用例と共に確認しよう。

まず、濃厚さに関わるものとしてコテコテを見よう。先に見た、もっぱらプラス評価を表すコッテリに対し、コテコテはプラスにもマイナスにも転じる。

○ケーキもマッドチョコレートっていうこてこてのチョコレートが一番おいしい
○そんなに砂糖をこてこてと入れたら甘たるくてしかたがないよ　（天沼、一九七四）

ズッシリも同様である。

○ガナッシュ・ショコラ　ガナッシュがたっぷり入った濃厚な味。ずっしりと、そしてしっとりしたお味が最高です
○中にはしゃくしゃくとしたココナツがたっぷりと。ぎゅっと詰まったそれは、ふかふかではなく、ずっしり…甘いものは好物だが、これは少しくどい

ほかに、ズドーン（ト）、ドッシリ、ボッテリ、モッタリ（シタ）が挙げられる。
つぎに、形状を表すポロポロも、プラス評価もマイナス評価も表せる。

○繊維素をたっぷり含んだ穀物の王様オートミール。小麦粉を入れていないので、ポロポロした口当たり

○養殖ものも最近はよくなったが、配合飼料を使っていた当時のうなぎは味はぱさぱさ。ぽろぽろ身が欠けちゃうんです（天沼、一九七四）

うなぎの例のようにマイナス評価を表すときもあるが、オートミールの例からも、ポロポロはそれ自体、とくに食品に対する評価を表さず、たんに細かい粒状の形状を意味すると考えられる。

刺激を表すヒリヒリ・ピリピリ・ピリッ、そしてチリチリも、それを好ましいと感じるか否かにより、プラスとマイナスの両方の意味を表す。

○このピリッとした味の冷たいスープを、夏のセビリアで毎夜のように楽しんだ（中村、一九九五、用例）

○舌がひりひりしたり胃がもたれるような辛いカレーは苦手です

歯触りを表すガリガリ、キシキシ・キシッ・ギシギシ・ギチギチもまた、文脈ぬきでは評価が定まらない。

○あさつきは〔…〕これにみそをつけてがりがり食べるが、強烈なにおいが（天沼、一九七四）

○「なんだ、これは！」とはき出したくなるまずさです。ガリガリしていて果物の水みずしさがない上に微妙な薬臭さが匂います

○白あえ、木の芽あえ、何を食べてもたけのこ自体がかまぼこのようにやわらかくて、かすかにきしっとした歯ごたえを残しているのだから、これは料理以前のものかもしれない（天沼、一九七四）

○最悪なことに、ペンネの湯で加減が間違っていてキシキシと固さがとっても残る出来となってしまった

ガリガリした果物とキシキシのペンネには、マイナス評価が感じられるが、がりがり食べるあさつきときしっとしたたけのこには、とくにマイナス評価もプラス評価も含意されない。

つぎに、ある種の舌触り、口当たりを表すツブツブは、次例からわかるように、好ましさを表すことが多い。

○つぶつぶアロエの不思議食感とキリッとさわやかライムのおいしさ
○じゃがいもは、あえてつぶつぶが残った状態でも歯触りが楽しめます

しかし、「あえて」つぶつぶが残った状態という表現からも、もっぱら好ましさを表すとは断定できない。やはり、評価は中立だろう。

では、音を表すズルズルはどうか。先にみたプラス評価を伴うツルツル、チュルチュルと比べよう。

○おいしいおそばをずるずる食べて、そのままここでお昼寝させてぇ〜、といいたくなるお店です
○あと音をたてて食べないこと。とくにラーメンなど日本式にずるずる音を立てると下品なんだそうです

そばの例からは、ツルツルと同じく、プラス評価がイメージされるかもしれない。しかしラーメンの例のように、マイナス評価が喚起されることもある。ズルズルもまた、もっぱら積極的にプラス評価を表すとはいえないようだ。

粘性を表すオノマトペの多くは、とくにプラス・マイナスを含意しない。ヌメヌメとネトッの例を見よう。

○弾力性があってぬめぬめしているから静かにそーっと包丁を入れたのではだめ
（天沼、一九七四）

○ねとっといえば里芋、酸っぱいとなると梅干しか浮かばない、自分の発想の貧しさがほとほと情けない
（中村、一九九五）

ニチャニチャ、ヌメヌメ、ネチネチ、ネットリ・ネトネトは、先にみたプラス評価を含むトロッ、トロリ、あるいはマイナス評価のドロドロ、ドロリとは異なり、どちらの評価にも限定されない。

つぎに、硬軟を表すクニャクニャ、クニュクニュ、グニャグニャ、グンニャリ、フニャフニャ。やはりどちらか一方には限定できず、中立的である。

○かばんの中からぐんにゃりしたオレンジ色の固まり（キムチ）を出した（中村、一九九五）

○今度は、水道の水で洗って、おけの水につけておくと、ふにゃふにゃにやわらかくなる
（天沼、一九七四）

これらのオノマトペから食品に対する評価はとくに感じらない。ただやわらかさのみを表すと考えられる。

では、ある種の形状を表すパラパラはどうだろうか。

○チャーハンは、強火で一気に炒めれば、ちゃんとパラパラに仕上がるよ

○合いびき肉一五〇グラムを〔…〕ぱらぱらにいり上げます　（天沼、一九七四）

チャーハンがパラパラしているのは好ましいことなので、プラス評価が感じられる。しかし、挽肉の例では、明確な評価が感じられない。つまり、パラパラはつねにプラス評価を表すわけではない。

このほか、形状を表すホロホロも、プラスにもマイナスにも限定されない。

○ゆでたえんどうに竹ひごを刺しているうちに、茶色の皮がはじけて中身がほろほろとこぼれ落ちてしまうことがよくあった　（天沼、一九七四）

以上、オノマトペそれ自体が担うプラス評価とマイナス評価、そしてそのどちらにも限定されないものの三種を、用例とともに見た。

では、これらのオノマトペは、実際にはどのように選択されるのだろうか。食そのものは同じであっても、選ばれるオノマトペが異なる――そのようなことはあるだろうか。この点を少し考えよう。

ラネカー（一九八八、二〇〇〇）は、construal（解釈）および imagery（イメージ化）という概念を提唱する。次の例を見よう。

○**He has few friends in high places.**

○**He has a few friends in high places.**

これらは、「同じ状況（地位のある友人を三人だけ持っているという状況）であるが、意味は異なる。直感的に言えば、few は否定的で、a few は肯定的である」（ラネカー、一九八八）。つまり、同一の状況が異なる意味としてとらえられることを示す。たとえば、グラスに半分水が入っているという客観的状況でも、それを half-empty（半分から）ととらえるか、half-full（半分入っている）ととらえるかで、異なる意味を伝える。これは、私たちが状況をある一定の視角から「解釈する」からである（ラネカー、二〇〇〇）。その違いが言語表現に反映される。

この「解釈」と「イメージ化」の観点から食に関するオノマトペをふり返ってみよう。まず、ギトギトとコッテリ。すでに述べたように、これらのオノマトペがともに表す客観的状況は、油分が多く味が濃厚であるさまである。

○朝っぱらからそんなぎとぎとした物はごめんだね　（天沼、一九七四）

○豚骨ラーメン五二〇円、こってりした味の好きな方におすすめです同じ状況をどう解釈するかによって、異なる言語表現をもつことになる。先に述べたように、たとえば豚骨ラーメンに対して、ギトギトは否定的、コッテリは肯定的に油分の多さ、濃厚さをとらえる。

同様に、モソモソとホクホクも、やわらかく、水分が少ないさまを表すが、意味は異なる。

○このふかし芋は、ほくほくとしていてほんとうにおいしい　（天沼、一九七四）

これを「このふかし芋は、もそもそとしていてほんとうにおいしい」とは言わない。モソモソは否定的、ホクホクは肯定的にその食品の属性を伝える。

同様に、ある程度のかたさがあるものについて、水分が無く乾燥したさまを、水分が足りないと判断して否定的に解釈するか、あるいはそれを良しとするかで、言語表現が異なる。

○弱火でゆっくりといためるのがパリパリした歯ざわりを残すこつのひとつ　（天沼、一九七四）

○ちょっとモソモソした表面で、さらに、中の生地もカサカサして、なんか喉乾きそう！

パイの生地などについて、水分の無さやかたさを肯定的にとらえればパリパリと、否定的にとらえればカサカサなどと表現することになる。

さらに例を見よう。先に水気が多いさまを表すものとしてベタベタとシットリを挙げた。

○新鮮なずわいがには毛がにと違ったおいしさがあり、酢につけて食べると舌にしっとりとしていくら食べてもあきないほどだ　（天沼、一九七四）

これを、たとえば、「酢につけて食べると舌にべたべたとしていくら食べてもあきないほどだ」とは言わない。ベタベタは水分の多さを否定的にとらえ、逆にシットリは肯定的にとらえることがわかる。

なお、水分・脂気などが抜けてまとまりのない状態は、つぎのように表される。

○本式のすし桶でやると、〔…〕まぜているうちに〔…〕まわりの木に湯気を吸い取られてゆくから、ぱらっとした御飯になる　（中村、一九九五）
○ごくごくとろ火で煮続けること。火が強すぎると、肉がぱさぱさになって、だしがらでしかなくなってしまう　（天沼、一九七四）

パサパサはその状況を否定的に表現し、そうでないパラッ・パラパラとは異なる意味をもつ。

では、個々のオノマトペと評価のプラスマイナスとの間に、なにか密接な関係はないだろうか。金田一（一九八八）〔浅野、一九八八〕は、「子音では g, z, d, b のような濁音は、鈍いもの、重いもの、大きいもの、汚いものを表し、一方、清音は、鋭いもの、軽いもの、小さいもの、美しいものを表す」と指摘する。この指摘は、おおよそ「清音はプラス評価を、そして濁音はマイナス評価を表す」とまとめられる。わかりやすい例は、トロトロ、トロリ、トロッとドロドロ、ドロリ、ドロッ、およびシャリシャリとジャリジャリの対立である。

○野菜が柔らかくなって、しかも噛むとシャリシャリ、ポリポリ音が出るだけの歯ざわりがあり（中村、一九九五）
○このしじみはじゃりじゃりしてとても食べられたものではない（天沼、一九七四）
○柔らかい！　信じられない、口の中でトロリととけて…これが本当に牛肉なの（中村、一九九五）

シャリシャリとジャリジャリは、同じく、舌ざわりが滑らかでなく、粗いさまを表すが、その状況をシャリシャリは肯定的、ジャリジャリは否定的に解釈する。また、最後の例を「口の中でドロリととけて（おいしい）」とすると、表現に矛盾が生じる。同じ状況に対して、トロッは肯定的、ドロッは否定的である。

以上、この節では食に関するオノマトペを評価により分類し、各オノマトペが表す属性による分類もあわせて行なった。

まとめとして、プラス評価を表すオノマトペは、マイナス評価を表すものの約二倍挙げられ、なかでも歯応えを表すものがもっとも多い（シコシコ、パリパリ、プチプチなど）。次いで、温冷を表すもの（アツアツ、ヒンヤリなど）、濃淡を表すもの（コッテリ、アッサリなど）が続く。これに対して、マイナス評価を表すものは、乾湿を表すもの（カサカサ、ジメジメなど）が目立つほかは、舌ざわり・口当たり（ゴワゴワ、ザラザラ）、硬軟（シナシナ、コチコチ）に多少認められる程度であり、全体としては少なめである。

三　感覚による分類——複合感覚表現

この節では、食に関するオノマトペを感覚によって分類する。次の表8は、実際の食の場面を想定し、各オノマトペが表せるすべての感覚を記述したものである。

この表8について、用例とともに検討していこう。まず、下準備として、比喩の下位分類を確かめたい。メタファー・メトニミー・シネクドキの三つがおもなものとして挙げられる。ここでは直接関わりのあるメタファーとメトニミーについて、次の籾山（二〇〇二）の定義に従いたい。

メタファー——ふたつの事物・概念の何らかの類似性に基づいて、一方の事物・概念を表す形式を用いて、他方の事物・概念を表すという比喩

メトニミー——ふたつの事物の外界における隣接性、さらに広くふたつの事物・概念の思

表8

オノマトペ	分類	食前			口に入れた瞬間	咀嚼中		咀嚼後	連想される食品名
		視覚	聴覚	嗅覚	触覚	味覚	聴覚	触覚	
アツアツ	触覚 (温覚)	湯気			温覚				うどん、おでん、鍋もの
アッサリ	味覚表現(濃淡)	濃淡				濃淡感			酢の物、浅漬け、吸い物
カサカサ ガサガサ	テ(乾湿) 聴覚(擬音)	乾湿			乾燥感	歯切れ	破砕音		パイ、クラッカー、コーンフレーク
カスカス	テ(乾湿)	乾湿				歯切れ 口当たり			麩菓子、おから
カチカチ ガチガチ	テ(硬軟)	硬軟			圧覚		破砕音		アイスキャンディー、飴、餅
カッカ	触覚(痛覚) 味覚表現(辛味)				痛覚	辛味			カレー、キムチ、唐辛子
カラッ カラリ	テ(歯応え)	乾湿			歯切れ		破砕音		唐揚げ、天ぷら、フライ
カリカリ カリッ ガリガリ	テ(歯応え) 聴覚(擬音)				歯応え		破砕音		かりんとう、煎餅、梅漬け 氷、氷砂糖、生姜甘酢漬
キーン	触覚(冷覚)	清涼感			痛覚(こめかみ)			喉越し	ビール、酒類
キシキシ ギシギシ ギチギチ	テ(歯応え) 聴覚(擬音)				歯触り	歯触り	咀嚼音		りんご、いんげん 生煮えのネギ、にら
ギトギト	味覚表現(濃淡)	濃淡			油っぽさ	濃淡感			鰻蒲焼き、豚角煮、揚げ物
(キラキラ)									

キリリ キリッ	味覚表現 その他	清涼感				ドライ感		喉越し	辛口の酒
クチャクチャ グチャグチャ	視覚（形態）	形態			歯応え		咀嚼音		砕けたクッキー、おかゆ
クニャクニャ クニュクニュ	テ（硬軟）	硬軟			歯応え		咀嚼音		軟骨
グツグツ	聴覚（擬音）	湯気	調理音		触覚（温覚）				鍋焼きうどん
グニャグニャ グンニャリ	テ（硬軟）	硬軟			歯応え		咀嚼音		コンニャク、グミ、鶏皮
コチコチ	テ（硬軟）	硬軟			歯応え		咀嚼音		堅焼きあられ、氷砂糖
ゴツゴツ	テ（舌触り）	平滑感			口当たり				堅焼きあられ
コックリ	味覚表現（濃淡）					濃淡感			野菜の煮物
コッテリ	味覚表現（濃淡）	濃淡			油っぽさ	濃淡感			豚角煮、豚骨スープ
コテコテ ゴテゴテ	味覚表現（濃淡）	濃淡			油っぽさ	濃淡感			お好み焼き、豚カツソース
コトコト	聴覚（擬音）	湯気	調理音		触覚（温覚）				スープ、煮込み料理
コリコリ コリッ ゴリッ ゴリゴリ	テ（歯応え） 聴覚（擬音）				歯応え		咀嚼音		アワビ、クラゲ 軟骨 ごぼう
ゴロゴロ	テ（口当たり）	硬軟			口当たり		咀嚼音		堅焼きあられ
ゴワゴワ	テ（口当たり）	硬軟			口当たり				煎餅、おかき
サクサク サクッ サックリ	テ（歯応え）聴覚（擬音）				歯切れ		破砕音		クッキー、パイ
ザクザク ザックリ	聴覚（擬音）				歯切れ		破砕音		粗挽きビスケット、冷凍ミカン
サッパリ	味覚表現（濃淡）	濃淡				濃淡感			キュウリの酢の物、サラダ

サラサラ	テ（乾湿）	濃淡				濃淡感	啜り音	喉越し	お茶漬け、雑炊、スープ
サラッ	テ（粘性） テ（乾湿）	粘性			舌触り	濃淡感		喉越し	雑炊、酒、スープ
サラリ	テ（粘性）	粘性			舌触り			喉越し	梅酒
ザラザラ ザラツイタ	テ（舌触り） 聴覚（擬音）	平滑感			舌触り				ざらめ、ヴィシソワーズ
ジクジク	テ（乾湿）	乾湿			舌触り				熟れすぎた果実
シコシコ	テ（歯応え）				歯応え				うどん、そば、冷麺
（シッカリ）									
シットリ	テ（乾湿）	乾湿			舌触り				カステラ、パウンドケーキ
シナシナ	テ（乾湿）	硬軟			歯応え				湿気た海苔、煎餅
（シミジミ）									
ジメジメ	テ（乾湿）	乾湿			舌触り				湿気た海苔、煎餅
シャキシャキ シャキットシタ シャッキリ シャクシャク	テ（歯応え） 聴覚（擬音）	硬軟			歯切れ		破砕音		レタス、千切りキャベツ 梨
シャリシャリ ジャリジャリ ジャリック	テ（歯応え） 聴覚（擬音）				歯応え		咀嚼音		かき氷、シャーベット、梨
ジュウジュウ	聴覚（擬音）	湯気	調理音		触覚（温覚）				焼肉
ジュルジュル	聴覚（擬音）						啜り音		（各人の好みであればとくに指定無し）
シュワシュワ	聴覚（擬音）	泡立ち	泡立ち音		口腔内の刺激			喉越し	ソーダ、ビール、シャンパン
スカスカ	テ（乾湿）	形態			口当たり	乾燥感		喉越し	麩菓子
スカッ	その他 味覚表現	清涼感			口腔内の刺激			喉越し	サイダー類

スースー	触性（痛覚）			薬香	痛覚（鼻奥）	辛味			ミント飴、ミントガム
スーッ	テ（粘性）				口当たり	濃淡感		喉越し	日本酒
スッキリ	味覚表現（濃淡）	透明感			口当たり	濃淡感		喉越し	吸い物、辛口の酒
ズッシリ ズドーン	味覚表現（濃淡）	濃淡			口当たり	濃淡感			豚骨ラーメン
スベスベ	テ（舌触り）	平滑感			舌触り				大福
ズルズル	聴覚（擬音）						啜り音	喉越し	そば、とろろ、うどん
（スンナリ）									
ダブダブ	テ（乾湿）	乾湿			口当たり	舌触り			汁気の多すぎる煮物
（タップリ）									
チクチク	触覚（痛覚）				痛覚（舌）	舌触り			いちじく、メロン
チュルチュル	聴覚（擬音）						啜り音	喉越し	カレーうどん
チリチリ	触覚（痛覚）				痛覚（舌）				唐辛子、サイダー類
ツブツブ	テ（舌触り）	粒状			舌触り				苺、数の子
ツルツル ツルッ	聴覚（擬音） テ（平滑感）	平滑感			舌触り		啜り音	喉越し	そうめん、うどん、そば
ツ（ー）ン ツンツン	触覚（痛覚）				痛覚（鼻奥）	辛味			わさび、辛子
ドッシリ	味覚表現（濃淡）	濃淡				濃淡感			カツ丼、スパゲッティーミートソース
トロトロ トロッ トロリ トロン	テ（粘性）	粘性			舌触り			喉越し	とろろ、温泉玉子、かゆ
ドロドロ ドロリ	テ（粘性）	粘性			舌触り			喉越し	カレー、かゆ、シチュー
ドンヨリ	視覚（形態）	透明度				澄濁感			スープ
ニチャニチャ ニチャッ	テ（粘性）	粘性			舌触り 歯応え		咀嚼音		キャラメル、ガム、納豆
ヌメ(ヌメ)（ッ）	テ（粘性）	粘性			舌触り 口当たり				ナメコ、納豆、モズク酢、揚げ茄子

ヌラヌラ ヌルヌル ヌルッ ヌルリ ヌメヌメ ヌメッ									
ネチネチ ネチャネチャ ネッチ(ャ)リ	テ（粘性）	粘性			舌触り 歯応え				キャラメル、ガム
ネットリ ネトネト ネバネバ	テ（粘性）	粘性			舌触り 口当たり				納豆、水飴、胡麻豆腐
パサパサ バサバサ	テ（乾湿）	乾湿			口当たり 乾燥感			喉越し	パン、鶏のささみ、焼き魚
パラパラ バラバラ バラケタ	視覚（形態）	形態			口当たり				炒り卵、鶏そぼろ、ピラフ
バリバリ	聴覚（擬音）				歯切れ		咀嚼音		厚焼き煎餅、あられ、レタス
パリパリ	聴覚（擬音） テ（乾湿）	乾湿			歯切れ		咀嚼音		薄焼き煎餅、ポテトチップス
(ハンナリ)									
ピーン	評価（直線的）				舌触り			喉越し	酒
ビショビショ ピチョピチョ ピチャピチャ	テ（乾湿）	乾湿			舌触り				水気の多すぎる芋・かぼちゃ、おじや
ヒリヒリ ピリピリ ピリッ ヒイヒイ	触覚（痛覚） 味覚表現（辛味）				痛覚（舌）	辛味			唐辛子、キムチ、カレー
ヒヤッ ヒンヤリ	触覚（冷覚）	清涼感			冷覚（舌）				アイスクリーム、かき氷

フウフウ	聴覚（擬音）	湯気			温覚		吹く音		うどん、ラーメン
フカフカ	テ（弾性）	弾性			口当たり 歯応え				パン、パウンドケーキ
プチプチ ブツブツ プッツリ プツン プツプツ	テ（歯応え）	粒状			歯切れ 舌触り	歯応え	咀嚼音		いくら、数の子、とびっこ
フックラ	テ（弾性）	硬軟 弾性			口当たり 歯応え				ごはん、中華まん、ケーキ
フニャフニャ	テ（硬軟）	硬軟			歯応え				マシュマロ、はんぺん、麩
ブヨブヨ	テ（硬軟）	硬軟			歯応え 口当たり				肉の脂身、鶏皮
プッチン プリプリ プリンプリン プルプル フルフル	テ（弾性）	弾性			歯応え 舌触り				プリン、ゼリー えび、刺身 プリン、ゼリー、ババロア
フワフワ フワッ フンワリ	テ（弾性）	乾湿			口当たり 歯応え				麩菓子、マシュマロ、パウンドケーキ
（プンプン）									
ベシャベシャ ベショベショ	テ（乾湿）	乾湿			舌触り				煮崩れた野菜、芋、かぼちゃ
ベタベタ	テ（粘性）	粘性			舌触り				麩菓子、水飴、だんご
ベッチャリ ベットリ	テ（乾湿）	乾湿			舌触り				煮崩れた野菜・芋・かぼちゃ、海苔の佃煮
ベトベト	テ（粘性）	粘性			舌触り				ジャム、キャラメル
ポキポキ	聴覚（擬音）				歯応え		歯切れ音		ポッキー、プリッツ

ホクホク ホコホコ ホッコリ	テ（乾湿） 触覚（温覚）	乾湿 湯気			口当たり				焼き芋、ベークドポテト、焼き芋
ボソボソ	テ（乾湿）				口当たり 乾燥感				ごはん、そば、おから
ホ(ッ)カホカ ポカポカ	触覚（温覚）	湯気			温覚				ごはん、焼き芋、中華まん
ボッテリ	味覚表現（濃淡）	重量感				濃淡感			お好み焼き
ホットスル	外部環境								肉じゃが、味噌汁
ホノボノシタ	外部環境								田舎料理
ホヤホヤ	テ（硬軟）	硬軟			歯触り				たけのこの穂先
ホロホロ	視覚（形態）	粒状							そら豆
ポリポリ ポリポリ	聴覚（擬音）				歯応え		歯切れ音		煎餅、たくあん
ポロポロ	視覚（形態）	弾性			口当たり				そぼろ、炒り卵、ピラフ
マッタリ	味覚表現					濃淡感			カスタードクリーム、ウニ
ムチムチ ムッチリ ムニュムニュ	テ（弾性）	弾性			歯応え 口当たり	歯応え			餅、だんご、ういろう
モゴモゴ モソモソ モッタリ	テ（乾湿）				乾燥感	口当たり			焼き芋、千切りキャベツ
モチモチ モチッ モッチリ	テ（弾性）	弾性			歯応え 口当たり	歯応え			パン、大福餅
ヤンワリ	テ（硬軟）	硬軟			口当たり				パウンドケーキ、カステラ

注：表中の「テ」は「テクスチャー」の略である。（　）内のものは、先行研究に挙げられているものの、表す意味が明確でないと判断されるものである。

考内、概念上の関連性に基づいて、一方の事物・概念を表す形式を用いて、他方の事物・概念を表すという比喩

つまり、メタファーは類似性にもとづいて意味が拡張し、メトニミーは「現実世界での隣接関係に基づ」いて意味が拡張する（瀬戸、一九八六）。メトニミーの隣接の仕方は、「ひとつは、空間的な隣接関係にもとづく類であり、主としてものとものとの物理的接触を特徴とする。他は、時間的な隣接関係にもとづく類であり、主に事態（原因）と事態（結果）との緊密な連続関係を特徴とする」（同）。

空間的隣接の例としては、たとえば「一升瓶を飲み干す」という表現が挙げられる。一升瓶は、びんそのものではなく、びんの中身の酒を指す（籾山、二〇〇二）。また、時間的隣接の例としては、たとえば「（お）手洗い」がある。これが用便（するところ）を表せるのは、用便と手を洗うことが時間的に連続して行なわれることにもとづく（籾山、二〇〇二）。そして、時間的に同時並行的に進行するものとしては、「教壇に立つ」という例がある。このメトニミーは、この表現でもって「授業をする」ことを意味する。

このようにメトニミーには、ふたつの出来事や事項が連続して、あるいは同時に行なわれたり生じたりすることにもとづくものがある。ここで取りあげるメトニミーは、多くは時間的隣接のうちの、とくに同時性にもとづくものに関わる。

〔触覚—視覚〕

まず、視覚的刺激を受けて触覚的経験を感じるという、触覚と視覚の複合感覚表現を見よう。はじめに、パラパラを取り上げる。

○器に移し、好みの量の肉味噌をまぶしながらいただきます。もし、肉味噌がパラパラして食べにくいなと感じたら、いったん火をいれます

ここでは、器の中の肉味噌に箸などで接触している場面が思い浮かぶ。このパラパラは触覚的経験を表すだろう。他方、次のパラパラは、「テレビで」という表現からも、接触を伴わない視覚的経験を表すと考えられる。

○テレビで「あらかじめ冷ご飯に溶き卵を混ぜてから炒める」というやり方が紹介されていました。確かにパラパラっと仕上がってるけど、どんなもんですかねー

しかし、厳密にいえば、ここでは視覚と触覚の両方の感覚が関わるだろう。つまり、視覚的刺激を受けて触覚的刺激を感じるという仕組みである。視覚的に見てパラパラした小さな粒の集合体は、触覚的にもパラパラした性質をもつことが多い。これは、私たちが経験することである。つまり、ある種の視覚的性質と触覚的性質が同時に生じることが多いという経験から、

このふたつの性質の同時性にもとづくメトニミー表現が成りたつ。触覚的にパラパラしたものが固有にもつ独特の形状から、それを目でとらえただけで（触らなくても）、触ったらパラパラしているだろうと推測される。

次のプリプリは、接触を伴わずに目でとらえていることから、視覚的経験を表すと考えられる。

○養鶏所にいき、かごいっぱい卵を買いに行っていましたが…きみが濃くて勿論新鮮でプリプリ盛り上がっていて、その美味しさは今でもわすれませんね

しかし、次に示すプリプリは、視覚的経験か触覚的経験か、どちらかに限定するのはむずかしい。視覚と触覚の感覚が相互に関わり合っている、と見るべきだろう。

○ギッシリと詰まった新鮮でプリプリのカニ身
○新鮮でプリプリしたヒラメのお造り

他方、従来の感覚論では、「視覚の触覚性」という見方がある（佐々木、一九八七）。これは、「見ることの深層に、対象を触覚的になぞる過程が潜んでいる」（コンディヤク、一九四八）という考え方である。この視覚の触覚性を視線の受け手が感じるさまは、たとえば、次のような例に

も現れる。

○煙が漂っているあいだ、わたしたちは互いの顔を眺めていた。東の目がわたしの顔に触れている

○突然、東の両目がひっくり返って白目になった。あっ、わたしは小さな叫び声をあげた。黒目は戻ったが、視線はない。〔…〕視線が伸びて、わたしの目に届いた

ここでは、「見るということは、手で触れて対象を知ること、すなわち触覚的な対象把握の『徴し（マーク）』にすぎない」というバークリー（一七〇九）の指摘がよく表れている。このような文学作品における、やや修辞性の高い表現のみならず、食感覚を表すオノマトペにも視覚の触覚性が確認できる。さらに例を見よう。

ネバネバは、先の区分では粘性に分類された。

○モロヘイヤのスープ。半月型の包丁で葉の形が無くなりネバネバするまで刻み、鳥や兎のスープに入れる

これは、包丁による接触が認められるので、たしかに触覚的経験を表す。が、ネバネバは、次のように視覚的経験も表せる。

○先日ＮＨＫの今日の料理で、梅肉エキスの作り方を放送していました。黒くネバネバするまで煮詰めていました

「ＮＨＫの放送」とあることからわかるように、ある種の形状を視覚でとらえている。つまり、見ている。ある種の粘り気のある触感を経験的に知っていることから、視覚表現が成りたつ例だといえるだろう。つまり、これらの表現もまた、触覚と視覚というふたつの性質の同時性にもとづくメトニミー表現だと考えられる。

さらに、フンワリでも同様の現象が観察される。

○ボールに室温にもどしたバターと砂糖半量を入れ、白っぽくフンワリするまで木べらですり混ぜます

たしかに木べラによる間接的な接触が認められるので、触覚的経験が関わっているといえる。が、次の例ではどうだろうか。

○勝利を収めたのは原西・宮川組。勝因は、原西さんのお得意料理である、うす味のスクランブルエッグ。なかなかふんわりしてて、おいしそうでした

これもテレビ番組についての感想であるが、このようにフンワリも視覚的経験を表せる。カリカリも見よう。

○バターをフライパンにとかし、アーモンドを加える。パン粉を加え、一分くらいカリカリになるまで炒める

さらに、ギトギトは、「口のまわりがギトギトになる」のように、触覚的経験を表すが、次例では視覚的表現が成りたっている。

○牛足とひよこ豆の煮込みは、見た目にもかなり油ギトギトです

同様に、視覚的印象により触覚的経験が想起されるオノマトペの例をいくつか追加しよう。

○〔焼肉屋のテーブルで〕このクニャクニャしたやつが内臓だよ
○〔オーブンの中をみて〕今日のスポンジはシットリ焼き上がった
○〔鍋の中をみて〕カボチャ煮も私が作るといつもこんな風にベタベタになってしまう
○この炊飯器のご飯、古くて、もうパサパサ

○このお餅、子供のほっぺたみたいにスベスベしていておいしそうだね
○〔店先で〕「ういろう」って、このムチムチ（モチモチ）したお菓子のことだよ
○このまま触らずに冷蔵庫で生地をねかせ、ネットリしてきたら取り出します

繰り返すが、たとえば、視覚的に煮崩れたカボチャ煮は、触覚的にベタベタしていることが多い。これは、私たちの日常的な経験である。ここに、視覚と触覚というふたつの感覚が同時に働く経験的基盤がある。ここから同時性にもとづくメトニミー表現が生じる。すなわち、触覚的にベタベタしたものが固有にもつ独特の形状から、それを視覚的に認知しただけで（触らなくても）、もし触ったらベタベタしているだろうという推測が成りたつ。

〔触覚—視覚—聴覚〕
つぎに、触覚—視覚—聴覚の複合感覚表現をみよう。サラサラというオノマトペは、聴覚的経験と視覚的経験の両方を表す。まず、聴覚的経験を確かめよう。

○水は、直接石に当たって「サラサラ」と高鳴る波長の音を出します

つぎに、触覚的経験を表す例。ここでも、サラサラと音を立てるものは、触覚的に乾いたものであることが多いところから、そういう状態を表せるようになる。

○仕上げ機から出てくる茶を指先でつまむと、さらさらした手触りが気持ちいい

さらに、サラサラは、次のように視覚的経験を表す。聴覚と触覚との連続性が強く感じられる。

○彼女は、すらっと背が高くて、肩までのさらさらした髪がとても奇麗

サラサラという音が鳴る性質のものは、触覚においてもサラサラしていた。そして、その聴覚および触覚での経験によって、視覚的経験においてもサラサラという表現が可能になる。つまり、サラサラにおいても、複数の性質の同時性にもとづくメトニミー表現が認められる。

では、食感覚を表すサラサラを見よう。

○お茶漬けをサラサラ食べる

このサラサラは、音（聴覚）を表すのか、素早くかき込む様子（視覚）を表すのか、あるいは舌触りや喉越し（触覚）を表すのか。どれかひとつに限定することはむずかしい。むしろ、複数の感覚領域を表すと解釈する方が良さそうだ。

プチプチもおもしろい。プチプチは、「プチプチのいくら」のように、ある種の口内感覚（触覚）を表す。しかし、触覚的経験だけでなく、視覚や聴覚的経験も同時に表せる。次例は、視覚的意味が顕著である。

○新米が美味しいこの季節、炊き立ての真っ白いご飯にプチプチの明太子をたっぷりのせて、はふはふとお召し上がりいただきたい

そして、次の「塩漬けにしたプチプチのいくら」では、口中感覚のみならず、噛み切ったときの音も想起しないだろうか。

○たらこ・塩数の子・塩いくらをセットにしました。一粒一粒ほぐして塩漬けにしたプチプチのいくら、スケソウダラの成熟卵を生のまま塩漬けにしたさらさらのたらこ、ニシンの卵を塩漬けにしたコリコリの数の子です

つまり、「プチプチ（のいくら）」という表現は、触覚的印象（噛み切ったときの食感）、そして視覚的印象（粒状のものが細かくぎっしり詰まっている様子）および聴覚的印象（噛み切ったときの音）のすべてを表すと考えられる。

次のツルツルも同様である。

○そうめんをツルツルと食べるのは、おいしさも格別で、「涼をとる」とはまさにこのことかも知れません

麺類を啜るときに生じるあの音のほかにも、ツルツルした表面の触覚的な感じ、さらには滑らかに光った視覚的印象も同時に想起されるのではないか。この背景には、食べるときにツルツルと音をたてる食べ物は、ツルツルした触感と表面をもつものが多いという私たちの経験がある。とすると、聴覚と触覚、そして視覚という三つの性質の同時性にもとづくメトニミーが関わっている可能性がある。つまり、たとえば、「ツルツルうまい冷やしうどん」という表現のツルツルは、聴覚（啜り上げる音）、触覚（滑らかな食感、喉ごし）、そして視覚（表面の滑らかで光った感じ、あるいは一気に啜り上げる様）のすべてを表現するのである。

では、シュワシュワとパリパリはどうだろうか。

○おいしいジン・リッキーの条件を挙げておこう。冷たい事。ジンの味がする事。タンサンがシュワシュワしている事

○ピンク色でパリパリしたお菓子みたいのを、その場で揚げてくれる

ここでも、音（聴覚）と食感（触覚）、そして見た目（視覚）が同時に想起される。シュワシ

ュワは、泡立ち音（聴覚）、口に含んだときのくすぐったいような舌触り、喉ごし（触覚）、そして細かい泡がたくさん立っている様子（視覚）の三つを表す。ほかに、パリパリは、歯切れ音（聴覚）、かたい食感（触覚）、そして見た目の乾燥感（視覚）のすべてを表す。

カチカチ、カリッでも確かめよう。やはり、聴覚、触覚、視覚的印象のすべてが関与する。

○この千歳飴、カチカチして（て）歯が立たないよ

○焦げ目がつく前に取り出し、周りを炙ると、中がジューシィーで外はカリッと仕上がる

同様のことは、シャキシャキ、シャリシャリでも確かめられる。

この節では、触覚―視覚―聴覚の複合感覚表現をみた。これは、三つの性質の同時性にもとづくメトニミー表現である。サラサラ、プチプチ、コリコリ、ツルツル、シュワシュワ、パリパリ、カチカチ、カリッ、シャキシャキ、シャリシャリといったオノマトペは、ある種の視覚的印象を表すと同時に、音と食感をも表すのである。

〔触覚―聴覚〕

つづいて、触覚―聴覚の連係を見よう。まず、サクサクとポキポキ。

○底から側面に少し立ち上がる形のパートシュクレはバター分多めで透明感があり、サク

サクのおいしさ

○音までおいしいポッキーです。2パックだから開けたてのポキッ！　ポキッ！　としたおいしさを2度楽しめます

「サクサクのおいしさ」「ポキッ！　ポキッ！　としたおいしさ」という表現を聞いたとき、私たちはその歯切れ音や破砕音とともに、食べたときの食感も想起するのではないだろうか。

続けて例を見よう。オノマトペはキシキシ。

○色は、とても濃い紫。香りは、ラズベリー。歯がキシキシするほどタンニンが強いですが、厚みのある味わいなので、全然気にならずに美味しく飲めます

歯がキシキシするとき、音と感触を同時に体験することが多い。この経験によって、私たちは聴覚と触覚を同時に想起することになる。次に示すコリコリも同様である。

○私のおすすめはいかのげそ揚げ。活スルメイカのげそなので、コリコリしておいしいんですよ

「コリコリしておいしい」のは、食したときの音（聴覚）だけでなく、歯応え（触覚）も同

時に表すからだろう。次のカサカサも同タイプに分類できる。

○ちょっとモソモソした表面で、さらに、中の生地もカサカサして、なんか喉乾きそう！

カサカサが表す感覚経験は、乾燥感（触覚）と破砕音（聴覚）の両方である。この点について、次のような指摘がある。

「カサカサ（と）」と「カサカサに」とは、〈ある種の感じを持った音〉と〈水分の無い状態〉というずいぶん違った意味分野に属するものになっている。しかし、単に同音であるにすぎないものだとも感じられない。

（西尾、一九八三）

さらに、カサカサの意味ネットワークについてふたつの解釈が示される。

A　カサカサの音感自身に乾いた感じがあってその類似性が橋渡しになったという「共感覚」的な解釈

B　カサカサと音を立てるような物が、水気を失って乾いた状態のものであることが多いところからそういう状態をあらわすものへと意味が転じる「近接性」にもとづく「換喩的な転用」という解釈

（西尾、一九八三より要約）

私は、西尾のBの解釈を支持する。サクサク、ポキポキ、コリコリ、キシキシ、カサカサでは、音と食感とが同時に生じている。これらは、聴覚と触覚というふたつの感覚の同時性にもとづくメトニミー表現だと考えられるからである。

〔嗅覚―味覚、味覚―触覚〕

次に、嗅覚―味覚、味覚―触覚を同時に表す表現を見ていく。まず、用例から。

○ミントのあのスースーした味の強弱は、ミントの種類がちがうからではありません

「スースーした味」には、嗅覚―味覚という複数の感覚経験が同時に関わるようである。しかし、これは、鼻と口というふたつの器官の近接性にもとづく。次のツンツンも同様である。

○からし明太子だと、からみがツンとして、それはそれでおもしろい味です

「ツンとした味」という嗅覚―味覚の複合感覚表現は、ワサビや辛子などの刺激物を口にしたとき、鼻の奥と舌の両方に刺激を感じるからだ。この点について小森（一九九三）は、次のように指摘する。

味覚との組みあわせは「甘い香り」「酸っぱいにおい」などの表現が可能である。このパタンはこれまでメタファーのなかでの共感覚表現としてあつかわれてきたものであるが、人間の身体の構造上、鼻と口はつながっていて物理的にたいへん近い位置にある。したがって、少なくとも意味関係における類似性というよりは、現実のなかの隣接性によって結びついていると捉えたほうがよいのではないか。〔…〕その意味で、これは換喩にもとづいた表現とみることができる。

ここで指摘されている甘い、酸っぱいといった形容詞以外にも、先に見たスースー、ツンといったオノマトペでも鼻と口との近接性にもとづくメトニミーが働くと考えられる。では、ヒリヒリではどうか。

○スパイスをきかせた料理にも、デビルということばがしばしば使われます。で、これが食べられないくらいにヒリヒリしているのかと思うとそれほどでもない。それどころか、ピリッとひきしまった味で、最高においしいではありませんか

ヒリヒリ、ピリッのほかにカッカも同様だが、これらのオノマトペは味（味覚）と痛覚（触覚）のふたつの感覚経験を表すと考えられる。

これらの例から、味覚的刺激・嗅覚的刺激・触覚的刺激の三つは、そもそも明確に分けられないのではないか、という疑問が生じる。が、ここでは便宜上、舌ならば味覚、鼻ならば嗅覚、それ以外の皮膚感覚ならば触覚というように、刺激を感知する器官によって感覚を区分し、それらの相互作用を検討した。

〔視覚—聴覚〕

視覚—聴覚の複合感覚表現については、ズルズルひとつを見よう。麺類などを素早く啜り上げるさまを表すズルズルは、聴覚が顕著な場合と視覚が顕著な場合がある。この順に例をあげる。

○なぜ日本人はクチャクチャ、ズルズル食べるの？
○オジサン達に混じってカウンターに並び、ズルズル食べるなんて、そんな恥ずかしいこと出来ない、と思っていました

しかし、ズルズルが表す意味は、聴覚（啜り音）のみ、あるいは視覚（箸を使って麺を素早く口へ運ぶ様子）のみではなく、むしろ聴覚と視覚の両方を表すと考えられる。これは、素早く啜り上げるとき、ズルズルという啜り音が立つ。つまり、動作と音とが同時に生じることが多いということにもとづくメトニミー表現だと考えられる。

〔視覚―味覚〕

最後に、視覚―味覚の複合感覚表現を見よう。コッテリというオノマトペは、次に示すように味を表す。

○イタリアンっていうと、こってりとしたメニューを想像しちゃうけど、ここの料理は意外とあっさり味

コッテリが味（覚）を表すとき、イタリア料理や豚骨ラーメンなどの油分の多い濃厚な味を指す。次の化粧水の例は、コッテリがある種の感触（触覚）を表す場合である。

○エクセレントローション、乾燥が気になる時に使ってます。こってりとした感触

ただし、次例では、見た目と味とが同時に想起されそうに思える。

○お肉の脂がコッテリした仔羊や牛肉

○とてもコッテリした生クリームで、食感も硬めな感じで、バター風味の強い生クリームです

さらにコッテリと近い意味をもつコテコテにも、視覚と味覚の両方の意味が感じられる。

○「一蘭のラーメンはうまいよ。先生はスープは濃くして、ニンニクは大盛にしてコテコテにして食べるね。」という話を聞きました

「ニンニクを大盛りにし、コテコテにする」という表現には、見た目のこってり感と味の濃厚さという、視覚と味覚の両方の意味が含まれるだろう。この触覚と味覚、そして視覚の意味の間の関係もやはり、味覚・触覚的にコッテリしているもの（油分が多く濃厚なもの）はふつう、ある種の視覚的特徴を有することが多いという、私たちの経験を踏まえている。ここにも、性質の同時性にもとづくメトニミーが認められる。

他方、視覚を表す意味には、ほかにも幾つかのタイプがある。

○情熱の国スペインの人らしくこってりとした顔をしておいでです

目鼻立ちのはっきりした、いわゆる彫りの深い顔を指すのだろう。また、次はフィルムの色を表現した例であるが、このように濃厚な色を表すこともある。

○DC50ZOOMのこってりとした色、階調は独特の味がある

また、同じく視覚的意味でも、次のような例もある。

○クロロフィル美顔教室でクリームを毎日こってり塗る生活を続けたら、脂性肌が普通肌を通り越して、今や乾燥肌に

これらの視覚的意味については、いずれも味覚や触覚における〈濃厚さ〉と類似性が感じられる。したがってコッテリの視覚的意味については、部分的にメタファーにもとづくものが認められる可能性もある。

以上、三節では、食に関するオノマトペを感覚により分類整理した。最後に、オノマトペの複合感覚表現と「二次的活性化」(secondary activation)と呼ばれる現象などとの関わりを、少し検討しておきたい。「二次的活性化」は、ラネカー（一九八八）の用語である。

すでに述べたように、たとえばサクサクというオノマトペが用いられる対象は、実際にサクサクという音をたて、かつ、水気を失って乾いた状態であることが多い。これは、私たちの日常の経験であった。サクサクは、この複合的な性質の同時性にもとづくメトニミー表現だと考えた。つまり、聴覚的意味と触覚的意味がともに生きている、ということである。ここで問題なのは、この複数（の感覚の）イメージが同時に存在し、結果として新しい意味が生じるとい

う現象が、果たしてオノマトペ固有のものなのかどうか、という点である。

佐藤（一九九二）は、隠喩（メタファー）の考察のなかで、「あの隠密め」と言うべきところを「あの犬め」と言い換えた場合を引いて、次のように分析している。

> 隠喩においては、使われた語句の本来の意味と臨時の意味の両方が生きていて二重うつしになり、そこに《犬である隠密》という多義的な新しい意味が出現するに違いない。そうでなければ、わざわざ言いかえるにはおよぶまい。

隠密を犬と言い換えたメタファー表現でも、本来の意味と転用された先の新しい意味が同時に生きて、その結果、多義的な新しい意味が出現するということである。ならば、従来、おもにメタファー研究で指摘されてきた二次的活性化などの現象は、先にみたオノマトペが表す交差感覚的な融合効果と、本質的には何ら変わらないといえる。

四　味ことばのなかのオノマトペ

この章をふり返って、要点をまとめよう。

第一に、前節までの結果を「味ことば分類表」と照らし合わせると、次のようになる。食感覚に関するオノマトペは、おおよそ味ことば分類表の共感覚表現と味覚表現のふたつに大別され、さらに共感覚表現のなかでは四つに分類できる。表9を見ていただきたい。

表9

1　共感覚表現
　A．複合感覚　A-1.「触覚－視覚」
　　　　　　　　A-2.「触覚－視覚－聴覚」
　　　　　　　　A-3.「触覚－聴覚」
　　　　　　　　A-4.「嗅覚－味覚」「味覚－触覚」
　　　　　　　　A-5.「視覚－聴覚」
　　　　　　　　A-6.「視覚－味覚」
　B．触覚　温覚－アツアツ…
　　　　　　冷覚－キーン…
　　　　　　痛覚－チリチリ，ツーン…
　　　　　　テクスチャ――硬軟－シナシナ…
　　　　　　　　　　　　　乾湿－ジメジメ…
　　　　　　　　　　　　　粘性－ネットリ…
　　　　　　　　　　　　　（歯応え－サクサク…）
　　　　　　　　　　　　　（弾性－ムチムチ…）
　　　　　　　　　　　　　舌触り－スベスベ…
　C．聴覚（擬音）：グツグツ…
　D．視覚（形態）：バラバラ…

2　味覚表現（濃淡）：アッサリ，サッパリ，スッキリ，マッタリ，
　　　　　　　　　　コックリ

図7

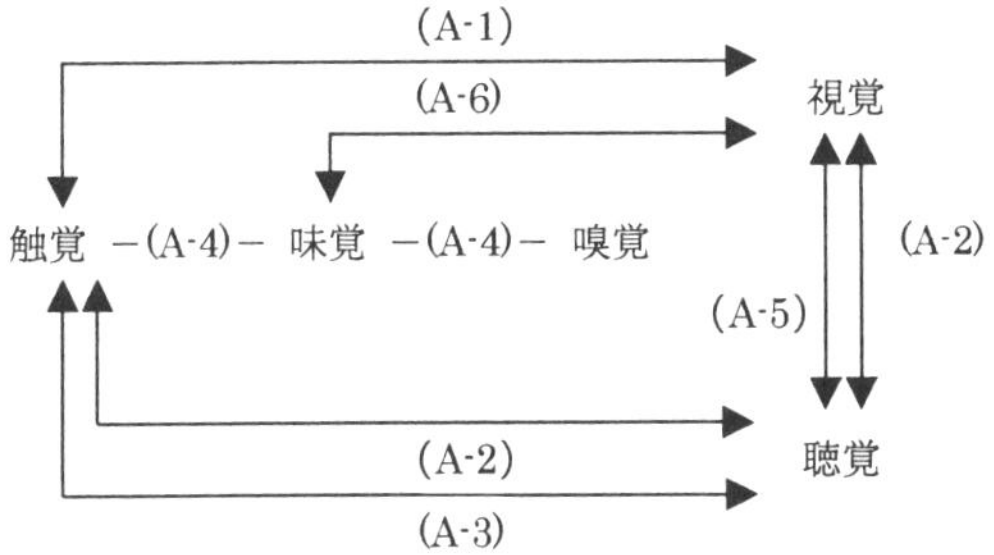

第二に、二節の結果から、日本語の食に関するオノマトペは歯応えを表し、かつ食品に対するプラス評価を表すものがもっとも多く（サクサク、パリパリ、コリコリ、シャキシャキ）、次いで乾湿を表し、食品に対するマイナス評価を表すものが多い（スカスカ、モソモソ、ジメジメ、ベタベタ）。私たちは、食品に対して十分な熱さ、冷たさを期待し（アツアツ、ホカホカ、ヒンヤリ、キーン）、淡泊な味をおいしいと感じる（アッサリ、サッパリ、スッキリ）。また、弾性（プリプリ、ムチムチ）と粘性（トロトロ、ネットリ）を表すものも多く、ともに食物の評価に加わる。

第三に、食感覚を表すオノマトペのなかには、複数の感覚を同時に表すという複合感覚表現が認められる。これは、触覚と視覚（パラパラ、クニャクニャ）、触覚と視覚と聴覚（プチプチ、シュワシュワ）、触覚と聴覚（コリコリ、カサカサ）、嗅覚と味覚（スースー）、味覚と触覚（ヒリヒリ）、視覚と聴覚（ズルズル）、視覚と味覚（コッテリ）の六種である。

第四に、三節の考察から、食に関するオノマトペの共感覚的比喩の体系（つまり、感覚間の転用現象）は、図7のように整理される。これは、オノマトペのデータからも、共感覚表現に関する一方向性の仮説が放棄されなければならないことを示す。

最後に、共起する感覚間（図7のA-1からA-6）の関係は、すべてメトニミーによって説明可能になると考えられる。この点も、注意を要する。

デザート――食後のことば

もうおなかいっぱいという人も、デザートとお茶ならまだはいるかもしれない。

私は、お酒はそれほど飲めないが、きらいではない。気心のしれた仲間と談論風発となるには、おいしいお酒とおいしい料理が欠かせない。いっしょに飲み食いすることが「饗宴」であり、これがシンポジウムのもとの意味だという。仲間を意味するcompanyは、「ともに」と「パン」の組み合わせ。飲食をともにしてこそ、本音で語りあえる気安さが生じる。「同じ釜の飯を食う」と発想が同じだ。

同僚のある歴史家は、「酒の飲めない学生は歴史ができない」と言い切る。日本史の酒豪だったので、ふうんと聞き流したが、べつな日に西洋史の同僚のひとりからも、同じ説を耳にした。東洋史には確かめるまでもない。中国はもともと酒池肉林の世界なのだから。私も若いころ、先生にちょっとその辺でかるくいっぱい、と誘われてお供したとき、たちまちビールビンが林になったことがある。へとへとの耳に、先生が「あと三本」と注文されるのが、天空からの声のように響いた。先生の説は、より明解だった。「ビールが飲めないヤツは英語学ができない」

である。私の専門は英語学である。あらたな林が立ちはじめた。

ビールと比べて日本酒は好きになれない。それも冷や酒となると、太宰治がかつて短編で書いたように、すさんだ気分を連想してしまう。不思議なもので、これを音読みで冷酒《れいしゅ》と呼ぶと別ものになってしまう。ことばのマジックなのか、いわゆる吟醸酒にはなかなかいいものがある。となると、肴もそれにあったものがほしい。酒肴がともに「優」という店はまれで、せいぜいどちらか一方か、へたをすればともにダメだ。そのまれな一軒（ここだけの話だが、川富という大阪の居酒屋である）で、本書の構想は生まれた。同席したのは、四の皿、五の皿、六の皿の筆者たちである。この店で、私たちのことばの味覚も育ったように思う。

＊

本書は、電通に提出したレポート「ことばは味を超える」に端を発する。二〇〇一年の六月に、味ことばの総合的な見取り図作成の依頼を受けた。学生七名と「味プロジェクトA」という組織を作り、三か月の予定で、夏休みを全面的に活用して集中的な調査と分析をおこなった。そのときのメンバーは、孔　亦然、土橋弘昌、辻本昌弘、豊田雅美、三宅彩香、遠藤保紀、池田紗矢香である。彼らのデータ収集の熱意と分析の努力は、本書に生きている。

今回は、メンバーをがらりと入れ替えて、新たな構想のもとに、食客としても論客としても料理人としてもなかなかうるさい人を揃えた。味に奥行きと深みと独特の旨味がでていれば、各シェフの腕前によるものである。注文の多い編者の求めにも、よく応えてもらった。本書が、たんなる食エッセーを超えて、ことばの側からの本格的な味の探究のきっかけとなれば、編集の労は報いられたことになるだろう。

二〇〇二年師走　川富にて

編　者

おもな文献

一　日本語文献（アイウエオ順）

浅野鶴子（編）、一九八八年、『擬音語・擬態語辞典』、角川書店。

天沼寧（編）、一九七四年、『擬音語・擬態語辞典』、東京堂出版。

井川憲明、一九九一年、「食感覚を表す五感のキーワード」、『明治大学農学部研究報告』第九一号、一―一六頁、明治大学農学部。

池波正太郎、一九八〇年、『食卓の情景』、新潮社。

池波正太郎、一九八四年、『むかしの味』、新潮社。

石垣綾子、一九九五年、「朝食のたのしみ」、高田宏（編）『「あまカラ」抄2』、七一―七四頁、冨山房。

石毛俊治、一九九二年、『食品のおいしさの科学――味・香り・色・テクスャー』、南山堂。

石毛直道、一九八三年、「味覚表現語の分析」、『言語生活』第三八二号、一四―二四頁、筑摩書房。

石毛直道・野村雅一、一九九三年、「『味覚のことば』談義」、山内直樹（編）『〈季刊〉PANORAMIC MAGAZINE IS』、一六―二七頁。

石間紀男、一九九五年、「食品に対する評価の基礎要因」、『食の文化フォーラム　食のことば』、一一三―一二八頁、ドメス出版。

S・ウルマン、一九六四年、『意味論』（山口秀夫訳）、紀伊國屋書店。

岡安祥夫、一九九五年、「味の表現に関する用語の収集と体系化」、『食の文化フォーラム　食のことば』、八七―

九七頁、ドメス出版。

奥山益朗、二〇〇一年、『味覚表現辞典』、東京堂出版。

小栗風葉、一九〇〇年、『恋慕ながし』、春陽堂。

假名垣魯文、一九六六年、「牛店雑談安愚楽鍋」、『明治開化期文学集(一)』、筑摩書房。

雁屋哲、一九八七年、『美味しんぼの食卓』、角川書店。

河出書房編集部(編)、一九五六年、『あまから随筆』、河出書房。

河野友美、一九九〇年、『おいしさの科学　味を良くする科学』、旭屋出版。

北大路魯山人、一九八〇年、『魯山人味道』(平野雅章編)、中央公論社。

北畠八穂、一九九五年、「おもいだす冬のたべもの」、高田宏(編)『「あまカラ」抄1』、三五-四〇頁。

楠見孝、一九八八年a、「共感覚に基づく形容表現の理解過程について——感覚形容語の通様相的修飾——」、『心理学研究』第五八号、三七三-三八〇頁。

楠見孝、一九八八年b、「共感覚的メタファの心理・語彙論的分析」、日本記号学会(編)『テクストの記号論ことばとかたちのポエティクス(記号学研究8)』、二三七-二四八頁、東海大学出版会。

国広哲弥、一九八九年、「五感を表す語彙——共感覚比喩的体系」、『言語』第一八巻一一号、二八-三一頁。

小泉武夫、二〇〇二年、『NHK人間講座　発酵は力なり　食と人類の知恵』、日本放送出版協会。

小林カツ代、一九九五年、『ご飯大好き』、講談社。

小俣靖、一九九六年、『「美味しさ」と味覚の科学』、日本工業新聞社。

小松左京、一九八〇年、「忘れろ・・・」(『虚空の足音』)、文芸春秋。

小森道彦、一九九三年、「共感覚表現のなかの換喩性」、『大阪樟蔭女子大学英文学会誌』第二九号、四九-六五頁。

小森道彦、一九九四年、「味覚表現の四つの型」、『大阪樟蔭女子大学英文学会誌』第三〇号、七七-九三頁。

小森道彦、二〇〇〇年、「共感覚表現に見られるメトニミー的基盤について」、『英語語法文法研究』第七号、一二三-一三四頁。

小柳輝一、一九九四年、『たべもの歴史散策』、時事通信社。

今東光、一九九五年、「津軽の味」、高田宏（編）『「あまカラ」抄1』、四六-四八頁、冨山房。

E・B・コンディヤク、一九四八年、『感覚論』（加藤周一ほか訳）、大阪創元社。

近藤弘、一九七六年、『日本人の味覚』、中央公論社。

佐々木正人、一九八七年、『からだ認識の原点』、東京大学出版会。

貞光宮城、二〇〇〇年、「共感覚比喩表現についての一考察――認知的観点から」、『日本英語学会第一七回大会研究発表論文集（JELS 17）』、一七四-一八三頁。

佐藤信夫、一九九二年、『レトリック感覚』、講談社。

獅子文六、一九九九年、『私の食べ歩き』、中央公論新社。

R・E・シトーウィック、二〇〇二年、『共感覚者の驚くべき日常　形を味わう人、色を聴く人』（山下篤子訳）、草思社。

柴田武・石毛直道、一九八三年、『食の文化フォーラム　食のことば』、ドメス出版。

『食文化に関する用語集〈食感覚の表現／日本〉』、一九九五年、第五版、味の素食の文化センター。

白川静、一九八七年、『字訓』、平凡社。

杉浦明平、一九九五年、「春の魚」、高田宏（編）『「あまカラ」抄2』、一二〇-一二六頁、冨山房。

鈴木隆、二〇〇二年、『匂いのエロティシズム』、集英社。

鈴木三重吉、一九一二年、『小鳥の巣』、春陽堂。

瀬戸賢一、一九八六年、『レトリックの宇宙』、海鳴社。

瀬戸賢一、一九九五年a、『空間のレトリック』、海鳴社。

瀬戸賢一、一九九五年b、『メタファー思考』、講談社。

瀬戸賢一、一九九七年a、『認識のレトリック』、海鳴社。

瀬戸賢一、一九九七年b、「意味のレトリック」（巻下・瀬戸『文化と発想とレトリック』、研究社出版）。

瀬戸賢一、二〇〇二年、「メタファー研究の系譜」、『言語』第三一巻第八号、一六－二三頁。

瀬戸内晴美、一九九五年、「塩こんぶと漬物」、高田宏（編）『「あまカラ」抄1』、一五七－一六一頁、冨山房。

高田宏（編）、一九九五年、『「あまカラ」抄1』、冨山房。

高田宏（編）、一九九五年、『「あまカラ」抄2』、冨山房。

太宰治、一九四七年、「列車」（『晩年』）、新潮社。

辰巳芳子、一九九九年、『辰巳芳子の旬を味わう』、ＮＨＫ出版。

田野村忠温、二〇〇〇年、「電子メディアで用例を探す―インターネットの場合―」、『日本語学』第一九巻六号、二五－三四頁。

塚本邦夫、一九八四年、『味覚歳時記――木の実・草の実篇』、角川書店。

辻嘉一、一九七二年、『辻留・料理心得帖』、婦人画報社。

辻芳樹・木村結子、二〇〇二年、『美食進化論』、晶文社。

辻本智子、一九九一年、「レシピの文体」、『語法研究と英語教育』第一三号、三六－四七頁。

寺内大吉、一九九五年、「おでん地獄」、高田宏（編）『「あまカラ」抄1』、一八－二三頁、冨山房。

寺沢大介、二〇〇二年、『将太の寿司（1）―（14）』、講談社。

土居健郎、一九七一年、『甘えの構造』、弘文堂。

土居健郎、二〇〇一年、『続・甘えの構造』、弘文堂。

M・トゥーサン＝サマ、一九九八年、『世界食物百科』（玉村豊男監訳）、原書房。

中園篤典、二〇〇〇年、「日本語における共感覚の比喩——言語文化の視点から」、草薙裕（編）『現代日本語の語彙・文法』、くろしお出版。

中野美代子、一九九三年、「五味のダイナミズム」、山内直樹（編）『〈季刊〉PANORAMIC MAGAZINE IS』、六-九頁。

中村明（編）、一九九五年、『感覚表現辞典』、東京堂出版。

中村汀女、一九五六年、「秋袷」、河出書房編集部（編）『あまから随筆』、一七一-一七三頁。

中村雄二郎、一九七九年、『共通感覚論』、岩波書店。

西尾寅弥、一九八三年、「音象徴語における意味・用法の転化の一類型」、『副用語の研究』、一五九-一七五頁、明治書院。

西山松之助ほか、一九九四年、『たべもの日本史総覧』、新人物往来社。

長谷川伸、一九三六年、『耳を掻きつつ』、新小説社。

早川文代ほか、二〇〇〇年、「食感覚の擬音語・擬態語の特徴づけ」、『日本食品化学会誌』第四七巻第三号、一九七-二〇七頁。

深田久彌、一九四八年、『津軽の野づら』、新潮社。

L・フロイス、一九九一年、『ヨーロッパ文化と日本文化』（岡田章雄訳注）、岩波書店。

松本仲子、一九八三年、「美味しさの科学」、『言語生活』第三八二号、五八-六四頁。

丸谷才一、一九七五年、『食通知つたかぶり』、文藝春秋。

丸谷才一、一九七九年、『笹まくら　横しぐれ』、新潮社。

武藤彩加、二〇〇〇年a、「日本語の『共感覚的比喩（表現）の一方向性』に関する考察」、日本認知言語学会設立記念大会ワークショップ資料。

武藤彩加、二〇〇〇年b、「『感覚間の意味転用』を支える『メタファー』と『メトニミー』：『共感覚的比喩』とは何か」、『ことばの科学』第一三号、九七―一一六頁。

武藤彩加、二〇〇一年a、「『接触感覚から遠隔感覚』と『遠隔感覚内』の意味転用に関する一考察：『共感覚的比喩』を支える複数の動機づけ」、『言葉と文化』第二号、一二五―一四一頁。

武藤彩加、二〇〇一年b、「『共感覚的比喩（表現）』の『特殊性』について：『共感覚（色聴）』現象との関連性、および『身体性に基づく制約』をめぐる一考察」、『紀要』（名古屋明徳短期大学）第一六号、一七九―二〇一頁。

村田忠男、一九八九年、「〈触覚〉さわることば――ウルマンのデータを中心に」、『言語』第一八巻一一号、二九―三一頁。

村田吉弘、一九九五年、『京料理の福袋』、朝日出版社。

村田吉弘、二〇〇一年、『村田吉弘の和食はかんたん』、光文社。

籾山洋介、二〇〇二年、『認知意味論のしくみ』、研究社。

森貞、一九九五年、「共感覚的比喩に関する一考察」、『福井工業高等専門学校研究紀要　人文・社会科学』第二九号、二五一―二六七頁。

森枝卓士、一九九九年、『味覚の探求――美味しいってなんだろう』、中央公論新社。

森田たま、一九五六年、「日本のビフテキ」、河出書房編集部（編）『あまから随筆』、四五―四九頁。

安井稔、一九七八年、『言外の意味』、研究社。

山内昭雄・鮎川武二、二〇〇一年、『感覚の地図帳』、講談社。

山内直樹（編）、一九九三年、『〈季刊〉PANORAMIC MAGAZINE IS』第六一号、ポーラ文化研究所。

山梨正明、一九八八年、『比喩と理解』、東京大学出版会。

山本隆、一九九六年、『ブレインサイエンス・シリーズ　脳と味覚』、共立出版。

山本隆、二〇〇一年、『美味の構造』、講談社。

山本博、一九八六年、「日本酒の味覚表現」、『言語生活』第四二一号、五〇–五四頁。

吉田健一、一九八〇年、『私の食物誌』、集英社。

吉田健一、一九九四年、『吉田健一集成』（第六巻）、新潮社。

吉屋信子、一九五六年、「おこうこ」、河出書房編集部（編）『あまから随筆』、一六〇–一六三頁。

『料理王国』九月号、一九九九年、料理王国社。

G・レイコフ、一九九三年、『認知意味論』（池上嘉彦ほか訳）、紀伊國屋書店。

G・レイコフ、M・ジョンソン、一九八六年、『レトリックと人生』（渡部昇一ほか訳）、大修館書店。

渡邊政子、一九九九年、『パリのパン屋さん』、同文書院。

二　外国語文献（abc順）

Berkeley, G. 1709. *An essay toward a new theory of vision*. Everyman's Library, No.483. Dent.
Koevecses, Z. 2002. *Metaphor: A practical introduction*. Oxford: Oxford University Press.
Lakoff, G. and M. Johnson. 1980. *Metaphors we live by*. Chicago: Chicago University Press.
Langacker, R.W. 1988. "A View of Linguistic Semantics," In B. Rudzka-Ostyn (ed.) *Topics in cognitive linguistics*. Amsterdam: John Benjamins, 49-90.
Langacker, R. W. 2000. *Grammar and conceptualization*. Berlin; New York: Mouton de Gruyter.
Sadamitsu, M. 2002. "A cognitive account of synaesthetic metaphor," *OUPEL* 6: 115-130.

Shen, R. 1997. "Cognitive constraints on poetic figures." *Cognitive Linguistics* 8: 33-71.

Ullmann, S. 1951. *The principles of semantics.* Glasgow: Jackson.

Williams, J. M. 1976. "Syneasthetic adjectives: A possible law of semantic change," *Language* 52: 461-478.

シェフ紹介（章だて順）

瀬戸賢一（せと　けんいち）

一九五一年京都市生まれ。大阪市立大学文学研究科後期博士課程単位取得。博士（文学）。現在、大阪市立大学大学院文学研究科教授。専門は英語学・レトリック。おもな著書に、『空間のレトリック』（一九九五年、海鳴社）、『メタファー思考』（一九九五年、講談社）、『認識のレトリック』（一九九七年、海鳴社）、『文化と発想とレトリック』（一九九七年、共著、研究社出版）、『日本語のレトリック』（二〇〇二年、岩波書店）など。

小森道彦（こもり　みちひこ）

一九六三年東大阪市生まれ。大阪市立大学文学研究科後期博士課程単位取得。現在、大阪樟蔭女子大学学芸学部助教授。専門は英語学・共感覚表現。おもな著書・論文に、『グラマー・テクスト・レトリック』（一九九二年、共著、くろしお出版）、「多義語の記述とコロケーション」（『英語青年』、二〇〇二年四月号）、「共感覚表現に見られるメトニミー的基盤について」（『英語語法文法研究』七号、二〇〇〇年）など。

山口治彦（やまぐち　はるひこ）

一九六一年大阪狭山市生まれ。大阪市立大学文学研究科後期博士課程単位取得。現在、神戸市外国語大学助

教授。専門は英語学・語用論。おもな著書に、『語りのレトリック』（一九九八年、海鳴社）、Pretending to Communicate（一九九四年、共著、Walter de Gruyter）など。

辻本智子（つじもと　ともこ）

大阪市生まれ。奈良女子大学人間文化研究科後期博士課程単位取得。現在、大阪工業大学専任講師。専門は英語学。おもな論文に、「レシピの文体」（『語法研究と英語教育』、一九九一年）、「Tautology in Discourse」（『尾崎寄春・大沼雅彦両教授退官記念論集』、一九九六年、あぽろん社）、「談話における近接性—導管メタファーの影響」（『語用論研究』、二〇〇一年）など。

小田希望（おだ　のぞみ）

一九七五年堺市生まれ。現在、大阪市立大学大学院文学研究科後期博士課程在学。専門は英語学。おもな論文に、「日常コミュニケーションに見られる sexist word の語彙的意味変化」（『英語語法文法研究』八号、二〇〇一年）、「Vocative に関する語彙意味論的分析」（『QUERIES』三九号、二〇〇二年）など。

山添秀剛（やまぞえ　しゅうごう）

一九七一年河内長野市生まれ。現在、大阪市立大学文学研究科後期博士課程在学。専門は英語学。おもな論文に、「'Go + adjective' の三用法に関する認知的成立条件と意味傾向」（『QUERIES』三九号、二〇〇二年）、「状態変化動詞としての Come と Go に関する認知言語学的考察」（『KLS』二二号、二〇〇二年）、『Come/Go + unXed』句に関する認知的成立条件」（『英語語法文法研究』九号、二〇〇二年）など。

武藤（酒井）彩加（むとう　あやか）

一九七二年名古屋市生まれ。名古屋大学大学院国際言語文化研究科博士後期課程在学。専門は日本語学・日本語教育。おもな論文に、「『おいしい』の新しい意味と用法―『うまい』『まずい』と比較して―」（『日本語教育』一一二号、二〇〇二年）、「味覚形容詞『甘い』と『辛い』の多義構造」（『日本語教育』一一〇号、二〇〇一年）、「『接触感覚から遠隔感覚』と『遠隔感覚内』の意味転用に関する一考察―『共感覚的比喩』を支える複数の動機付け―」（『言葉と文化』二号、二〇〇一年）など。

安井　泉（やすい　いずみ）

一九四八年東京生まれ。大阪市立大学文学研究科後期博士課程退学。文学修士。現在、筑波大学現代語・現代文化学系教授。専門は英語学・言語文化。おもな著書に、『名詞・代名詞』（一九八三年、研究社）、『グラマー・テクスト・レトリック』（一九九二年、編著、くろしお出版）、『音声学』（一九九二年、開拓社）、『動詞』（一九九四年、共著、研究社）、『ことばからみる英国文化論』（二〇〇二年、筑波大学）など。

著者：瀬戸賢一（編著）
小森道彦
山口治彦
辻本智子
小田希望
山添秀剛
武藤彩加
安井　泉（詳しくは本書「シェフ紹介」参照）

ことばは味を超える

2003 年 2 月 3 日　第 1 刷発行
2022 年 8 月 17 日　第 5 刷発行

発行所：㈱海 鳴 社　http://www.kaimeisha.com/
〒101-0065　東京都千代田区西神田 2－4－6
e メール：kaimei@d8.dion.ne.jp
電話：03-3262-1967　ファックス：03-3234-3643

発 行 人：辻　信 行
組　　版：海 鳴 社
印刷・製本：シ ナ ノ

出版社コード：1097

ISBN 978-4-87525-212-2